Paula Bosch

Weingenuss

*Das Weinwissen
von Deutschlands
bester Sommelière*

*Texte und Konzeption:
Harald Willenbrock*

Econ

Inhalt

8 ❧ Was ist das eigentlich, guter Wein?

10 ❧ Expeditionen in die Welt des Weines
Über das Entdecken von Weinen

18 ❧ Vertrauensfrage
Über klugen Wein-Einkauf

26 ❧ Zurück zu den Wurzeln
Über den Besuch beim Winzer

38 ❧ Vom Mut zum Risiko
Über die Rolle des Jahrgangs

50 ❧ Recht und billig
Über den Preis guten Weines

58 ❧ Der richtige Riecher
Über Kritiker, Ratings und Spekulationen

68 ❧ Große Klasse
Über das Erkennen von Weinqualität

78 🦁 Auf dem Weg zum Weltwein
Über den Weinboom der letzten Jahre und seine Folgen

88 🦁 Regionen und Reben
Über die wichtigsten Reben und die besten
Anbaugebiete

110 🦁 Warten auf's Comeback
Über Probleme und Qualitäten deutschen Weines

120 🦁 Schöne neue Wein-Welt
Über Wein-Entdeckungen aus Übersee

138 🦁 Überschäumend
Über Champagner, Cava & Co

148 🦁 Die Reifeprüfung
Über das richtige Lagern von Weinen

158 🦁 Ein guter Verräter
Über den Korken

168 🦁 Der letzte Meter
Über das richtige Temperieren, Öffnen und
Dekantieren

180 🦁 Form follows function
Über die Auswahl des passenden Glases

188 🦁 Ein verrücktes Paar
Über die Kombination von Speisen und Weinen

204 🦁 Die Sommeliers
Über die Weinexperten im Restaurant

212 🦁 Adressen

228 🦁 Glossar

240 🦁 Bildnachweis

»Was ist das eigentlich, guter Wein?«

Auf diese Frage wird natürlich jeder seine eigene Antwort finden, und das muss auch so sein. Eines lässt sich aber auf jeden Fall sagen: Guter Wein ist immer ein Geschmackserlebnis. Eines, das mit dem Schimmern des Weines im Glas beginnt, das sich mit dem Einatmen seiner Aromen und dem ersten Schluck steigert, das mit seiner Entfaltung im Gaumen einen Höhepunkt findet und manchmal noch lange, nachdem der Wein den Gaumen verlassen hat, nachklingt.

Solche Weine kann jeder für sich entdecken, zufällig, durch Empfehlung von Freunden oder den Tipp eines Weinhändlers, aber es gibt ein paar Dinge, die einem das Entdecken deutlich erleichtern. »Weingenuss« handelt von diesen Dingen.

Also: Vom Probieren und Schmecken, vom klugen Kaufen und richtigen Lagern, von Regionen und Reben, Gläsern und Korken, Überraschungen und Enttäuschungen, Gesprächen und Erlebnissen mit Winzern, Weinhändlern und Köchen – eigentlich von allem, was zu vollem Weingenuss gehört. Über zwanzig Jahre professionelle Erfahrung mit Wein stecken in diesen Seiten, und ich denke, dass Weinkenner wie Einsteiger gleichermaßen von ihr profitieren können.

Vor allem aber erzähle ich in meinem Buch von der Freude, der Leidenschaft und dem Genuss, die man mit guten Weinen erleben kann. Und darum geht es ja schließlich.

Expeditionen in die Welt des Weines

Wie man Weine entdecken lernt. Und warum fast jeder das Zeug hat, ein Wein-Wisser zu werden

🦟 Jahr für Jahr werden in den 40 bis 50 Weinanbaugebieten der Erde etwa 300 Millionen Hektoliter Wein abgefüllt – eine gigantische Ernte, die in Litern ausgedrückt einer Zahl mit elf Nullen entspricht. Hinter dieser Ziffer verbergen sich mehrere tausend unterschiedliche Rebsorten (allein in den italienischen Anbaugebieten wachsen, um nur ein Beispiel zu nennen, etwa 2 000 verschiedene), die von zigtausenden Winzern gepflanzt, geerntet und verkeltert werden. Am Ende ihrer Arbeit stehen ein paar hunderttausend Weine, die jedes Jahr neu auf dem Markt landen. Würde man von jedem nur eine Flasche eines einzigen Jahrgangs nehmen und diese an einem Ort aufeinanderstapeln, man stünde vor einem riesigen, unüberschaubaren, gläsernen Weinberg.

🦟 Wie, zum Teufel, soll man sich da zurechtfinden? Vermutlich haben Sie sich Ähnliches bereits gefragt, wenn Sie ratlos vor dem Weinsortiment eines Kaufhauses oder großen Weingeschäfts standen. Dabei ist es ganz einfach: Der überwältigende Teil der Weltweinernte besteht aus mäßigen, bestenfalls mittelmäßigen Massenprodukten, die industriell hergestellt werden, immer gleich schmecken –, und die man deshalb getrost beiseite lassen kann. Wer sich eine Weile mit ihnen beschäftigt, wird vom gleichen lähmenden Gefühl ergriffen wie ein Fernsehzuschauer, dem man die Fernbedienung wegnimmt und eine Woche lang immer wieder die gleiche Nachmittagstalkshow vorführt: Langeweile.
Von unserem imaginären Weinberg bleibt also nur ein kleiner, interessanter Rest. Aber auch dieser kleine Prozentsatz entspricht immer noch mehreren zehntausend, handwerklich

hervorragend gemachten, interessanten Weinen. Weinen, die es wert wären, probiert zu werden. Natürlich kann auch die kein Mensch alle verkosten. Sie können es nicht, ich kann es nicht. Niemand kann es.

🦟 »Warum auch?«, mögen Sie jetzt vielleicht fragen. Vermutlich kennen Sie ja bereits eine ganze Reihe guter Tropfen, haben noch ein paar Kisten von ihnen im Keller, besuchen im Sommer »Ihren« Winzer oder lassen sich vom Weinhändler ein paar Kisten »Ihrer« Lieblingsweine liefern. »Ich bin doch eigentlich zufrieden!«, sagen Sie sich.

Es stimmt natürlich, Genuss kann man auch mit wenigen vertrauten Weinen verspüren, im Extremfall sogar ein Leben lang – doch das ist etwa so, als würden Sie sich als Münchner Ihr Lebtag ausschließlich auf dem Marienplatz herumtreiben. Eine Weile mag das sicher ganz nett sein, aber irgendwann geht Ihnen das Glockenspiel auf den Geist. Vielleicht geraten Sie auf der Suche nach Abwechslung zufällig ins Glockenbachviertel oder in den Englischen Garten, ein Freund nimmt Sie mit nach Schwabing oder in die Dörfer des Alpenvorlands. Und plötzlich stellen Sie fest: Mensch, ich hab' ja eine ganze Menge verpasst.

🦌 Mit Weingenuss ist es ähnlich. Ein Experiment: Besorgen Sie sich beim Händler Ihres Vertrauens zwei, drei komplexe, gut strukturierte, ihnen unbekannte Weine. Ergebnis: Sie werden, wenn Sie es nicht vorher schon waren, für die einfachen Langweiler verloren sein. Für immer.
Ich habe diese Erfahrung mehrmals mit Freunden gemacht, die sich nicht sonderlich für Wein interessierten, mich aber baten, ihnen zu einem gemeinsamen Essen doch mal ein paar gute Flaschen mitzubringen. Das Ergebnis war jedes Mal das gleiche: Sie wurden neugierig. Sie verlangten nach mehr. Sie waren angefixt.
Für unsere Sinne ist ein guter Wein das gleiche wie ein Schlüssel zu einem Schatzkästlein. Als Neuling in der Weinwelt wird man das Erlebnis zwar kaum in Worte fassen können, aber man merkt ganz deutlich, dass einem gerade etwas sehr Feines in die Nase steigt beziehungsweise die Kehle hinunterrinnt.
Das ist das Fatale. Und das Schöne. Mir selbst geht es ja immer wieder so: Ich habe schon eine Menge Weine verkostet und glaube, mich in der Weinwelt einigermaßen auszukennen. Doch dann biege ich um eine Ecke und stehe plötzlich vor einer aufregenden neuen Spielart des Weingenusses, wie ich sie zuvor noch nicht erlebt hatte.
Und weil das so ist, ist eine Expedition in die Weinwelt eine Reise ohne Ende. Für die Teilnahme an einer solchen Entdeckungsreise spielt es keine Rolle, ob man Anfänger, Kenner oder Profi ist. Entscheidend ist, ob man bereit ist, sich auf den Weg zu machen.

Vieles, was wir zu schmecken glauben, riechen wir in Wirklichkeit. Einen Wein erlebt man daher am intensivsten, indem man zunächst sein Bouquet einatmet und ihn dann im Gaumen hin- und herbewegt.

Der Anfang der Reise

Die wichtigsten Voraussetzungen für eine Expedition in die Weinwelt bringt jeder Mensch mit: Augen, Nase, Zunge, Gehirn. Erstaunlicherweise ist die Zunge von allen dreien das unwichtigste Reisezubehör. Sie ist ein ziemlich einfältiges Organ, das außer der Temperatur lediglich vier Geschmäcker zu erkennen weiß: Süß, sauer, salzig und bitter. Unsere Nase hingegen gehört zu den am weitesten entwickelten Sinnesorganen: Sie kann bis zu 4000 verschiedene Gerüche unterscheiden. Ein Großteil dessen, was wir zu schmecken glauben, riechen wir in Wirklichkeit.

Allerdings ist das Riechen nur die eine Hälfte der Arbeit, die weit Wichtigere besteht aus dem Verarbeiten und Einordnen eines Geruchs, den uns die Nase meldet. Und an dieser Stelle kommt das Gehirn ins Spiel. »Nur mit dem Herzen sieht man gut«, sagt der Kleine Prinz in Saint-Exupérys berühmtem Buch. Ich sage: »Nur mit dem Kopf schmeckt man gut.« Im Gehirn sitzt ja das Sprachzentrum, mit dem wir Gerüche benennen, verstehen und unterscheiden lernen. Dort befindet sich auch das Gedächtnis. Und beide sind wichtig, wenn man sich beim Verkosten nicht im Kreise drehen will.

🐾 Ein Beispiel: Unendlich viele Weine schmecken – besonders, solange sie jung sind – auf irgendeine Weise fruchtig. Wenn Sie also einen Wein verkosten, sein Bouquet riechen, ihn ein wenig im Mund hin- und herbewegen und dann entscheiden, dass er »fruchtig« schmeckt, hilft Ihnen das nicht viel weiter. Viel interessanter ist: Wie fruchtig schmeckt er? Johannisbeerig, erdbeerig oder himbeerig? Nach frischen, grünen Äpfeln (Granny Smith), nach schwer aromatischen (Boskoop) oder vielleicht nach fetter Williamsbirne? Wie wär's mit exotischen Früchten wie Kiwi, Papaya oder feiner Cavaillon-Melone? Wenn man eine Weile nachdenkt, fallen einem plötzlich Dutzende verschiedener Fruchtaromen ein. Und je mehr von denen unser Gedächtnis zusammen mit den unzähligen weiteren Aroma-Optionen (Gräser, Blüten etc.) speichert, umso genauer können wir Weine beschreiben.

Unsere Nase kann bis zu 4000 verschiedene Gerüche unterscheiden – für sie ist es also gar kein Problem, zu erkennen, ob ein Wein nach Stachel- oder Brombeeren oder vielleicht nach Hyazinthen riecht. Wie genau sie zu distinguieren vermag, ist allerdings eine Sache der Übung.

🐾 Was Sie also tun sollten, ist, in Ihrem Kopf ein Regal mit unendlich vielen Fächern anzulegen, in denen Sie künftig Weine einordnen. An jedes dieser Fächer kleben Sie ein kleines Schild mit einer ganz bestimmten Geruchsbezeichnung, also zum Beispiel »Junger grüner Apfel«, »Schwarzer Trüffel«, »Sommerluft vor einem Gewitter«, »Leder, nass«, »Zedernholz«, »Baustellenstaub« und so weiter. Dieses Regal erweitern Sie fortlaufend. Ich tue das Tag für Tag, indem ich im Vorbeigehen an den Blättern eines Busches rieche, mir den Geruch neuen Papiers oder den eines Küchenkrauts einpräge, das Herr Haas, vom Markt mitgebracht hat. Schon ist wieder ein neues Regalfach gefüllt. Wenn Sie dieses Spiel noch ein wenig weiter- treiben wollen, können Sie sich einen Duftkasten (zum Beispiel »Le Nez du Vin« von Jean Lenoir) zulegen, in dem ein paar hundert verschiedene Aromen in kleinen Fläschchen gespeichert sind.

🐾 Um Ihre Zunge ein wenig zu schulen, empfehle ich Ihnen eine Art Mini-Lehrgang. Dazu füllen Sie vier Gläser mit Wasser, geben in Glas eins ein Gramm Salz, in Glas zwei ein halbes Gramm, Glas drei ein Viertel und in Glas vier ein Achtel Gramm (beziehungsweise füllen Sie ein Gramm auf ein Glas und verdünnen Sie entsprechend). Mit Zucker verfahren Sie ähnlich, nur dass Sie hier zwei, vier, sechs und acht Gramm Zucker auf einen Liter zu-

Schwarzrot oder rubinrot?

Jeder Weinkenner sollte seine eigene Methode und Sprache entwickeln, um Weine zu beschreiben. Hier ein paar Kriterien, nach denen man dabei gehen kann:

➤ Farbe (durchsichtig, blass, klar, hellgelb, grüngelb, schwarzrot, rubinrot ...)

➤ Bouquet (blumige, fruchtige, erdige, vegetale, balsamische Aromen ...) Die Vielfalt ist mindestens so groß wie die Vielfalt der Weine.

➤ Geschmack und Körper (leicht, eckig, kantig, voll, rund, ölig, weich, schwer, fragil ...)

➤ Struktur (seidig, samtig, grob, fest, dicht gewebt)

➤ Gerbstoffgehalt (keine/ wenige/viele Tannine)

➤ Restzuckergehalt (lieblich, halbtrocken, trocken ...)

➤ Säure (für die Rebsorte typisch, dominant, reif oder unreif ...)

➤ Abgang (kurz, lang, endlos, intensiv ...)

Übrigens...

Schön, dass Sie dieses Buch lesen. Aber: Das hier ist nur die Theorie. Durchs Lesen entwickeln Sie kein Gespür für Wein und dessen Geschmacksvarianten.
Ich kann nur sagen: Probieren Sie!

Bereits mit bloßem Auge kann man einiges über Viskosität, Alter und Zustand eines Weines erfahren.
Die Eindrücke, die ich von einem Wein gewinne, notiere ich grundsätzlich in meinem Filofax.

Kosten Sie mal!

Wein kann man auf zwei Arten trinken: Sie gießen einen Schluck ins Glas, setzen an und kippen ihn hinunter wie ein Glas Wasser. Das ist die eine Methode.

Die genussvollere Methode besteht darin, dem Wein eine Chance zu geben. Ihm mit Respekt zu begegnen. Sich Zeit zu lassen. Zunächst betrachtet man die Farbe und nimmt mit der Nase das Bouquet des Weines auf. Dazu fassen Sie das Glas am Stiel an, schwenken den Wein ein wenig und setzen auf diese Art seine Aromen frei. Um Ihre Sinne nicht zu trüben, sollten Sie etwa eine halbe Stunde vorher weder rauchen noch Kaffee trinken und morgens auch auf Ihr Parfüm verzichten.

Dann nehmen Sie einen ersten Schluck, rollen ihn im Gaumen und »kauen« auf ihm herum. Das mag etwas seltsam aussehen, gibt den Papillen Ihrer Zunge aber Zeit, den Weingeschmack aufzunehmen. Auch Ihr Ge-

dächtnis braucht ein paar Sekunden, um all die Sinneseindrücke, die Nase und Zunge melden, zu verarbeiten. Nach dem Schlucken spüren Sie dann, wie lange der Wein in Ihrem Gaumen »nachhallt«. Wenn Sie systematisch vergleichen wollen (was ich sehr empfehle), machen Sie sich Notizen.

geben. (Damit haben Sie lauter Mengen, die nach deutschem Weingesetz noch als trocken gelten dürfen.) Anschließend teilen Sie die Mengen und testen, wann Sie noch Süße und Salz empfinden und wann nicht mehr. Dieses Experiment können Sie auch mit Säure (von Zitronen oder mit Ascorbinsäure aus der Apotheke) weiterspielen und auf die Art herausfinden, wo Ihre Untergrenzen für kleinste Nuancen im Geschmacksempfinden liegen.

🐾 Ein Organ haben wir allerdings bislang völlig vernachlässigt: Das Auge. Dabei ist es der erste Sinn, mit dem wir einen Wein prüfen. Wenn wir ihn gegen das Licht halten, sehen wir Farbe, Klarheit, Viskosität und Brillanz – darin gleicht kein Wein dem anderen. Erprobte Weintester können an der Farbe eines Weines sogar sein ungefähres Alter, manchmal sogar den Jahrgang einschätzen. (Vorausgesetzt, er wurde auf traditionellem Wege gekeltert und ausgebaut.)

🐾 Solche Charakteristika, Gerüche und Geschmäcker erkennen, assoziieren und unterscheiden zu lernen, gehört zum Aufregendsten auf der Reise in die Weinwelt. Sie benennen zu können, verlangt indes ein wenig Übung. Für mich waren dabei Michael Broadbents »Weinnotizen« am Anfang ein wertvolles Vorbild. Aber im Prinzip ist jeder Weintrinker frei, sein imaginäres Duftregal mit jenen Begriffen zu füllen, die ihm am hilfreichsten scheinen.

Zweihundert Jahre lang hatten die Tannine dieses Madeiras Zeit, sich am Grund der Flasche zu sedimentieren.

Wenn Sie Zunge, Nase, Auge und Gehirn dann ein wenig fit gemacht haben, sind Sie bereit für die nächste Runde Ihrer Weinexpedition.

Die zweite Etappe

Um nicht gleich von der Fülle des Angebots, der Regeln und Unterschiede in der Weinwelt erschlagen zu werden, empfehle ich, sich zunächst gründlich mit einer Rebsorte auseinanderzusetzen. Andernfalls droht Ihnen eine Enttäuschung wie beim ersten Besuch in einer Metropole: Wer gleich die ganze Stadt durchqueren und verstehen will, hat gute Chancen, abends müde und verwirrt ins Hotel zurückzukehren. Besser, man fängt mit einem Viertel an und arbeitet sich von dort aus voran.

🍇 In der Weinwelt sollte ein solches »Viertel« aus naheliegenden Gründen die Rebsorte sein, deren Weine Ihnen am Besten gefallen. Noch einmal leichter wird das Ganze, wenn es sich dabei um eine »einfache« Rebsorte handelt. »Einfache« Rebsorten sind solche mit eindeutigen Charakteristika wie beispielsweise der Riesling mit seiner Säure, die fruchtigen, weichen Noten des Gamay oder die kernig-grünen Tannine des Cabernet. Probieren Sie zunächst Weine »Ihrer« Rebe aus einer Region, einem Jahrgang und einer Qualitätsstufe. (Wenn Sie glauben, Qualität noch nicht einschätzen zu können, wählen Sie Weine des gleichen Preisniveaus.) Dann erst vergleichen Sie verschiedene Jahrgänge des gleichen Weines, darauf verschiedene Regionen und schließlich Qualitäten gegeneinander. Notieren Sie dabei alles, was Ihnen gefällt oder nicht gefällt. Und: Laden Sie Freunde zum Verkosten ein. Gemeinsam lohnt es sich, mehr Flaschen zu öffnen und miteinander zu diskutieren.

🍇 Schließlich greifen Sie zu den höherpreisigen Vertretern Ihrer Rebsorte. Sind sie wirklich ihren Preis wert? Das können Sie jetzt schon selbst beantworten. Und wenn Sie dann meinen, sich in Ihrem »Viertel« einigermaßen zurechtzufinden, schauen Sie sich in den Nachbarquartieren um.

Die Zielgerade

Die Hohe Schule des Weinprobierens sind Blindverkostungen. Zu Beginn einer Weinerkundungsreise machen sie wenig Spaß, weil man zwangsläufig in den meisten Fällen danebenliegt. Mit etwas Erfahrung jedoch sind solche Blinde-Kuh-Spiele äußerst lehrreich: Mit geschlossenen Augen probiert man viel intensiver, schmeckt in den Wein hinein. Blindverkostungen bringen die Sinne auf Trab. Im Prinzip können Sie mit verschlossenen Augen das gesamte Programm, das Sie zuvor sehenden Auges absolviert hatten, noch einmal von vorne beginnen.

Sie werden dann feststellen, dass viele Fächer Ihres privaten Duftsystems bereits gefüllt sind. Dass Sie jetzt beginnen können, Weine mit Speisen zu kombinieren und herausfinden, wie sie sich geschmacklich ergänzen (oder eben auch nicht). Dass viele Weine, die Sie zu Beginn für herausragend hielten, in der Rückschau doch ein wenig eindimensional sind. Dass sie nicht hielten, was ihre Etiketten versprachen.

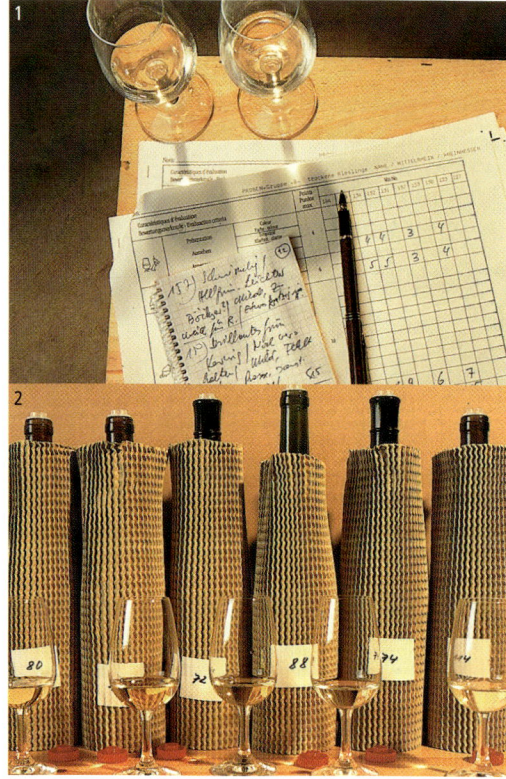

1 Notizen beim Verkosten helfen nicht nur gegen schnelles Vergessen, sondern dienen vor allem dem Verstehen: Während des Aufschreibens ist man ja gezwungen, seine Empfindungen zu reflektieren und im Zweifelsfall noch einmal zu überprüfen.

2 Bei Qualitätsproben werden Weinflaschen mit Pappmanschetten anonymisiert, durchnummeriert und mittels des offiziellen INAO-Degustierglases verkostet.

Das Beste ist nun einmal des Guten Feind, und um Gutes und Besseres auseinanderhalten zu können, muss man eine Menge Eindrücke gesammelt haben. Vermutlich sollte man sogar einige mittelmäßige, langweilige, vielleicht sogar ein paar fehlerhafte Weine getrunken haben, um die guten aufrichtig schätzen zu lernen.

🐾 Allerdings: Nicht jeder ist bereit, eine solche Reise auf sich nehmen. Wahrscheinlich kennen Sie auch ein paar von jenen Typen, die ein paar Weinmagazine gelesen haben und über ausreichend Geld verfügen, um vom ersten Tag an ausschließlich zu den großen Namen aus der Weinwelt zu greifen. Und die dann ihr Weinwissen als meisterhafte Erfahrung verkaufen. Das ist natürlich Unsinn. Es gibt keine Abkürzung auf dem Pfad zur Erleuchtung, das wird Ihnen jeder Zen-Meister bestätigen. Der Weg zur wahren Weinkenntnis führt ausschließlich übers eigene Probieren, Verkosten und Sammeln von Erfahrungen. Das ist das Dumme. Das Schöne daran ist: Es macht jede Menge Spaß.
Ich wünsche Ihnen eine gute Reise. 🌿

Ein Duftkasten wie dieser »Le Nez du Vin« enthält 54 Aromafläschchen mit den dazugehörigen Erläuterungen. Der Vorteil: Ein solcher Duftkasten birgt eine ganze Welt von Aromen, die man kennen und erinnern lernen kann. Der Nachteil: Hier sind die Aromen extrem konzentriert. Beim Wein muss man schon genauer nachschmecken.

Wein-Basics

→ Weinwissen ist keine Wissenschaft. Die wichtigsten Voraussetzungen, um Weine kennen zu lernen, bringt jeder Mensch mit: Auge, Nase, Gaumen, Gedächtnis. Die Kunst besteht darin, sie richtig einzusetzen.
→ Die sechs Gs wahren Weinwissens sind Genussfreude, Geruchs- und Geschmackssinn, Geduld, ein gutes Gedächtnis und – leider – auch Geld. (Denn sehr guter Wein ist meist noch teurer als guter.)
→ Um Ihren Geruchs- und Geschmackssinn zu schulen, sollten Sie sich mit allem auseinandersetzen, was Duft ausströmt. Das können Sie beim Spazierengehen, bei der Arbeit, zu Hause, vor allem aber natürlich beim Essen tun, und zwar ganz nebenbei. Merken Sie sich einfach, was wie schmeckt, vergleichen Sie, achten Sie auf die feinen Unterschiede!
→ Ein professionelles Instrument zur Schulung des Geruchssinns ist der Duftkasten von Jean Lenoir, der eine ganze Duftwelt in kleinen Fläschchen enthält.
→ Es gibt glücklicherweise eine Menge unbeschreiblich guter Weine. Beschreiben können sollte man sie trotzdem. Legen Sie sich also einen variantenreichen Wortschatz zu, um Weine zu definieren. Sollten Sie dabei Anregung benötigen, empfehle ich Ihnen einen hervorragenden Klassiker: Michael Broadbents »Weinnotizen«. Ein weiteres Beispiel für eine gute Weinsprache ist das monatlich erscheinende »Weinwisser«-Magazin von René Gabriel.
→ Bleiben Sie locker. Weinprobieren hat nichts mit zerfurchter Stirn, andächtigem Gesichtsausdruck oder dem Ausstoß seltsamer Vokabeln zu tun. Wein ist ein Genussmittel.

Vertrauensfrage

Warum Wein-Einkauf wenig mit dem ersten Eindruck und viel mit Zuhören zu tun hat

Der Weg zu höchster Weinqualität führt über eine breite, ausladende Holztreppe, einen vinologischen »stairway to heaven«, der sich wie ein Schneckengehäuse entlang prall gefüllter Regale um die eigene Achse emporwindet, immer höher und verlockender, um schließlich knapp unterm Dach bei den Besten der Besten zu enden. Ganz unten, gleich nach der Kasse, lagern ein paar Kisten Bordeaux ordinaires und Bordeaux génériques, also die einfachsten Herkunftsbezeichnungen aus dem Bordelais. Ein paar Stufen höher liegen die Weine aus dem Haut-Médoc, Saint-Estèphe und Saint-Julien, ein jeder in seinem eigenen, dunklen Fach ruhend und mit einer leeren Flasche als Ansichtsexemplar an der Regalfront versehen. (Es ist schon erstaunlich: Obwohl Wein ja eigentlich nichts Haptisches hat, möchte man ihn, bevor man ihn kauft, doch in die Hand nehmen, genau betrachten und befühlen ...) Eine Treppendrehung weiter folgen die besten Appellationen aus Pauillac, Margaux, Graves und Saint-Emilion – Namen, die bei Weinkennern in aller Welt für leuchtende Augen sorgen und die hier einer neben dem anderen zum Mitnehmen bereitliegen. Allein in dieser Etage könnte ich Stunden verbringen, den Erklärungen der rundum informierten Verkäufer zuhören und überlegen, wie viele Kartons welcher Weine ich mir liefern lasse ... aber es warten ja noch die Pomerols und schließlich, ein paar Treppenstufen höher, wenn man in Gedanken bereits viel zu viel Geld ausgegeben hat, das Allerheiligste: Die besten Süßweine aus Sauternes. »L'Intendant« heißt diese einzigartige Bordelaiser Weinhandlung, in der ich, sooft es geht, einen Zwischenstopp einlege. Vis à vis des Grand Théâtre und am Anfang der Luxuseinkaufsstraße Allées des Tourny gelegen, stellt sie ein architektonisches wie vinologisches Kleinod dar. Ein schmaler, viergeschossiger Turm mit kleinen Fenstern, kühlem Klima, gedämpftem Licht und einer hoch motivierten Mannschaft, die dem Besucher sowohl bei der Auswahl als auch beim Tragen der Kisten behilflich ist (die man sich, so man mag, selbstverständlich auch liefern lassen kann). Und ohne ein paar Kisten geht hier kaum jemand raus, denn »L'Intendant« hat sich nicht nur auf die Mutter aller Weinbauregionen – Bordeaux – spezialisiert, sondern unter den Weinen dieses Landstrichs auch eine hervorragende Auswahl getroffen. Mehr als 15 000 Flaschen stehen zur Disposition, darunter auch viele alte Jahrgänge, die in licht- und geruchsgeschützten, auf Rollen gelagerten Schubladen präsentiert werden. Dieses Geschäft hat also alles, was einen guten Weinhandel ausmacht:

Erfreulich: Hier werden Weine richtig, also liegend gelagert. Weniger erfreulich: Sie sind direkt dem Licht ausgesetzt. Auf lange Sicht leidet darunter jeder Wein.

ein ausgesuchtes Sortiment. Optimale Lagerbedingungen (kühl, dunkel, nicht zu trocken und mit viel Platz zum horizontalen Lagern der Bouteillen). Verkaufsberater, die über die Entwicklung jedes Weinguts, jeder Lage, jedes Jahrgangs Bescheid wissen – viel mehr braucht eine gute Vinothek gar nicht. Auf luxuriöse Ladeneinrichtungen hingegen, die mehr dem Ego des Besitzers denn der fachgerechten Präsentation und Lagerung dienen, kann ich durchaus verzichten – schließlich muss ich sie mit jeder Flasche mitbezahlen. Viel wichtiger ist zum Beispiel, dass die Ware nicht zu lange im Regal liegen bleibt, sondern bald verkauft oder nach einiger Zeit wieder zurück in den Keller verfrachtet wird.

🐎 Das erklärt auch, warum es so schwer ist, in Super- oder Großmärkten guten Wein zu finden. Es liegt nun einmal im Wesen großer Handelsketten, dass sie in großen Mengen und zu Kampfpreisen einkaufen, und diese Tatsache limitiert ihre Auswahl fast automatisch (löbliche Ausnahmen bestätigen, wie immer, die Regel). Die Weine werden häufig stehend (!) in Regale geräumt, wo sie ungeschützt dem Licht (!), der Temperatur (!), dem Geruch (Käsetresen, Fleischtheke!) und einem unkontrollierten (!) Alterungsprozess ausgesetzt sind, bis sich eines Tages irgendein unwissender Weinkäufer ihrer erbarmt. Die Chancen stehen nicht schlecht, dass dieser

einen mittlerweile ziemlich angeknacksten Wein in seinen Einkaufswagen legt und zur Kasse schiebt. Und das relativiert den günstigen Preis doch erheblich.

Was aber vor allem gegen viele Supermärkte spricht, ist die Tatsache, dass ihnen das Allerwichtigste für den Weinkauf fehlt: Kompetente Beratung. Die Allroundtalente, die es dafür braucht, sind leider so selten wie ein interessanter Barolo für unter 30 Euro. Ein guter Weinhändler muss nämlich nicht nur aus dem unübersehbaren Angebot eine kluge Vorauswahl treffen, sondern diese Auswahl auch seiner Kundschaft vermitteln können. Das heißt zunächst einmal: Er muss seine Klientel verstehen. Ferner muss er für eine gute Lagerung und schnellen Umschlag seines Kontingents sorgen sowie Beliebtes und Bewährtes kontinuierlich beschaffen können. (Man kennt das: Kaum hat man ein paar Weine aus dem Sortiment kennen und schätzen gelernt, heißt es: »Die sind aus.«)

🐎 Ein guter Weinhändler ist also Kaufmann und Psychologe, Heger und Pfleger in einem. Auch ein Visionär steckt in ihm: Er sollte nämlich sein Sortiment beständig überprüfen und vorausschauend erweitern. Was jedoch nicht sagen will, dass eine Vinothek heute Chile, Burgund und Australien, morgen Ungarn, Österreich und Bordeaux und übermorgen Südafrika, Kalifornien und Weine aus dem Rheingau verkaufen sollte. Im Gegenteil: Ein Händler, der ständig dem vermeintlichen Kundengeschmack und den gerade hoch bewerteten Weinen hinterherrennt, wird kaum guten Kontakt zu seinen Produzenten pflegen können. Und wenn er das nicht tut, ist er eben nur ein Händler im Wortsinne, der lediglich das nacherzählt, was er bei Parker und Kollegen gelesen hat. Ein wirklich guter Weinhändler hingegen ist eine Art Vertrauensmann, der zwischen Genießern und Produzenten des Weines vermittelt. Der die Winzer und Kellermeister seiner Weine auf vielen Reisen persönlich kennen gelernt hat. Der deshalb auch weiß, was sich im vergangenen Jahr im Weinberg ereignet und wie sich der Wein des vorletzten Jahres entwickelt hat. Der mich, seinen Kunden, meine Ansprüche und Vorlieben kennt und dementsprechend berät. Der mich deshalb – zu meinem großen Erstaunen –

(rechte Seite)
Schön, schlicht und funktional:
Das Weinhaus Hack in Meersburg am Bodensee wurde
bereits mehrfach für sein
Sortiment und die Architektur
des Hauses ausgezeichnet.

Wie man Weine ersteigert

Weine aus dem vergangenen Jahrhundert, letzte Flaschen großer Jahrgänge, komplette Weinsammlungen voller Raritäten – auf Weinversteigerungen gibt es eigentlich nichts, was es nicht gibt. Leider gilt das auch für Weinfehler, Fälschungen und beschädigte Ware. Ich habe schon eine Kiste 1982er Mouton-Rothschild von einem großen Auktionshaus geliefert bekommen, deren Inhalt laut Katalog »in bestem Zustand« sein sollte – und als ich sie öffnete, fielen die Etiketten von den Flaschen.
Ein anderes Mal musste ich feststellen, dass eine 1970er Latour Magnum, die ich für mehr als 500 Euro ersteigert

hatte, alles mögliche enthielt – nur keinen Latour dieses Jahrgangs. Für eine Reklamation war es da jedoch schon zu spät.

Trotzdem steigere ich für das Tantris manchmal mit, wenn es um Chargen geht, die unsere Weinkarte schmücken würden. Auktionen sind aber definitiv nur etwas für informierte, disziplinierte Weinkenner. Zu schnell trifft man sonst mit dem Finger nach oben eine kostspielige Fehlentscheidung.

Die wichtigsten Regeln:

→ Das Angebot vorher gründlich inspizieren und (wenn möglich) verkosten.
→ Vergleichsangebote einholen, ein persönliches Preislimit festsetzen.
→ Bei der Auktion möglichst in den vorderen Reihen Platz nehmen. So lassen sich Handzeichen geben, ohne dass die Mitbieter es merken.
→ Erkundigen Sie sich vorher nach den genauen Transportkosten (Angaben dazu finden Sie im Auktionskatalog).
→ Prüfen Sie die ersteigerten Flaschen beim Erhalt so gründlich wie möglich. Nur dann haben Sie eine Chance zur Reklamation.

darauf aufmerksam machen kann, dass der 1998er meiner Wahl schon reifer ist als der 1997er – und mich damit vor dem Fehler bewahrt, den Alten vor dem Jungen zu trinken. Mit anderen Worten: Ein solches Multitalent ist Gold wert.

Auch ich käme ohne Gewährsleute in der Branche, die mich vor Qualitätsschwankungen warnen oder mich auf außergewöhnliche Leistungen einzelner Weingüter aufmerksam machen, nicht weit. Begeben Sie sich also auf die Suche. Testen Sie ein paar Weingeschäfte in Ihrer Umgebung. Spezialisieren Sie sich dabei zunächst auf jene Rebsorte und Region, deren Weine Ihnen besonders zusagen. Wenn Sie dann eine Weinhandlung gefunden haben, bei der die äußeren Merkmale (siehe unten) zu stimmen scheinen: Überprüfen Sie, ob auch der Weinberater Ihr Vertrauen verdient. Ob es Ihnen Spaß machen könnte, sich mit ihm auszutauschen. Und ob er weiß, wovon er redet. Halten Sie Ausschau nach Weinen, die Sie kennen, und fragen Sie den Verkäufer nach Charakteristika, Rebsortenmischung und Unterschieden zwischen Jahrgängen (ein erprobter Lackmustest für Weinberater). Alternativ können Sie sich, um die Qualität Ihres Beraters zu testen, auch einen Wein für Ihr nächstes Dinner mit Gästen empfehlen lassen. Allerdings müssen Sie ihn, um ihm eine faire Chance zu geben, wissen lassen, welchen Typus Wein Sie üblicherweise bevorzugen (und ob Sie eventuell bereit wären, etwas Neues auszuprobieren), wie viel Geld Sie auszugeben gedenken, was auf Ihrem Speiseplan steht, wie Sie es zubereiten, und welchen Geistes Ihre Gäste sind. Falls er Ihre Frage ausweichend beantwortet: Probieren Sie es noch einmal. Sollte Sie das

Ergebnis erneut nicht zufriedenstellen: Verlassen Sie den Laden. Testen Sie den Nächsten. Notfalls auch den Übernächsten. Irgendwann werden Sie fündig. Und dann werden Sie nicht nur eine Menge interessanter Dinge über Wein erfahren, sondern auch jede Menge Spaß haben. Manchmal jahrelang. Garantiert.

🦋 Wenn Sie dann nach einiger Zeit ein paar Weine herausgeschmeckt haben, die Ihnen besonders gut gefallen, wollen Sie vermutlich ein wenig mehr über deren Herkunft erfahren. Vielleicht möchten Sie ja wissen, was sonst noch in dieser Region wächst. Wahrscheinlich haben Sie Lust auf Erde, Luft und Klima jenes sonnenverwöhnten Erdzipfels bekommen, aus dem Ihr Lieblingstropfen stammt. Und vielleicht verbinden Sie dann ja Ihren nächsten Urlaub mit einem Besuch bei jenen Menschen, denen Sie diesen Genuss verdanken. 🦋

Anzeichen, die auf ein gutes Weingeschäft deuten können

➤ Spezialisierung auf eine Region oder einzelne Länder

➤ Überschaubares, gut geordnetes Sortiment, in dem ich sofort erkenne: »Was wird angeboten? Und was steht wo?«

➤ Die Möglichkeit zur Verkostung (... das Einzige, was »L'Intendant« noch fehlt)

➤ Degustationsbouteillen, die mit dem Datum ihrer Öffnung versehen und nach dem Ausschenken vakuumverschlossen worden sind

➤ Viele Kunden, staubfreie Flaschen (das erhöht die Wahrscheinlichkeit, dass das Sortiment regelmäßig umgeschlagen wird)

➤ Als Dekoration nur leere Flaschen (wer garantiert Ihnen sonst, dass Sie später nicht einen gründlich durchleuchteten Deko-Wein bekommen?)

➤ Kühle Luft im Laden (zumindest sollte ein Weingeschäft jedoch über einen klimatisierten, dunklen Lagerraum verfügen)

➤ Fachkundige Beratung

➤ Eine Auszeichnung als »eines der besten Weingeschäfte Deutschlands«, die u. a. durch die Zeitschrift »Feinschmecker« verliehen wird. (Diese Auszeichnung finden Sie meist als Aufkleber an der Tür oder als Urkunde im Geschäft.) Natürlich kann ich meine Hand nicht für jedes einzelne der prämierten Geschäfte ins Feuer legen. Aber die, die ich kenne, sind die Auszeichnung wert.

1 Übersichtliche Auswahl, kompetente Beratung und der fachmännische Umgang mit den Bouteillen zeichnen ein gutes Weingeschäft aus (hier die »Wein & Glas Compagnie« in Berlin).

2 Bei Messen wie dem »Salone del Gusto«, den der Genießerclub »Slow Food« alle zwei Jahre in Turin veranstaltet, präsentieren sich viele Dutzend Erzeuger nebeneinander.

3 Der Profi-Flaschenkorb zum Transport vom Händler auf den heimischen Tisch, also zum sofortigen Genuss.

2

Wein-Basics

➤ Ein guter Weinberater sollte Ihnen sagen können, wie sich jeder einzelne Jahrgang und jede Lage seines Sortiments entwickelt hat. Dazu sollte er die Weingüter, deren Weine er anbietet, persönlich kennen und regelmäßig besuchen.

➤ Er sollte außerdem über den Entwicklungszustand seiner Weine, ihr Potenzial und deren Trinkreife im Bilde sein.

➤ Nach einiger Zeit sollte der Weinhändler Ihrer Wahl auch Sie und Ihren Geschmack verstehen und Ihnen dementsprechend Weine empfehlen können.

Wenn er auch noch die Tendenzen der Preisentwicklung gut einzuschätzen vermag, dürfen Sie von ihm wertvolle Tipps erwarten.

➤ Wenn Sie einen vertrauenswürdigen Weinberater gefunden haben: Bleiben Sie ihm treu.

➤ Der Weinhändler Ihres Vertrauens wird einen korkigen Wein in der Regel zurücknehmen – gegen Beleg, versteht sich.

➤ Wenn Sie schon genau wissen, was Sie suchen, können Sie Wein getrost im Internet oder per Post ordern (Empfehlenswerte Links siehe Anhang). Die Preise liegen in der Regel jedoch

nicht unter denen des Fachhandels.

➤ Ich kaufe für meinen privaten Weinkeller nur Weine, die ich mindestens zweimal probiert habe, oder die mich beim ersten Mal so fasziniert haben, dass ich die ganze Flasche geleert habe. Denn das bedeutet: Ich kenne die Entwicklung des Weines über mehrere Stunden.

➤ Die Reise per Post oder Kurierdienst schadet einem Wein kaum – schließlich dauert sie höchstens ein paar Tage. Viel schädlicher ist es beispielsweise, Wein monatelang in einem vibrierenden Kühlschrank zu lagern.

➤ Achten Sie bei Versandhandlungen unbedingt auf die Lieferbedingungen! Häufig steht dort im Kleingedruckten, dass man Ihnen automatisch den Nachfolgejahrgang zuschicken wird, falls der gewünschte ausverkauft sein sollte. Solche Hintertür-Angebote sollten Sie ablehnen.

➤ Supermärkte bieten sehr unterschiedliche Qualität und nur selten kompetente Beratung. Kaufhäuser sind in der Regel besser ausgestattet, ebenso Delikatessengeschäfte wie »Käfer« oder das »KaDeWe«. Dort zahlen Sie allerdings deutlich höhere Preise.

➤ Bei Alltags- und Mittelklasseweinen bietet »Jacques' Weindepot« (gibt es mittlerweile in fast jeder größeren deutschen Stadt) eine ganz ordentliche Auswahl. Achten Sie beim Verkosten darauf, ob die Weine nicht schon vor längerer Zeit geöffnet wurden und entsprechend oxidiert sind. Die schmecken nämlich ganz anders als jener Wein, den Sie später zu Hause entkorken und genießen.

➤ Für die gehobene Mittelklasse und Spitzenweine führt kein Weg am Fachhandel oder dem direkten Einkauf beim Winzer vorbei.

Zurück zu den Wurzeln

Warum sich ein Besuch beim Winzer fast immer lohnt – wenn man es richtig angeht

🐦 »Das Schöne ist: Wir sind alle verrückt; es gibt keinen Winzer, der nicht einen Vogel hat.« Eberhard von Kunow, Spitzenwinzer von der Saar, hat diesen Satz einmal einem Reporter der *Woche* in den Block diktiert. Wortwörtlich. Dazu muss man allerdings wissen, dass der Chef des Hauses von Hövel selbst ein ausgewachsener Spaßvogel ist, was zu den guten Gründen zählt, warum man ihn immer wieder gern besucht. (Ein zweiter, triftiger, sind natürlich seine Rieslinge.) Außerdem dürfte er seine Bemerkung allenfalls halbernst gemeint haben.

In Wirklichkeit sind die meisten Winzer nämlich pragmatisch denkende, hart arbeitende Landwirte. Einige wirken ziemlich sensibel, wenn es um ihre Produkte geht, manche nehmen das Ganze tierisch ernst. Die meisten jedoch sprechen gern und offen über ihre Passion. Und diese Tatsache sollte man sich zunutze machen, indem man die Winzer immer wieder besucht.

Wenn man Glück hat, lernt man en passant Originale wie Jacques Reynaud kennen, einen – mittlerweile leider verstorbenen – Meister seiner Zunft, der eigentlich nur dann ein Fass seines sensationellen Châteauneuf-du-Pape abfüllte, wenn ihn seine Schwester (mit der gemeinsam er das Weingut »Château Rayas« führte) vehement dazu drängte. Oder den füllig-bedächtigen Bernhard Ott, in dessen Heimat Feuersbrunn im Donauland die schönste Kellergasse Österreichs liegt. Nicht zu vergessen den Pfarrer Hans Denk, der einige der wichtigsten Weinproben Österreichs moderiert und nebenbei eine prominente Rolle auf dem Weingut seines Neffen Martin Nigl spielt. Hochwürden, so viel sei verraten,

ist ein äußerst geistreicher Gesprächspartner – und das nicht nur, wenn es um Weine geht. Es lohnt sich also allemal, die Menschen und Orte hinter den Weinetiketten kennen zu lernen. Nirgendwo sonst lässt sich so viel über Eigenheiten und Potenzial eines Gewächses erfahren wie mit der Lage vor den Augen, den Reben zwischen den Fingern und ihren Wurzeln unter den Füßen. Dazu kommt, dass Winzer in den angenehmsten und interessantesten Ecken unserer Erde leben. Denn so begrenzt die Bedingungen sind, unter denen Wein gedeiht, so unterschiedlich sind die Landschaften, in denen er wächst. Die Weinwelt ist eine Welt der Extreme. Zu ihr zählen zum Beispiel das Douro-Tal mit seinen schwindelerregend steilen Terrassen, das Priorato, das mich in seiner Kargheit an die

1 In der Weinwelt gibt es viel zu entdecken: Bernhard Ott beispielsweise (mit dem ich hier gerade anstoße) habe ich auf einer Weinmesse kennen gelernt – heute ist sein Grüner Veltliner weithin begehrt.

2 Kann das Zufall sein? Viele Regionen, aus denen gute Weine kommen, zählen zu den reizvollsten Ecken unserer Erde. Hier die Hügel des Piemont, vom Vignale Monferrato aus.

Das Wetter bestimmt, wann die Weinlese beginnt. Auf Sizilien und in Apulien beispielsweise rücken die Erntemaschinen bereits Mitte August an. Der kühlere Teil Europas zieht im September und Oktober nach; in der Wachau und an der Mosel werden Eisweine sogar bis in den Dezember hinein geerntet.

Schwäbische Alb erinnert, die fruchtbare Napa-Valley-Region mit ihren durch Hügelketten geschützten grünen Tälern; die gemächliche Flusslandschaft des Rheingaus genauso wie die nüchtern-klare Ebene des Médoc, aus der alle paar hundert Meter ein Château ragt.

All das kann man erwandern, erschmecken, erfahren. Und nachdem man die Natur eines Fleckchens Erde schon viele Male gekostet, gerochen, geschmeckt hat – will man es da nicht auch mit eigenen Augen sehen? Erfahren, wie Terroir und Temperatur, Sonnenschein und Winzerkunst zusammenkommen und im Laufe eines komplizierten Prozesses zu einem außergewöhnlichen Genuss verdichtet werden? Mir geht es jedenfalls so. Nun liegt bei mir der Fall natürlich etwas anders, weil ich von Berufs wegen Neues entdecken, verkosten und einkaufen muss. Aber auch ohne meine Aufgabe im Tantris würde ich es mir nicht nehmen lassen, regelmäßig durch die Weinwelt zu fahren und zu beobachten, wie sie sich weiterentwickelt. Dazu ist sie viel zu spannend! Ein guter Zeitpunkt für Wein-Expeditionen sind die Monate Januar bis Juni, wenn der Wein noch im Jungweinstadium ist. In dieser Zeit haben die Winzer nicht übermäßig viel zu tun und bieten dann häufig den Wein des Vorjahres zur Verkostung an, während er zum Teil noch in den Fässern reift. Später, wenn er auf Flaschen gefüllt ist, kann es schon zu spät sein – bei begehrten Appellationen ist der Jahrgang zu diesem Zeitpunkt bereits verkauft.
Eine eher schlechte Idee ist es hingegen, im Herbst bei Winzern vorbeizuschauen. Für sie ist dies die arbeitsreichste Zeit des Jahres, die Weinbauern sind nervös wegen des Wetters und des richtigen Zeitpunkts für ihre Ernte. Und der Vorjahreswein ist meistens bereits ausgeliefert.

Einer der angenehmsten – und zugleich interessantesten – Nebenaspekte dieser Weingourmet-Trips ist übrigens das Essen, genauer: das Essengehen. In den Restaurants einer Weinregion wartet auf den Besucher häufig eine ganze Reihe Überraschungen. Was wird hier gegessen, wie wird es zubereitet? Wie geht man in der Region mit Wein um? Welche Weine stehen auf den Weinkarten? Vor allem aber: Wie paart man hier Wein und Speisen? Es ist ja auch logisch: Niemand sammelt so umfangreiche Erfahrungen mit den Weinen und Gerichten einer Region wie jene Menschen, die seit Generationen mit und von ihnen leben. Und im Laufe der Zeit lässt es sich eigentlich gar nicht vermeiden, dass der eine oder andere ungewöhnliche Kombinationen ausprobiert, die – sofern sie auf Beifall stoßen – sodann in den Fundus lokaler Rezepte übergehen und darauf warten, von uns entdeckt zu werden.
So habe ich beispielsweise im Piemont gelernt, dass man zu Pasta mit weißer Trüffelsauce durchaus Rotwein reichen kann (hervorragend sind zum Beispiel jugendliche Barberas oder Dolcettos). Ganz besonders gut passt übrigens ein reifer Barolo mit kräftigen Pilz- und Trüffelnuancen, aber das habe ich erst später herausgefunden. Als mir diese Kombination zum ersten Mal in einem Restaurant in Alba empfohlen wurde, habe ich sie zunächst etwas ungläubig probiert, doch siehe da: Es schmeckte ausgezeichnet.

Kalifornische Winzer (hier der Verkaufsraum der Niebaum-Coppola Winery in Rutherford, Napa Valley) sind echte Profis im Vermarkten ihrer Produkte. Das untere Bild zeigt einen Laden mit typischen Produkten der Region in Roussillon, Südfrankreich.

Ganz ähnlich erging es mir in Kalifornien mit Cabernet Sauvignon und Schokoladentorte. (Klingt seltsam, nicht wahr? Aber es mundet köstlich. Die Verbindung des pulvrig-klebrigen Kakaos mit dem fruchtig-saftigen Cabernet am Gaumen ist einmalig.) Entdeckungen wie diesen verdanke ich viele Inspirationen für meine Arbeit.

Ein weiterer Vorteil solcher Restaurant-Expeditionen ist, dass ich dabei ganz automatisch auf immer neue interessante Winzer stoße – schließlich sind die Weinkarten guter Restaurants wahre Fundgruben für Weingourmets. Dabei spielt es keine Rolle, ob man in die Traube in Grevenbroich, in die Florentiner Enoteca Pinchiorri, ins Schloss Prielau in Zell am See oder ins Nichel in Barcelona einkehrt (um nur einige Beispiele aus vielen zu nennen) – überall wird man auf Fundstücke dieser Art stoßen.

Jedes Mal, wenn mir im Restaurant ein neuer Wein auffällt ist, notiere ich mir die Adresse des Winzers und vereinbare bei nächster Gelegenheit einen Termin. Auf diese Weise kehre ich immer wieder mit neuen flüssigen Souvenirs im Gepäck nach München zurück. Einige schmücken heute unsere Karte im Tantris.

Damit ein Besuch beim Winzer im Weingut zum angenehmen Erlebnis für alle Beteiligten wird, sollte man jedoch einige elementare Verhaltensregeln beachten. Die erste lautet: Respektiere den Winzer, die Früchte seiner Arbeit und seine Zeit! Viele Weinmacher werden ja Jahr für Jahr von hunderten, bei bekannten Gütern sogar von tausenden Touristen heimgesucht – Menschen also, die im schlimmsten Fall keine Ahnung von Wein haben, die den Winzer von seiner Arbeit abhalten und nach ein paar Stunden beschwipst von dannen ziehen, nachdem sie ihm allenfalls ein paar Flaschen abgekauft haben (Vielleicht sollte man einmal eine Agentur namens »Rent a winemaker« gründen, die Winzer als hoch dotierte Referenten vermittelt – das wäre für alle Beteiligten wohl die glücklichere, weil ehrlichere Lösung). Solche Überfälle von Touristen sind, wohlgemerkt, unerfreuliche Extreme; Tatsache ist aber, dass das (im Prinzip begrüßenswerte) Interesse an seiner Arbeit für den Winzer wiederum ein Mehr an derselben bedeutet. In Kalifornien, Australien und Südafrika sind die Manager vieler Weingüter deshalb dazu übergegangen, den stetig anschwellenden Publikumsverkehr in professionelle Bahnen zu lenken. Eine typische winery im Napa Valley verfügt heute über ein üppig dekoriertes, gut bestücktes wine store, wo neben den Weinen des Hauses Souvenirs wie T-Shirts mit Firmenlogo, Seifen, Bonbons aus Wein oder seinen Trauben, Tresterschnäpse und so weiter angeboten werden, die irgendwie im weitesten Sinne mit Wein oder dem Weingut zu tun haben. Das ganze Unternehmen wird von hauptberuflichem Verkaufspersonal betreut, und Profi-Verkäufer sind es auch, die

1 Hoch ragen die Terrassen des legendären Weingutes J. J. Prüm über der Mosel auf. An diesen Steilhängen wachsen weltberühmte, edelsüße Rieslinge.

2 Laurent Vonderheyden vom Château Monbrison bei der Kellerarbeit.

3 Henri Dubosque und Sohn, Chefs des Château Haut-Marbuzet, bauen ihre Weine noch heute ganz traditionell aus.

die Besucher durch Degustationen führen. Geschulte guides lotsen sie gruppenweise durch Keller und Abfüllanlagen und erzählen von der Kunst des Weinmachens. Und dafür bezahlt man genauso, wie man für den Eintritt in eine Kunstgalerie oder ein Museum bezahlt.

Der »Rest« der Weinwelt ist noch nicht ganz so »weit« (auch wenn es mich überraschen würde, wenn solche professionellen Präsentationsformen nicht früher oder später auch in der alten Welt Fuß fassen). In Deutschland, Österreich, Italien, Spanien und Frankreich steht selbst hinter berühmten Weinen häufig noch eine einzige Familie, deren knapp bemessene Freizeit man nicht noch weiter beschneiden sollte, indem man unangemeldet hereinschneit. Bevor man also einen Winzer besucht, sollte man sich ankündigen.

Genauso ist es ratsam, nicht ganz blauäugig auf einem Weingut aufzukreuzen – jedenfalls haben alle Beteiligten mehr davon, wenn sie wissen, wovon sie reden. In dieser Hinsicht habe ich einmal eine äußerst interessante Erfahrung gemacht: Ganz zu Anfang meiner Sommelierskarriere war ich zur Degustation bei einem berühmten Winzer angemeldet, einem Spezialisten für edelsüße Weine, über die ich damals noch nicht wirklich Bescheid wusste.

»Was möchten Sie probieren?«, fragte mein Gastgeber nach der Begrüßung und erwischte mich damit gleich auf dem falschen Fuß. Ich war davon ausgegangen, dass er mir sein ganzes Programm präsentieren würde und ich die für mich interessantesten Weine auswählen könne. In meiner Unerfahrenheit antwortete ich: »Etwas Trockenes, bitte.« Ich wollte mich von den einfachen trockenen Qualitäten zu den süßen Auslesen vortasten.

Nun, deutlicher hätte ich meinen Gastgeber nicht brüskieren können. Etwas Trockenes bei einem Spezialisten für edelsüße Weine – das war etwa so, als würde man von James Levine verlangen, anstelle der Münchner Philharmoniker eine Blaskapelle zu dirigieren. Der Winzer ließ sich jedoch nichts anmerken, sondern servierte mir einen seiner Weine blind – also ohne Etikett – und lud mich ein, zu probieren. Dann ließ er mich allein.

Giovanna San Martino di San Germana, Winzerin im piemontesischen San Martino Alfieri, begutachtet ihren Barbera.

Den Weinen des Robert Wenzel sen. verdanke ich eine Menge: Sie waren es, die vor vielen Jahren mein Interesse an Weinen geweckt haben. (Im Bild Robert Wenzel jun. mit Sohn Michael).

ich nicht so eingeschüchtert gewesen, wäre ich einfach gegangen. Als ich später einem Nachbarwinzer von meinem Erlebnis erzählte, lachte dieser wissend: Offenbar war mein Gastgeber für Lehrstunden dieser Art bekannt. Ich jedenfalls habe sie nie vergessen.

❧ Nun werden an einen Sommelier natürlich ganz andere Erwartungen gestellt als an einen nicht-professionellen Besucher, und kein Winzer wird Sie kreuzigen, wenn Sie nicht alle Charakteristika seiner Region aus dem Eff-Eff herunterrattern können. Im Gegenteil: Die meisten freuen sich über interessierte Gäste auf ihren Gütern und erzählen Ihnen alles, was Sie noch nicht wissen. Wer freut sich nicht, wenn seine Mühe Bewunderer findet?

❧ Übrigens wird man, nachdem man auf diese Art einige Winzer kennen gelernt hat, feststellen, dass Eberhard von Kunow in gewissem Sinne doch recht hat: Viele Weinbauern sind tatsächlich verrückt – und zwar in dem Sinne, dass sie wahnsinnig viel Zeit und Energie in Aufzucht und Pflege ihrer Weine investieren. Diesen Enthusiasten bei ihrer Arbeit über die Schulter schauen, ihnen zuhören und die Ergebnisse ihres sich Jahr für Jahr wiederholenden Kunststücks genießen zu dürfen, zählt für mich zu den schönsten Erfahrungen mit und um Wein überhaupt. Ich kann sie nur zur Nachahmung empfehlen. ❧

Erst eine knappe Stunde später kehrte er zurück, erkundigte sich nach meinem Ergebnis (ich lag natürlich daneben, wenn auch nur knapp), erläuterte Details zum Wein und ermunterte mich zu einem neuen Versuch mit einer weiteren Bouteille. Dann ging er wieder. Wieder verkostete ich, machte meine Notizen, rätselte nach der Herkunft (Lage) und Jahrgang des Weines. Eine weitere knappe Stunde verging – offensichtlich wollte er mir ausreichend Zeit geben, mich wirklich intensiv mit seinen Weinen auseinanderzusetzen. Dann kam er zurück, brachte mir einen neuen Wein ... Dieses Spiel wiederholte sich immer wieder – auch nach dem Mittagessen, zu dem ich höflich eingeladen wurde. Es nahm einfach kein Ende. Wäre

Do's and Don'ts auf dem Weingut

➤ Melden Sie sich ein paar Tage im Voraus an – nichts ist unhöflicher, als unangekündigt auf der Matte zu stehen.

➤ Adressen und Beurteilungen der bedeutenden Weingüter finden Sie in Hugh Johnsons Weinführern. Wer sich auch für kleine Erzeuger interessiert und echte Entdeckungen machen will, sollte in René Gabriels »Weinwisser« nachschlagen und sich bei seinem Weinhändler oder Sommelier mit Adressen eindecken. Ratsam sind auch Länderführer wie »Hachette« für Frankreich, »Luigi Veronelli« und der »Gambero Rosso« für Italien.
Empfehlen kann ich auch Jancis Robinsons »Portuguese Table Wines«, Jan Reads »Spaniens Weine« und die »Weinreisen«-Serie von Hugh Johnson.

➤ Nicht alle Weingüter können (oder wollen) Degustationen anbieten – wundern Sie sich also nicht über eine Absage.

➤ Planen Sie genügend Zeit für Ihren Besuch – zwei bis drei Stunden sind realistisch.

➤ Outen Sie sich (sofern Sie es sind) als Freund der Weine des Hauses. Einem Winzer macht es mehr Freude, sich mit Kennern auszutauschen.

➤ Sollte sich Ihre Reisebegleitung/Ihre Familie nicht für Wein interessieren, tun Sie allen den größten Gefallen, wenn Sie sie zu Hause lassen.

➤ Trinken Sie mindestens eine Stunde vor einer Degustation keinen Kaffee. Verzichten Sie auf Parfüm und Zigaretten. Auch schweres Essen wird Ihre Sinne trüben.

➤ Sollte Ihnen ein Rundgang übers Weingut angeboten werden: Sagen Sie Ja! Bei keiner anderen Gelegenheit können Sie so viel über Wein und Weinbau lernen wie hier. Verkosten könnten Sie den Wein schließlich auch woanders.

➤ Probieren Sie aus der gesamten Palette des Weinguts. Äußern Sie ruhig Wünsche, aber lassen Sie sich auch etwas empfehlen. Unhöflich wäre es, nur nach dem Besten und Teuersten zu verlangen.

➤ Die richtige Reihenfolge beim Verkosten lautet: Von leicht zu schwer, von hell zu dunkel, von trocken zu süß. Man bewegt sich also von den zurückhaltenderen Aromen zu den kräftigeren.

➤ Beim Degustieren wird Ihnen meist mehr ins Glas geschenkt, als Sie zum Probieren benötigen. Diese freundliche Geste bedeutet jedoch nicht, dass Sie alles austrinken müssen, im Gegenteil: Sinn der Sache ist lediglich, dass sich mit mehr Wein im Glas auch mehr Bukett entwickeln kann, die Temperatur länger konstant bleibt und man nochmals einen zweiten Schluck nachkosten kann.

➤ Trinken Sie mäßig – oder, noch besser: Üben Sie sich in der Technik des Spuckens. Dann können sie viel mehr verkosten und dank unvernebelter Sinne auch besser beurteilen.

➤ Notieren Sie sich, was Ihnen besonders und was Ihnen weniger gut gefallen hat.

➤ Zwischen zwei Weinen neutralisieren Sie den Geschmack am wirksamsten mit ein paar Schlucken kohlensäurearmem Mineralwasser. Brot tut's auch, Käse und Wurst hingegen verschließen alle Poren.

➤ Zollen Sie dem Winzer Respekt, indem Sie sich bei der Verabschiedung erkundigen, was Sie ihm schuldig sind. (Seine Antwort wird in der Regel »Nichts« lauten. Nur in Kalifornien und Südafrika hat es sich eingebürgert, pro Glas ein paar Cents zu verlangen.)

➤ Wenn Sie im warmen Süden Wein kaufen, kutschieren Sie diesen nicht tagelang im Kofferraum herum. Dort erreichen die Temperaturen schnell 50 bis 60 Grad Celsius, und darunter leidet jeder Wein.

Vom Mut zum Risiko …

Wieso die Größe eines Jahrgangs von mehr als dem Wetter abhängt. Und warum es so schwer ist, all dies einzuschätzen

🐾 Über Nacht war es Herbst geworden im Bordelais. Tiefschwarz und träge mäanderte die Dordogne durch die Hügel um Saint-Emilion, die Bauern holten eilig ihr Heu von den Wiesen und die Weinberge schienen sich geradezu zu ducken vor dem, was sich über ihnen zusammenbraute. Dunkle Regenwolken hingen über dem Fluss, schwer und dem Winzer wenig Gutes versprechend. Stephan Graf Neipperg jedoch ließ sich von all dem nicht beeindrucken. »Wir warten noch«, beschied der 45-jährige Weinbauer ungerührt und stopfte das Refraktometer in die Brusttasche seines wie immer tadellos sitzenden Sakkos, »wir werden nicht vor Montag mit der Ernte beginnen.«

Montag – das war in vier Tagen. Vier Tage, in denen ein einziger Regenguss seine Trauben aufblähen und ihren Saft zu einer wässrigen Suppe verdünnen konnte. Vier Tage, in denen ein Hagelschauer die Arbeit eines Sommers und damit Millionen Euro binnen Sekunden zu vernichten imstande war. Vier Tage aber auch, in denen sich Neippergs Cabernet Sauvignon- und Merlot-Trauben weiter mit Sonne und jenem Quentchen Kraft auftanken konnten, das einen guten erst zu einem sehr guten Jahrgang adelt.

🐾 Und Neippergs Ernte stand zweifellos voll im Saft. Davon konnte ich mich selbst überzeugen, als ich in diesen Septembertagen des Jahres 2000 durchs Médoc, Pomerol und Saint-Emilion reiste, um erstmals nach langer Zeit während der Weinlese vor Ort zu sein.

Als ich dann mit dem Grafen – er mit Gummistiefeln, Sakko, gestärktem Hemd und Einstecktuch – durch seine Lagen stapfte und den Zuckergehalt der Trauben maß, zeigte sein Refraktometer bereits 13.5 Oechsle an: Ein im Bordelais sehr seltener, hoher Wert. Einige von Neippergs Kollegen hatten sich längst mit dem Erreichten zufriedengegeben. In den Tagen zuvor hatte ich beobachtet, wie an vielen Ecken der Region die Ernte eingeholt worden war. Die Merlots von Pétrus beispielsweise gärten bereits sicher im Fass. Aber Neipperg spielte noch auf Zeit. Dazu muss man wissen, dass der gräfliche Winzer eine echte Ausnahmeerscheinung im Bordelais darstellt. Château Canon-la-Gaffelière, jenes Grand Cru-Weingut, das sein Vater (Besitzer des Weinguts Neipperg im württembergischen Schwaigern) 1985 erwarb, hat der

1 Ein Rebstock im Winterschlaf.
2 Mit den ersten Strahlen der
Frühjahrssonne gehen die
»Gescheine«, die Knospen des
Rebstocks, auf.
3 Im Labor wird regelmäßig
die Zusammensetzung des
Traubensafts überprüft.

Junior peu à peu aus seinem Dornröschen-
schlaf geweckt und zu einer großen Adresse
in Saint-Emilion ausgebaut. Seine alteinge-
sessenen Nachbarn zollen ihm dafür eine
Anerkennung, wie sie Zugewanderten im
traditionsbewussten Bordelais nur selten
zuteil wird.

Das Erstaunliche ist: Bei alledem hat sich der
Graf seine Unabhängigkeit bewahrt. Kein
Luxuskonzern, keine Versicherung, kein von
irgendeiner Firmenspitze eingesetztes Management stehen hinter ihm und schreiben Ge-
schäftspolitik, Kellerwirtschaft oder Produkt-
marketing vor. Neipperg selbst entscheidet
über Wohl und Wehe seines Château. Nur
Neipperg selbst trägt aber auch die Verantwortung für seine Entscheidungen – und an
diesem grauen Septembertag entschied er
eben, seine Ernte 2000 einem vollen Risiko
auszusetzen. Es war ein gefährliches Spiel, an
dessen Ende eigentlich nur der Hauptgewinn
oder ein herber Verlust stehen konnte. Ich
hätte in diesen Tagen nicht in seiner Haut
stecken mögen.

🐾 Warum ich all das erzähle? Nun, weil
Neippergs Verhalten uns eine ganze Menge
über die Rolle verrät, die Jahrgänge in der
Weinwelt spielen. Erstens: Die Qualität einer
Ernte hängt von vielen Dingen ab – vom
fachmännischen Rebenschnitt Anfang des
Jahres, von der technischen Ausstattung eines
Weingutes bis zur Wahl des richtigen Ernte-
zeitpunkts im Herbst. Das Wetter ist nur

einer dieser Faktoren. Zweitens: Für einen
Jahrgang sind auch das Management des
Weinguts, sein Ehrgeiz und seine Risikobe-
reitschaft mit entscheidend. »No risk, no fun«
– diese Regel gilt auch in der Weinwelt. Und
nur ein Freigeist wie Neipperg kann es sich
leisten, das Risiko einzugehen und seinen
Trauben noch ein spätsommerliches Sonnen-
bad zu gönnen. Drittens: Was im Weinberg
passiert, ist erst die halbe Miete – auch im
Keller kann noch eine Menge schief gehen

beziehungsweise gerettet werden. Und viertens: In jedem Jahrgang gibt es Licht und Schatten. Kein Weingut verfügt über die gleichen Voraussetzungen wie das andere; in Regionen mit Höhenunterschieden wie an Rhein, Mosel, im Wallis oder in der Wachau unterscheidet sich sogar jede Einzellage in ihrer Entwicklung von der anderen. Natürlich spielt das Klima bei alledem eine gewichtige Rolle, und es ist daher nicht ganz unsinnig, wenn die Branche von »großen« beziehungsweise »kleinen« Jahrgängen spricht, je nachdem, wie zwischen Frühjahr und Herbst Sonne, Kälte und Regen zusammengespielt haben. Die Sonnenscheindauer ist unter anderem dafür verantwortlich, ob weiße Trauben genügend Zucker bilden. Bei den roten entscheidet sie darüber, ob das Tannin gut reifen kann. Neipperg hat das mal so erklärt: »Beim Rotwein hängt im Gegensatz zum Weißen alles von den Schalen ab. Wenn sie dick und reif sind, viel Farbe und Aroma haben, machen wir einen großen Wein. Sind sie dünn und haben weniger Aromastoffe, weil der Sommer weniger Sonne gebracht hat, machen wir kleinere Weine.« Zu wenig Wasser beispielsweise behindert das Wachstum der Rebe, zu viel davon verdirbt die Trauben. Natürlich kann daher auch der beste Winzer das Wetter nicht einfach ignorieren. Sollte es einen Sommers in einer Region ununterbrochen regnen, dürfte man mit Fug und Recht einen »kleinen« Jahrgang prophezeien.

Vom Klima jedoch rundweg auf die Qualität eines Jahrgangs zu schließen, ist etwa so, als würde man aufgrund der Windverhältnisse zu Spielbeginn auf den Ausgang eines Fußballmatches tippen. Zweifellos bilden warmes, windstilles Wetter im Frühjahr, ein kräftiger Spätsommer mit Nebel am Morgen und tagsüber viel Sonne sowie wenig Niederschläge zur Ernte eine wichtige Voraussetzung für einen großen Jahrgang. Mehr aber auch nicht. Ein versierter Winzer beispielsweise kann auch aus einem verregneten Jahr noch einen akzeptablen Wein herausholen, und wenn er einen Namen zu verlieren hat, wird er alles daran setzen, es auch zu tun. So wird er zwischen Sommer und Herbst durch zusätzliches Ausdünnen dafür sorgen, dass weniger Trauben alles in sich aufsaugen, was das Jahr zu geben hat. Im Herbst trägt er dann durch noch aufwändigere Lesetechniken und strenge Selektion unreifer oder fauler Trauben Sorge, dass nur die Besten ins Fass kommen. So ist es zu erklären, dass heute auch aus vermeintlich mäßigen Jahrgängen oft noch gute Weine auf den Markt kommen. Voraussetzung ist dabei meist auch technisches Know-how und die dafür entsprechenden Einrichtungen, mit denen sich die Unbilden der Natur ausbügeln lassen. Das klingt zunächst einmal ganz positiv; mir persönlich gefällt diese Entwicklung jedoch nicht, weil dadurch Jahrgangsunterschiede zum erheblichen Teil eliminiert werden und somit weniger Kontraste festgestellt werden können.

4 Hochwertige Trauben werden selbstverständlich auch heute noch per Hand geerntet.
5 Noch im Weinberg sortieren Erntehelfer ungenügende Qualitäten aus.

Je dichter Weinkeller und Weinberg beieinander liegen, umso besser ist es für den Wein: Austretender Traubensaft oxydiert rasch, in warmen Sommern droht außerdem die Gefahr einer »wilden Gärung«. Seit Jahrzehnten wird wie hier in den Weinbergen des Château Latour von Hand geerntet.

Auch der beste Winzer kann das Wetter nicht einfach ignorieren. Die Sonnenscheindauer ist unter anderem dafür verantwortlich, ob weiße Trauben genügend Zucker bilden. Bei den roten entscheidet sie darüber, ob die Tannine gut reifen können. Und natürlich muss das Ganze immer wieder im Weinberg in Augenschein genommen werden.

🐾 Der Erkenntnis, dass ein schlechter Jahrgang nicht gleich schlechter Wein ist, verdanken wir die weithin verbreitete Regel, nach der man in großen Jahrgängen nach den Weinen kleiner Châteaux und in kleinen Jahrgängen nach denen großer Châteaux greifen solle. In den kleinen Jahrgängen, so das Kalkül, sind die Weine großer Châteaux gemeinhin billiger und erschwinglicher, aber immer noch so gut, dass man sie voll genießen kann.

Richtig ist daran: So genannte kleine Jahrgänge bieten meist einen Preisvorteil. Richtig ist aber auch: Mit dieser Regel im Kopf kann man ziemlich auf die Nase fallen. Schauen wir uns beispielsweise die Entwicklung von Château Mouton-Rothschild, in den vergangenen vierzig Jahren an. Von 1958 bis 1998 wurden auf Mouton nicht mehr als sechs ganz große Jahrgänge produziert (diese sechs hatten es, wie man fairerweise hinzufügen muss, allerdings auch wirklich in sich). Und dieses Phänomen ist bei vielen Châteaux zu beobachten.

Warum das so ist? Ich weiß es nicht. Ich weiß nur: Nachher ist man immer schlauer. Auch ich habe heute vom 1997er Bordeaux, der nicht hielt, was von ihm erwartet wurde, mehr im Keller, als mir lieb ist – vor allem, wenn ich an die hohen Einkaufspreise denke. Es ist einfach sehr schwierig, die Güte eines Jahrgangs aus kurzer Distanz zu beurteilen. Und vollends unmöglich ist es, dies für eine Region en gros zu tun.

Trotzdem versuchen Wein-Aficionados, sich jungen Jahrgängen wie Spürhunde zu nähern und frühzeitig zu erschnuppern, wen sie da vor sich haben. Die Gesetze der Weinwelt haben eben viel mit den Regeln der Börse gemein (warum das so ist, habe ich im Kapitel »Der richtige Riecher« erklärt), und ein herausragender, aber noch unerkannter Jahrgang ist wie ein Insidertipp beim Aktienhandel. Jeder ist daher auf der Suche nach den EM-TVs von morgen (vor dem Absturz) und möchte die Shootingstars bunkern, bevor der Rest der Welt sie entdeckt.

🐾 Noch während die Traube reift, stapfen daher selbst ernannte sowie anerkannte Experten durch die Weinberge, prüfen und analysieren und taxieren den Himmel mit zusammengekniffenen Augen. Kaum sind die Reben abgeerntet, erscheinen in den Weinmagazinen Artikel, in denen das Klima rückblickend analysiert und über die zu erwartende Qualität des Jahrgangs spekuliert wird. Die nächste Runde findet dann im Frühjahr statt, wenn in den Kellern Weinkritikern und -käufern die ersten Tropfen des noch unfertigen Rebensaftes serviert werden. Diese so genannten Fassproben vermitteln tatsächlich einen ersten Eindruck von Textur, Tanningehalt und Struktur, manchmal auch von der zu erwartenden Lebenskurve, verraten aber nichts darüber, wie er sich letztendlich wirklich entwickeln wird. Zu diesem Zeitpunkt

Mit dem so genannten Refraktometer lässt sich der Oechslegrad einer Traube und damit ihr Reifezustand messen.

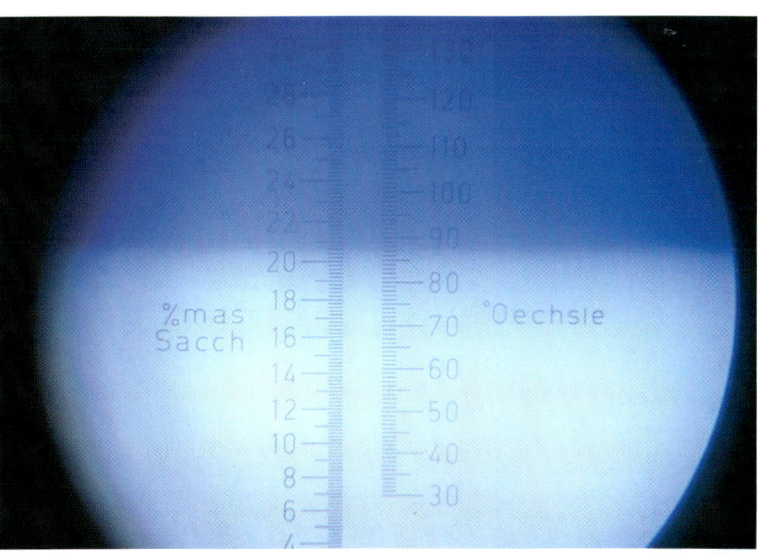

45

hat der Wein nämlich noch gar kein Barrique gesehen, geschweige denn die entscheidenden Ausbaustadien hinter sich – was man hier zu schmecken bekommt, ist sozusagen der nackerte Wein. Entsprechend löchrig sind zuweilen auch die Urteile, die über ihn abgegeben werden. Beim 1982er Bordeaux beispielsweise hat es einige Jahre gedauert, bis die Fachleute sich wirklich einig waren, welch ausgezeichnete Qualität da in den Flaschen heranreifte. Wie bei einem Sprengsatz mit Zeitzünder passierte eine Weile gar nichts, dann explodierten plötzlich die Preise. Umgekehrt vollzog sich die Entwicklung beim 1987er Bordeaux: Kein Kritiker hat damals unmissverständlich geschrieben, welch mäßige Qualität uns da aus den meisten Châteaux erwartete.

🐦 Seriös lässt sich die Qualität eines Jahrgangs nach meinen Erfahrungen bei zahlreichen Jahrgangsproben in Bordeaux erst beurteilen, nachdem der Wein »fertig gestellt«, also auf Flasche gezogen wurde. (Bei den meisten Weißweinen ist das übrigens etwas anders, vor allem bedingt durch die kürzere Ausbauzeit und den Ausbau im Edelstahl.) Natürlich bin ich trotzdem auf Fassproben und Subskriptionskäufe angewiesen, und jedes Jahr stoße ich dabei auf Weine, die sich tatsächlich großartig entwickeln. Aber das hat viel mit Fortune und Instinkt zu tun. Und natürlich vermag auch ich nicht zu sagen, wann uns der nächste große Jahrgang ins Haus steht. Mit »Jahrhundertjahrgängen« ist es wie mit dem Großen Erdbeben in Kalifornien: Jeder weiß, dass sie eines Tages kommen werden. Die Königsfrage ist nur: Wann? Und wo genau?

Was unseren Graf Neipperg betrifft, so stehen die Chancen nicht schlecht, dass er mit seinem 2000er Château Canon-la-Gaffelière tatsächlich einen Volltreffer gelandet hat. Er hat das Glück des Tüchtigen gehabt und, wie ich gehört habe, seine Schäfchen sicher ins Trockene bringen können. Die Kritiker zeigen sich begeistert. Leider ist daraufhin bereits das passiert, was in einem solchen Fall immer passiert: Die Preise sind gestiegen. 🐦

Ein Großteil der Arbeit eines Winzers vollzieht sich im Keller – mit der Pipette in der Hand und Besuchern im Schlepptau.

Oben im Weinberg wird derweil noch ausgeschnitten. Bei Fassproben erkennt der Winzer, ob sein Wein bereits klar ist, die Hefen sich also am Fassboden abgesetzt haben.

Wein-Basics

➤ *Jahrgangstabellen sind Pauschalurteile, die nichts über die Qualität eines einzelnen Weines aussagen. Sinnvoll sind sie deshalb nur als eine erste, grobe Orientierungshilfe.*

➤ *Die Qualität eines Weines hängt natürlich vom Wetter, dem richtigen Erntezeitpunkt, dem Talent des Kellermeisters und der Güte der Vinifikation ab. Aber auch die Motivation der Mitarbeiter, das Management eines Weingutes und die Laune des Besitzers entscheiden mit. Im Extremfall stecken die Eheprobleme eines Winzers in einem Wein.*

➤ *Einen guten Jahrgang erkennt man daran, dass er auf lange Sicht teurer ist als die weniger guten. (So einfach ist das? Ja, so einfach ist das. Leider. Schließlich befindet sich die gesamte Weinwelt auf der Suche nach guten Weinen.)*

➤ *Entgegen einem weit verbreiteten Mythos gibt es auch in der Neuen Welt erhebliche Jahrgangsunterschiede. In Kalifornien beispielsweise haben El Niño und Reblaus-Invasionen einige Winzer an den Rand des Ruins getrieben. In Argentinien haben in 1998 viele Weingüter einen außergewöhnlich guten Wein gekeltert, der sich von seinen Vorgänger- bzw. Nachfolgerjahrgängen deutlich unterschied.*

➤ *Winzer können klimatische Unterschiede ausgleichen, indem sie verschiedene Rebsorten, die unterschiedlich auf das Wetter reagieren, zu einer Cuvée mischen. Im Burgund, wo nur Weine aus einer Rebsorte (Pinot Noir für die roten und Chardonnay für die weißen) abgefüllt werden, ist es deshalb viel schwerer, einen wirklich großen Jahrgang in die Flasche zu bekommen.*

➤ *Zwar nimmt die Bedeutung von Jahrgängen am Markt zu (alle sind auf der Jagd nach den begehrten »großen« Jahrgängen), die tatsächlichen Jahrgangsunterschiede reduzieren sich jedoch. Der Grund dafür sind verbesserte Weinbaumethoden, die Technisierung der Weinwelt und önologische Tricks (siehe auch »Auf dem Weg zum Weltwein«).*

➤ *Unerheblich ist der Jahrgang nur bei Alltags- und Konsumweinen, die nicht gelagert werden. Sie verfügen Jahr für Jahr über die gleiche, mäßige Qualität. Das gilt insbesondere für leichte Weißweine.*

➤ *Große Namen schützen nicht vor großen Enttäuschungen. Ich kenne jedenfalls kein einziges Weingut, das über die Jahre ausschließlich große Weine präsentiert hat.*

Übrigens ...

... meine ich, dass man »kleine« Jahrgänge akzeptieren und nicht mit önologischen Tricks glattbügeln sollte. Sie haben ja auch Vorteile: Zum Beispiel sind sie schneller trinkreif und, wenn man Glück hat, auch etwas preiswerter.

Ein – zum Schutz vor gefräßi-
gem Getier – eingepackter
Weinberg im Württember-
gischen.

Recht und billig
Wie viel guter Wein kosten muss. Und wie viel er kosten darf

🏊 Die Umstände wechseln, genauso die handelnden Personen. Aber wenn ich mich mit Gästen im Tantris, mit Bekannten auf einer Party oder während einer Verkostung mit interessierten Laien unterhalte, taucht sie in schöner Regelmäßigkeit auf, die Frage: »Sagen Sie mal, Frau Bosch, wo bekommt man eigentlich gute Weine für wenig Geld?« Ich bin dann immer etwas ratlos. Genausogut könnte man mich fragen: »Wo kriege ich einen nagelneuen Bentley – umsonst?« Ehrlicherweise müsste ich in beiden Fällen das Gleiche antworten, nämlich: »Ich weiß es nicht.« Vor ein paar Jahren habe ich dennoch einmal versucht, die Frage nach den guten, günstigen Weinen mit einem Buch zu beantworten.

»500 Weine unter 20 Mark« hieß der Wein-Einkaufsführer, in dem ich solide Alltagsweine, interessante Newcomer und echte Geheimtipps zum wirklich günstigen Preis vorstellte. Das war 1997. Im folgenden Jahr – der Weinboom hatte weitere Kreise gezogen, die Preise bereits steil angezogen – wurde es schon wesentlich schwieriger, 150 charakterlich interessante Rotweine für weniger als 20 Mark ausfindig zu machen. Der »Montiano« beispielsweise, ein umbrischer Merlot, den ich in der ersten Ausgabe noch guten Gewissens präsentieren konnte, hatte in der Zwischenzeit die 20 Mark-Grenze überflügelt wie Carl Lewis eine Hürde bei seinem Weltrekordlauf (»schuld« am Preisanstieg war, wie so häufig, eine hohe Parker-Benotung). Im zweiten Jahr musste ich das Buch bereits notgedrungen in »Gute Weine überwiegend unter 20 Mark« umbenennen. Im dritten Jahr – unser Konzept war inzwischen ebenso erfolgreich wie viel kopiert – habe ich es gar nicht mehr gemacht. Die Preiswelle beim Wein hatte mich einfach überrollt. Heute würde meine Antwort lauten: Gute Weine für wenig Geld – tut mir Leid, die gibt es heute kaum noch. (Allerdings: Im Languedoc zeigen sich erste Anzeichen sinkender Preise.) Für richtig gute Weine – insbesondere Rotweine, die über die Kategorie »Weine für alle Tage« herausreichen – braucht man heutzutage Geld, für ausgezeichnete sogar viel Geld. Klassifizierte Hochgewächse aus dem Bordelais, Super-Tuscans, Barolos, Barbarescos, Crus aus dem Burgund sowie die Garagenweine aus aller Welt sind heute ein ziemlich elitäres Vergnügen. Einen Cheval Blanc, Pétrus oder La Mondotte können sich im Grunde nur noch Millionäre leisten. »Geld ist jener sechste Sinn, der die Würdigung der anderen fünf erst ermöglicht«, hat Orson Welles einmal gesagt, und

Wein-Schnäppchen lassen sich überall erzielen: Im Supermarkt, beim Weinhändler oder im Großhandel. Für die richtig guten Qualitäten geht jedoch kein Weg am Weinspezialisten oder dem direkten Einkauf beim Winzer vorbei.

nirgendwo bekommt man diesen Zusammenhang so unmittelbar zu spüren wie beim Umgang mit Wein. Den wahren Weintrinkern – Genießern, die eine Flasche wegen ihres Gehalts, nicht wegen ihres Prestiges trinken wollen – bleibt nichts, als auf ein baldiges Ende dieses Wahnsinns zu hoffen.

🪰 Gleichzeitig finden sich aber in jedem wine store noch Weine, die für wenige Euro auf den Markt geworfen werden. Diese Extreme – die Billigheimer aus dem Discounter und die Superstars aus dem Spitzensegment – stehen für die höchst unterschiedlichen Pole der Weinwelt. Auf der einen Seite finden sich die industriell gefertigen, billigen Massenweine, die von mächtigen Konzernen weltweit zu Kampfpreisen vermarktet werden – auf der anderen die individuell von Winzern gefertigten Gewächse (wobei viele Winzer durchaus auch industrielle Methoden einsetzen, aber das ist eine andere Geschichte). Seltsam ist: Beide tun exakt das Gleiche – sie verwandeln Weintrauben mittels eines mehr oder weniger aufwändigen Verfahrens in ein alkoholisches Getränk. Doch zwischen ihren Ergebnissen liegen Welten. Der Unterschied ist so eklatant wie jener zwischen dem Convenienceprodukt eines Lebensmittelkonzerns, das vor dem Verzehr nur noch im Wasserbad aufgewärmt werden muss, und einer frisch zubereiteten Speise, die ein Koch eigenhändig und nach seinen persönlichen Vorstellungen gezaubert hat. Wenngleich beide exakt die gleichen Grundprodukte verwenden, so erzielen sie doch etwas höchst Unterschiedliches. Auch beim Preis. Und darin besteht der Erfolg der Massenware. Nun liegt es natürlich auf der Hand, warum ein Industrieprodukt viel billiger sein kann als ein individuell gefertigtes, handwerkliches. Aber auch die Welt der Winzer zerfällt noch einmal in unzählige Unter-Welten mit qualitativ höchst unterschiedlichen Kontinenten und Preisregionen, die so wenig miteinander zu tun haben wie Alaska mit Feuerland. Würde man die Vertreter dieser Weinwelt einmal zu einer Art UNO-Vollversammlung zusammentrommeln, könnte man einem überaus bunten, höchst disparaten Völkchen beim Konferieren zuschauen. Draußen, vor dem Tagungsgebäude, parkten Ferraris neben Fiats, glänzende Bugattis neben altersschwachen Skodas und sogar einigen Mofas, deren Reifen bereits viele Male geflickt worden wären. Einige Winzer würden es sich vermutlich nicht nehmen lassen, mit dem Fahrrad aufzukreuzen. Auf den Fluren könnte man Grüppchen von Fans auf ihrer Jagd nach jenen glücklichen Weinmachern zuschauen, die sich in diesem Jahr mit dem »Oscar« der Weinbranche, den 100 Parker-Punkten, schmücken durften. An Stehtischen im Foyer diskutierten überzeugte Traditionswinzer mit Star-Önologen, die die Tagung gerade noch zwischen zwei Interkontinentalflügen einschieben konnten, während winemaker aus der Neuen Welt stolz ihre noch unbekannten Neukreationen zur Verkostung anböten. Wer ein Blick in dunkle Seitengänge würfe, könnte die Emissäre französischer Luxuskonzerne beobachten, wie sie den Besitzern traditionsreicher Châteaux wispernd Übernahmeangebote unterbreiteten. Drinnen, im Konferenzsaal, säßen die Delegierten namenloser Nebenerwerbswinzer, die pro Jahrgang nur wenige hundert Flaschen an Nachbarn und Freunde verkaufen, neben den wortgewandten Vertretern berühmter Weltmarken, die von allen Kollegen mit höchstem Respekt und tiefstem Neid begrüßt würden. Und während letztere in feinstes italienisches Tuch gekleidet auftreten würden, ließen sich in den hinteren Reihen mit Sicherheit einige Abgeordnete in zerschlissenen Jeans und Sandaletten ausmachen, die sich gerade über die Neuigkeiten im Öko-Weinbau austauschten.

🪰 So vielfältig ist sie, die Welt der Winzer. Und so unterschiedlich sind auch Prestige, Produktionsmethoden, Preise. Spitzenwinzer arbeiten im Weinberg viel sorgfältiger als ihre weniger ambitionierten Kollegen, ihre Rebstöcke tragen weniger Trauben, weil ihr Saft so konzentrierter heranreift und mehr Aroma trägt. Nur die besten Trauben gelangen überhaupt ins Fass, und wenn es sich um einen richtig ehrgeizigen Winzer handelt, besteht dieses Fass aus französischer Eiche. Die wiederum ist ebenso begehrt wie kostspielig (ein 225-Liter-Fass, das bei Spitzenchâteaux bereits nach einem Jahr gegen ein neues ausgetauscht wird, kostet mindestens 1000 Euro). Schließlich wird guter Wein auch gemeinhin länger gelagert, was für den Winzer wiederum eine

längere Kapitalbindung bedeutet, die er über seinen Verkaufspreis hereinspielen muss. Kurzum: Guter Wein ist aus gutem Grund teuer.

Einerseits jedenfalls. Andererseits kostet selbst eine hervorragende, handwerklich und in Kleinstauflage gefertigte Flasche Wein ihren Produzenten nicht einmal 25 Euro. Jene astronomischen Summen, die heutzutage für Bordelaiser Gewächse, Piemonteser Preziosen und Garagenweine aus der Neuen Welt verlangt werden, lassen sich mit den Kosten ihrer Herstellung niemals erklären.

🐟 Wer ist also für die Apothekerpreise verantwortlich? Ganz einfach: Wir selbst sind es. Der große (bei hochpreisigen Weinen sogar der überwältigende) Teil des Preises wird am Markt gemacht, das heißt: von den Kritikern und Konsumenten. Mehrheitlich also von erfolgreichen Geschäftsleuten aus den USA, Japan und Russland, von Zockern und Spekulanten, letztendlich aber auch von Ihnen und mir. Und weil wir diese Preise (noch) zu zahlen bereit sind, werden sie auch verlangt. Es ist leider rein hypothetisch, aber wenn sich die Weintrinker der Welt heute verabreden würden, ab morgen keinen Château d'Yquem mehr zu kaufen, würde dieser hervorragende, unglaublich teure Süßwein in einigen Jahren zum Bruchteil seines heutigen Preises gehandelt werden. Ganz sicher. Nicht umsonst spricht man bei teuren Weinen genauso wie bei seltenen Antiquitäten und populären Kunstwerken von »Lieb-

haberpreisen«. Und genausowenig wie irgendjemand nach dem Materialwert eines Gemäldes von David Hockney oder A. R. Penck fragt, erkundigt sich kein Mensch nach den Herstellungskosten eines Vega Sicilia, Pingus, Caymus, Harlan oder Screaming Eagle. Liebhaberpreise sind Preise, die längst jede Bodenhaftung verloren haben.

Und weil das so ist, sollte man sich weniger fragen »Ist dieser Wein seinen Preis wert?«, sondern vielmehr »Ist er mir seinen Preis wert?« Also, beispielsweise: Ist mir der Genuss eines dreiviertel Liters La Mondotte, Jahrgang 2000 (eines vier Hektar winzigen Château in Saint-Emilion, das zweifelsohne ganz hervorragende, aber eben auch irrsinnig kostspielige Qualitäten keltert) wirklich 350 Euro wert? Immerhin entspricht dieser Preis, selbst wenn man bescheiden einschenkt, mehr als 50 Euro pro Glas. Oder bietet mir auch der Léoville-Las Cases zum halben Preis ein ähnlich volles Geschmackserlebnis? Vielleicht bin ich ja sogar mit dem Magrez-Fombrauge zufrieden, der nicht einmal ein Zehntel des Spitzengewächses kostet?

Auf diese Frage wird jeder Weingenießer eine andere Antwort geben, und diese wird ganz entscheidend von seinen Erfahrungen, Ansprüchen und finanziellen Möglichkeiten abhängen. Meine Empfehlung: Wer etwas Atemberaubendes trinken möchte, ohne dass ihm beim Bezahlen die Luft wegbleibt, sollte an den Rändern der Weinwelt suchen – dort, wo ihre Pfade noch nicht so ausgetrampelt sind. In einigen Jahren, wenn sich der Markt

Spitzenweine wie der Vega Sicilia aus dem Ribeira del Duero werden nicht verkauft, sondern an eine ausgesuchte Klientel verteilt.
Nur Hersteller der Spitzenklasse leisten sich Barriquefässer wie jene aus der französischen Fassmacherei Nadalie.

wieder beruhigt hat, kann man ja wieder auf bekanntes *terroir* zurückkehren.

→ Aus Portugal, dem Süden Italiens, Teilen Spaniens und Südfrankreichs kommen für mich die neuen Stars der Weinwelt. Dort lassen sich heute noch wirklich Schnäppchen machen. Allerdings muss man sich schon die Mühe machen, selbst die Spreu vom Weizen zu trennen, denn bekannte Weingüter, auf deren Qualität man sich verlassen könnte, gibt es noch verhältnismäßig wenige. Mehr über diese Regionen und ihre Weine lesen Sie im Kapitel »Schöne Neue Welt«.

→ No Names aus den Randgebieten großer Weinregionen sind ebenfalls eine viel versprechende Möglichkeit, für wenig Geld ordentliche Weine zu erwerben. Empfehlenswert sind sie allerdings nicht immer. Allzu oft erlebe ich große Qualitätsschwankungen von einem Jahr aufs andere.

→ Taugliche Weißweine finden Sie günstig in der Steiermark, dem Donauland, im Kamptal, teils sogar noch in der Wachau. In Italien empfiehlt sich ein Blick ins Trentino oder nach Venetien, in Deutschland lohnt vor allem der Direkteinkauf beim Winzer.

→ Preiswerte Rote kommen aus Südtirol, Umbrien, den Abruzzen, Marken, von Sizilien und Sardinien. Auch Spanien ist insgesamt noch recht preisgünstig.

→ Australien, Argentinien, Chile und Südafrika drängen derzeit mit Billigangeboten auf unseren Markt. Viele dieser – zum Teil sehr erfolgreichen – Weine sind leider »globalisierte« Weine, das heißt, ihre Komposition folgt einem (vermuteten) Weltgeschmack.

→ Im Piemont und in der Toskana haben die Preise zwar in den letzten Jahren ebenfalls kräftig zugelegt, liegen in der Spitze jedoch immer noch deutlich unter jenen des Bordelais. Möglicherweise steht uns dort der wirkliche Preisaufschwung also noch bevor. Wenn Sie diese Weine mögen und sich die Auswahl zutrauen, können Sie sich heute also noch vergleichsweise günstig mit einem privaten Vorrat eindecken. Aber denken Sie daran, dass Sie ihren Einkauf eines Tages auch leeren müssen! Es ist schon so mancher in Trinkstress geraten, weil seine Preziosen im Keller plötzlich ihren Höhepunkt überschritten hatten. Und das ist bei vielen Weinen schneller der Fall, als wir gemeinhin annehmen.

Die renommierten Châteaux des Bordelais haben bereits vor Jahrhunderten neben ihrem Grand Vin eine zweite Wahl herausgebracht. Diese Tradition wurde in den achtziger Jahren dieses Jahrhunderts mit steigenden Erträgen wiederbelebt. Heute stehen Zweitweine großer Châteaux häufig für erfreuliche Qualität zum günstigen Preis.

→ Selbst im Bordelais lassen sich noch preisgünstige Alternativen ausmachen, und zwar unter der zweiten Garde der Grands Vins du Bordeaux. Diese so genannten »Zweitweine« entstanden, als die Châteaux in den achtziger Jahren steigende Erträge erzielten, mit den gestiegenen Ansprüchen ihrer Kunden aber auch zu einer strengeren Ernteauslese gezwungen wurden. Trauben, die sich nicht für Prestigecuvées verwenden ließen, wurden und werden unter anderem Namen ausgebaut und vermarktet. Diese »Zweitetiketten« stehen durchaus nicht für zweitklassige Qualität – schließlich möchte kein renommiertes Château riskieren, seinen Namen mit miesen Qualitäten zu bekleckern. Zweitweine namhafter Châteaux sind unter anderen »Le Bahans du Château Haut-Brion« (Château Haut-Brion), »Réserve de la Comtesse« (Château Pichon-Lalande), »Les Forts de Latour« (Château Latour) und »Les Pagodes de Cos d'Estournel« (Château Cos d'Estournel), »Pavillon Rouge du Château Margaux« (Château Margaux), Clos du Marquis (Château Léoville-Las Cases), La Demoiselle de Sociando-Mallet (Château Sociando-Mallet). Einige weitere stellt Klaus Bednarz in seinem empfehlenswerten Buch »Die Zweitweine der großen Châteaux« vor.

➤ Weinhändler werden im Frühjahr mit ihren neuen Weinen beliefert. Wenn sie zu diesem Zeitpunkt noch auf Flaschen des alten Jahrgangs sitzengeblieben sind, schlagen sie diese häufig als »Restposten« los. Solche Schlussverkäufe sind eine gute Chance, auch große Weine zum reduzierten Preis zu ergattern. Restposten-Angebote finden Sie bei Weingroßhändlern, durch Anzeigen in Tageszeitungen, über Internet-Weinversender oder dadurch, dass Sie einfach regelmäßig bei Ihrem Weinhändler vorbeischauen.

➤ Warum es problematisch ist, Weine mit Spekulationsabsicht zu lagern und zu verkaufen, erkläre ich im Kapitel »Der richtige Riecher«. Durchaus legitim ist es meines Erachtens hingegen, Weine aus dem eigenen Bestand mit Weingenießern zu tauschen, von denen man weiß, dass sie ihre Bestände gut behandeln. Wenn man es geschickt anstellt, kann man sich erfreuliche Wein-Erlebnisse regelrecht ertauschen.

➤ Viele große Konzerne haben es uns in den letzten Jahren vorgemacht: Sie haben sich zusammengeschlossen, um Kosten zu sparen. Solche Synergieeffekte kann jeder Weingenießer nutzen, indem man mit Freunden zu einer Wein-Einkaufsgemeinschaft fusioniert. Wer im großen Stil auf Einkaufstour geht, verfügt schließlich über eine bessere Verhandlungsposition als ein Kleinstabnehmer. In jedem Fall lassen sich aber Frachtkosten sparen.

Trotz alledem muss man aber sagen: Im Zeitalter des Weinbooms sind dem Sparen enge Grenzen gesteckt. Soll man deshalb auf große Weine verzichten? Ich finde, nein. Jeder sollte sich immer wieder ein wirklich außergewöhnliches Weinerlebnis gönnen – selbst wenn es ihn so viel kostet wie eine Woche Mallorca. Bei uns im Tantris zum Beispiel begrüße ich regelmäßig junge Leute, die lange sparen müssen, um sich ein Menü unseres Herrn Haas sowie einen guten Wein dazu leisten zu können. Dennoch wollen sie sich den Genuss von Zeit zu Zeit einfach erlauben.

Recht haben sie, die Nachwuchsgenießer. Wie sagte schon Sir Terence Conran, der britische Designer? »Lebensfreude ist eine Ansammlung von erfreulichen Kleinigkeiten.« Und manchmal kosten solche Kleinigkeiten eben auch eine Kleinigkeit. 🌿

Der richtige Preis im Restaurant

Ist es Ihnen auch schon passiert, dass Sie einen Wein, den Sie vom Händler her kannten, in einem Restaurant entdeckten – und zwar zum Mehrfachen des Ladenpreises? Nun, bevor Sie ob des vermeintlichen Wucherpreises an die (Restaurant-)Decke gehen, sollten Sie bedenken, was Sie hier für Ihr Geld geboten bekommen. Im Restaurant bezahlen Sie nämlich nicht nur den Kellner und den Sommelier, sondern auch das übrige Personal sowie Wirte, etc. über ihre Getränkerechnung mit. Und Lohn- wie Nebenkosten liegen in Deutschland bekanntlich extrem hoch.

In der Gastronomie lassen sich deshalb Gewinne kaum über die Küche, sondern fast nur über Flüssiges erzielen. Sofern es sich um eine sorgfältig selektierte, umfangreiche Weinkarte handelt, zahlen Sie außerdem für die Möglichkeit der Selektion – Ihr Sommelier muss ja all diese Weine auf Lager halten, sie pflegen und immer wieder ergänzen. Bei uns im Tantris-Keller beispielsweise warten 80 000 Bouteillen auf einen Liebhaber.

Auch der Sommelier selbst sowie seine geschulten Kollegen kosten natürlich etwas. Kostspielig sind auch die Gläser, in denen gute Sommeliers Wein zelebrieren: Ein Riedel-Weinglas bester Machart schlägt heute mit mehr als 30 Euro zu Buche, und natürlich gehen jeden Abend einige zu Bruch. Erschrecken Sie deshalb nicht über den Kalkulationsaufschlag (üblich sind das Drei- bis Fünffache des Ladenpreises), sondern prüfen Sie, ob die Leistungen den Preis rechtfertigen.

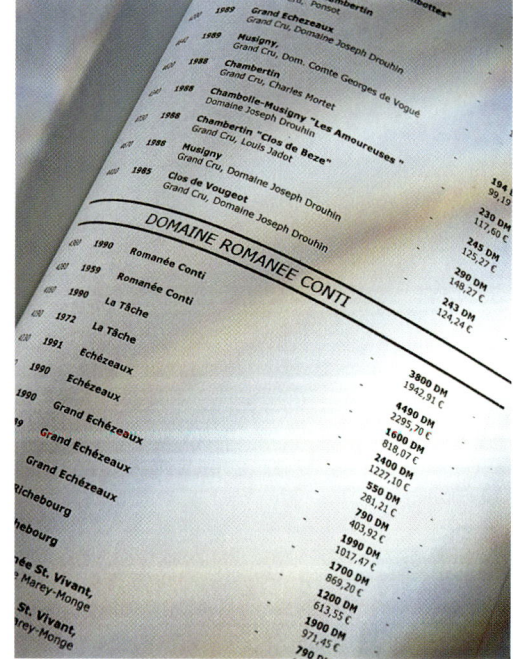

Wein-Basics

➤ *Faustregel Nr. 1 zum Thema Wein-Preise: Eine Flasche Wein ist das wert, was sie Ihnen wert ist.*

➤ *Faustregel Nr. 2: Wenn Sie mit einem Alltagswein für ein paar Euro glücklich und zufrieden sind, ist dagegen überhaupt nichts einzuwenden.*

➤ *Faustregel Nr. 3: Für wirklich großartige Geschmackserlebnisse müssen Sie allerdings etwas mehr investieren. Diese Jahrgänge sollten sie so früh wie möglich kaufen.*

➤ *Faustregel Nr. 4: Viele Schnäppchen sind gar keine. Auch auf dem Weinmarkt gibt es jede Menge Me Too-Produkte, deren Produzenten Stein und Bein schwören, sie seien genausogut wie die kostspieligeren Vorbilder. Mir fällt da immer ein Zitat des britischen Schriftstellers John Ruskin ein: »Es gibt nichts Gutes, das nicht irgend jemand ein bisschen schlechter und ein bisschen billiger machen könnte.«*

➤ *Faustregel Nr. 5: Komplexe, edle, fein strukturierte Rotweine namhafter Anbaugebiete sind heute nicht mehr unter 20 Euro, wirklich nachhaltige Geschmackserlebnisse nicht unter 50 Euro zu haben. Für gute Weißweine liegen die Preise zum Teil deutlich darunter.*

➤ *Faustregel Nr. 5: Teuer sind meist jene Weine, denen ihre Erzeuger eine Lagerfähigkeit von fünf bis zehn Jahren (oder sogar darüber) zutrauen. Auch das ist ein Zeichen von Qualität.*

➤ *Faustregel Nr. 6: Zu allen Faustregeln gibt es Ausnahmen.*

➤ *Ob eine Flasche ihren Preis rechtfertigt, können Sie nur aus Erfahrung heraus beurteilen. Schauen Sie sich um, entwickeln Sie ein Gefühl für Weinpreise. Probieren Sie teure und billige Weine gegeneinander. Sie werden bald feststellen, in welchen Verhältnis Qualität und Preise stehen. Merken Sie sich, wo sie gut beraten und bedient worden sind.*

➤ *Auch ein Kampfpreis ist ein zu hoher Preis, wenn der Wein gelitten hat. Ein paar Euro Ersparnis gleichen keine schlechte Lagerung aus. Überprüfen Sie vor dem Kauf die Lagerbedingungen Ihrer Lieferanten.*

➤ *Qualität hat ihren Preis (siehe oben) – aber jeder kann ihn drücken. Bei hochpreisigen Weinen lassen sich durchaus 10, 20 Euro pro Flasche sparen, indem man Fachhändler untereinander sowie mit Versandhändlern und Online-Anbietern vergleicht. Scheuen Sie sich nicht vor*

Verhandlungen. Zehn Bouteillen bezahlen, zwölf bekommen – diese Formel ist heute nichts Ungewöhnliches mehr.

➤ *Übrigens... Zwar sollte man sich von Zeit zu Zeit einen guten Wein leisten, ein Wein selbst leistet aber definitiv nichts. Deshalb ist es auch ziemlich unsinnig, bei Weinen vom „Preis-Leistungsverhältnis" zu sprechen. Entscheidend ist, wie viel Genuss sie für ihren Preis bieten. Danach sollte man sie beurteilen.*

Der richtige Riecher

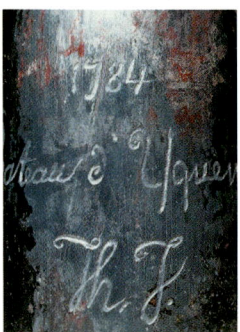

Wie man mit Weinspekulation große Gewinne erzielen kann. Und warum es sich lohnt, auf sie zu verzichten

🦂 Es ist noch gar nicht lange her, da habe ich an der Börse eine Erfahrung gemacht, die zu jener Zeit viele Anleger machten: Ich habe verloren. Zwar handelte es sich lediglich um etwas »Spielgeld«, das in den unergründlichen Tiefen einer Dow-Jones-Baisse versackte, aber auch dieser Verlust schmerzte. Und zwar kräftig. Wenn ich nur daran dachte, was ich für dieses Geld alles hätte kaufen können ...

Als ich darüber nachsann, war es, natürlich, längst zu spät. Ein Bekannter mit Börsenerfahrung, dem ich von meinem persönlichen »Schwarzen Freitag« erzählte, schlug gleich die Hände über dem Kopf zusammen: Warum, Gott im Himmel, hätte ich das Geld denn nicht in Weine gesteckt? Davon verstünde ich doch etwas. Und die Renditen am Weinmarkt könnten sich durchaus sehen lassen.

Ja, warum eigentlich nicht? Schließlich lassen sich, seit 1990 in Bordeaux die Wein-Hysterie ausgebrochen ist, mit ausgewählten Weinen tatsächlich veritable Vermögen verdienen. Nicht wenige Schlitzohren haben das ja auch getan. Einige Weinfreunde aus meinem Bekanntenkreis beispielsweise haben zwischen 1979 und 1990 Jahr für Jahr Bordeaux bester Lagen gehortet – und sitzen heute auf einem echten Schatz. Solch weise Voraussicht ist selten, die Spekulation mit Weinen ist es längst nicht mehr. Der Hamburger Wirtschaftsjournalist Torsten Schubert, Autor eines Ratgebers mit dem Titel »Weininvestment – mit edlen Tropfen hohe Gewinne erzielen« hat einmal Aktien- und Rentenmarkt, Dax und Dow Jones an den Wertsteigerungen der

Bordeaux-Weine gemessen. Das Ergebnis: Bordeaux schlägt sie alle. In den 13 Jahren, die Schubert verglich, kletterte der Dax um 300, der so genannte Wein-Index jedoch um 500 Prozent. Einzelne Châteaux legten sogar um 400 Prozent pro Jahr (!) zu. Ganz an der Spitze dieser Kapriolen stand übrigens – einsam und unangefochten – Pétrus, der Solitär des Pomerol.

Nehmen wir mal an, ich hätte 1990, als die Bordeaux-Welt noch einigermaßen in Ordnung war, ein paar Kisten dieses kleinen, aber

feinen Château gekauft. Damals hätte ich per Subskription 200 Euro pro Flasche bezahlt. Heute, elf Jahre später, könnte ich für jede einzelne mehr als 1000 Euro erlösen, also locker das Fünffache. Wundert es da noch jemanden, dass Spekulanten angesichts solcher Mondpreise feuchte Hände bekommen? (Und, ganz nebenbei: Die Herstellungskosten einer solchen Flasche liegen, alles in allem und äußerst großzügig zusammengerechnet, weit unter 25 Euro – also bei maximal 2 Prozent des Verkaufspreises. Solche Margen muss man erstmal erreichen ...)

🐾 Schuld am Bordelaiser Bouteillen-Boom ist das begrenzte Angebot, um das sich heute Weinliebhaber aus aller Welt reißen. Vom Pétrus werden pro Jahrgang vielleicht 3000 Kisten abgefüllt – das ist angesichts weltweiten Käuferinteresses eine extrem bescheidene Ernte. Le Pin, einer der kleinen Kult-Crus in Bordeaux und derzeit sogar noch kostspieliger als Pétrus, bringt es auf ganze 600 bis 700 Kisten feinsten Merlots. Alle zusammen produzieren die zwanzig Top-Weingüter des Bordeaux per anno lediglich vier bis fünf Millionen Flaschen, die sich die Welt teilen muss. Das ist nicht viel. Mehr geht aber

nicht, auch wenn mittlerweile jeder verfügbare Acker zwischen Garonne, Gironde und Dordogne mit Reben bestückt worden ist – die Lagen der Spitzenchâteaux lassen sich einfach nicht mehr erweitern.

Gewachsen hingegen ist die Nachfrage, und zwar gewaltig. Neue Connaisseurs haben den einst begrenzten Zirkel der Bordeaux-Liebhaber aufgesprengt, angeblich findet heute bereits jede fünfte Flasche ihren Weg nach Asien, zu den neuen Dollarmillionären zwischen Ural und Jangtsekiang.

Und weil das so ist, tritt das uralte Gesetz der Marktwirtschaft in Kraft: Wachsendes Käuferinteresse bei gleichbleibendem Angebot erhöht die Preise. In unserem Fall muss man sogar sagen: Es katapultiert sie in Sphären, in denen einem auch ganz ohne Weingenuss schummrig werden kann.

Seit Mitte der neunziger Jahre steigen die Weinpreise nun schon schneller, als die Händler ihre Listen korrigieren können, und während ich diese Zeilen schreibe, geht der Wahnsinn weiter. Noch nie ist mit einem Jahrgang so knallhart spekuliert worden wie mit dem 2000er Bordeaux – schon jetzt ist kein Premier Cru dieses Jahres mehr unter 200 Euro zu haben. Noch aberwitziger der

Höhenflug, den die alten Weine vollführen: Neulich las ich von einer Auktion, bei der eine Kiste 1945er Mouton-Rothschild tatsächlich für 153 000 Mark wegging. Einfach irr.

🦂 Die Erzeuger im Bordelais, ohnehin einer der meistregulierten Märkte der Welt, haben auf den Boom ganz cool, genauer: mit Methoden reagiert, die zuweilen an sozialistische Planwirtschaft erinnern. So dürfen sich selbst langjährige Kunden ausschließlich im Rahmen ihrer »Allocationen« eindecken, also jener Kontingente, die sie Jahr für Jahr garantiert abnehmen. Wie ein treuer Abonnent. Verzichtet man jedoch in einem besonders schlechten oder besonders teuren Jahr auf sein Kontingent, ist dieses Kaufrecht erst einmal futsch.

Bevor sie aber überhaupt ihre Preise festlegen, lassen viele Châteaubesitzer Testballons steigen, mit denen sie die Reaktion des Marktes ausloten. Dabei wird vom neuen Jahrgang zunächst eine kleine Tranche als Köder ausgeliefert. Beißt die Kundschaft herzhaft zu, wird in der zweiten Runde kräftig draufgesattelt. Bleibt der Markt weiter »saugfähig«, wie es im Branchenjargon heißt, kommt die dritte Tranche noch einmal teurer. »Weinbauern haben einen Vorteil, den es in der Landwirtschaft sonst kaum mehr gibt: Wir produzieren ein Gut, das wir auch selbst vermarkten und verkaufen, und damit haben wir großen Einfluss auf den Preis«, hat Stephan Graf von Neipperg, Patron des Bordelaiser Château Canon-La-Gaffelière einmal fröhlich dem *Manager Magazin* erläutert. »Wo sonst können Sie sagen: Ich möchte 200 Prozent mehr für mein Produkt haben als mein Nachbar. Da lacht Sie jeder aus.«

Den Spekulanten jedoch ist das Lachen trotz

aller Preiskapriolen nicht vergangen, im Gegenteil: »Wein-Investment«, so schreibt der Gourmetautor Manfred Kriener, »heißt der neue Zaubercode für Zocker und Spekulanten.« Getrunken werden die Flaschen nur noch im Notfall, das heißt, wenn sie sich nicht mit der kalkulierten Gewinnspanne losschlagen lassen. Um solchen Notlagen wirksam vorzubeugen, legt Torsten Schubert, der Wein-Investmentberater, seinen Lesern besonders Weine zwischen neunzig und hundert »PP« ans Herz – die seien besonders renditeträchtig.

🐉 Die Abkürzung »PP« steht für Parker-Punkte, die inoffizielle Währung der Weinwelt. Und 90 bis 99 Punkte, das ist die höchste Note, die in dieser Welt gehandelt wird; 100 Punkte kommen einer Seligsprechung gleich. Verliehen werden die höheren Weihen von Robert Parker junior, früher Rechtsanwalt, heute Richter der Rebenzüchter und Gott der Spekulanten. Kein Kritiker verfügt über einen ähnlichen Einfluss in der Weinwelt; überhaupt wüßte ich kein Individuum, dass in einer Branche über vergleichbare Macht verfügt. Denn sobald Parker den Daumen hebt, explodieren in der Weinwelt die Preise. Lagen, die er in seinem Newsletter *Wine Advocate* empfiehlt, sind häufig binnen Stunden ausverkauft, ein Jahrgang mit mehr als 90 Punkten verteuert sich erfahrungsgemäß um 30 Prozent. Kein Wunder, dass Winzer und Wein-Investoren Parkers Wort zitternd erwarten wie Börsianer die vierteljährliche Zinsentscheidung Alan Greenspans. Wen Parker hingegen herunterstuft, der muss zwar nicht gleich sein Weingut schließen, darf sich aber über ein dickes entgangenes Geschäft ärgern. Kurzum: Parkers Urteil ist das Maß der Dinge.
Welche Macht man mit solchen Kritiken ausübt, erfahre ich – wenngleich in viel bescheidenerem Maßstab – immer wieder durch meine »Auslese«. Gleich in meiner ersten Kolumne für das *Süddeutsche Zeitung Magazin* hatte ich einen Château de Jau empfohlen, einen einfachen, aber soliden Alltagswein aus Südfrankreich für 9,95 Mark; als Bezugsquelle war eine Münchener Dependance von Jacques' Weindepot angegeben. Darüber, was nach Erscheinen des *SZ-Magazins* passieren

Warum auch Kritiker sich manchmal kritisieren lassen müssen

Was ist ein perfekter Wein? Nun, Robert Parkers »Wine Buyers Guide« gibt auf diese Frage eine klare Antwort: Dort finden sich unter anderen der 1989er La Mission Haut-Brion, ein 1990er Montrose, ein 1961er Pétrus, ein 1982er Cheval Blanc, sowie mein 1989er Château Clinet (der mittlerweile das Zehnfache seines Einkaufspreises wert ist, weshalb ich ihn aber noch lange nicht verkaufen würde). Alle diese Weine wurden vom Kritikerpapst mit der Höchstnote 100 Punkte bewertet, sind also nach seinem Dafürhalten perfekt.

Natürlich ist das perfekter Unsinn. Zum einen ist eine solch absolute Bewertung radikal subjektiv. »Der Wein muss Ihnen schmecken, nicht Herrn Parker«, hat mein Kollege Eckhard Supp seinen Lesern mal ganz richtig mit auf den Weg gegeben. Wer zum Beispiel die marmeladige Anmutung eines kalifornischen Harlan Estate nicht mag, wird ihn trotz seiner 100 Parker-Punkte nie als perfekt empfinden. Zum anderen schert eine solche Wertung Weine ganz unterschiedlicher Provenienz und Charakterprägung ziemlich brutal über einen Kamm. Ist es legitim, einen eleganten, feinen Château Margaux gegen einen rabenschwarzen, hochkonzentrierten Caymus Special Selection antreten lassen? Ich bezweifle das. Last but not least kann sich kein Weinkritiker, nicht einmal ein so umtriebiger wie Herr Parker, in der ganzen Weinwelt gleich gut auskennen. Parkers Urteile zu Bordeauxweinen schätze ich, die zu Rhônegewächsen respektiere ich ebenfalls. Was er aber zu Burgund und Deutschland schreibt, kritisiere ich teilweise sehr. Ich nehme Parkers Guide trotzdem immer wieder zur Hand, wenn ich im Bordelais einkaufen gehe. Denn der Rechtsanwalt aus Baltimore verfügt zweifellos über eine hervorragende Nase – ich bin noch nie von einem Bordeaux enttäuscht worden, der 93 oder mehr Parker-Punkte vorweisen konnte. (»Der Mistkerl hat einfach immer recht«, schrieb der Schriftsteller Roald Dahl einmal über ihn.)

René Gabriel, Chef-Weineinkäufer bei Mövenpick, glänzt statt euphorischer Urteile mit fundierten Erfahrungen. Seine Kollegen Hugh Johnson und Michael Broadbent halten sich ebenfalls britisch-vornehm zurück; und an

Auf ihre Nase hört die Weinwelt: René Gabriel vom »Wein-Wisser«, Weinguru Robert Parker, der Brite Hugh Johnson. (von links)

Broadbent gefällt mir besonders gut seine dezidiert-farbige Sprache.

Trotz allem habe ich immer selbst probiert und mein eigenes Urteil gefällt (ganz besonders in Kalifornien, da neigt er gern zu patriotischen Urteilen). Und das sollte jeder tun, der mit Herrn Parker einkaufen geht.

würde, hatte ich mir keine großen Gedanken gemacht, aber soviel ich weiß, ist der arme Mann fast verrückt geworden – in solchen Massen haben ihm die Leser den Laden eingerannt. Ein anderes Mal musste ich erleben, dass der Siegerwein einer Degustation, zu der ein großes Managermagazin eingeladen hatte, schon vor der Veröffentlichung nicht mehr zu haben war – ein anwesender Händler hatte sich alle verfügbaren Bestände gesichert, um die Preise nach seinem Gusto regulieren zu können (Dank meiner Intervention lief die Aktion zwar schief, aber der Folgejahrgang wurde gleich um 20 Euro teurer).

🐿 Man sieht daran, wie irrational der Markt reagiert und wie wackelig die Maßstäbe sind, an denen Wein-Werte festgemacht werden. Selbst Robert Parker bildet da keine Ausnahme. Auch der Meister kann sich schließlich täuschen (und er ist schlau genug, das offen zuzugeben). Ein Wein jedoch, der statt 92 nur noch 88 Parker-Punkte zählt, ist plötzlich auch viel weniger wert. Ich halte Weine als Spekulationsobjekt deshalb auch für viel riskanter als Wertpapiere: Eine abgestürzte Aktie kann man notfalls liegenlassen, bis sich ihr Wert wieder erholt hat. Einen Wein nicht. Wenn er reif ist, will er getrunken werden. Viele Weinspekulanten hocken deshalb heute auf einem Haufen exorbitant teurer Zeitbomben.

Das Erstaunliche: Die meisten sind sich des Risikos noch gar nicht richtig bewusst oder verschweigen es tunlichst. Schließlich konnten sie in den letzten Jahren am Weinmarkt kaum etwas falsch machen: Jahrgang für Jahrgang potenzierten sich die Preise mit der Zuverlässigkeit einer nuklearen Kettenreaktion, und ganz automatisch stellten sich die Gewinne ein – so wie die Anleger am Neuen Markt eine Zeitlang schlicht vergessen hatten, was verlieren heißt. Aber das wird sich auch in der Weinwelt ändern, und zwar bald. Wenn man sich den Weinmarkt anschaut, wird man nämlich feststellen, dass er ziemlich zuverlässig der Entwicklung an den Börsen hinterherhinkt. Der Bullenmarkt der neunziger Jahre hat viel Geld ins Weinbusiness gepumpt – und der Bärenmarkt des neuen Jahrzehnts wird es, da bin ich sicher, zum guten Teil wieder abfließen lassen. Viele

potenzielle Interessenten finden jetzt, da es um unsere Wirtschaft nicht mehr so rosig steht, wichtigere Dinge, in die sie ihr knapper gewordenes Geld investieren wollen. Und wenn die Nachfrage erst einmal zu bröckeln beginnt, gibt es bald kein Halten mehr. Selbst für jene begüterte Klientel, die sich weiterhin Spitzenweine leisten könnte, sind die Grenzen des Erträglichen mittlerweile erreicht. »250 Euro für einen Premier Cru? Nicht mit uns.« Das sagen mir viele Weinsammler, die mit Spekulation nichts am Hut haben. Und warten erst einmal ab.

🐿 Wer heute noch als Privatier ins Wein-Investment einsteigen möchte, verfügt ohnehin über schlechte Karten. Die renommierten Gewächse mit den großen Namen sind längst an feste Kunden vergeben. Eine Chance hat man höchstens per Subskription, doch solche Blindkäufe bergen ein enormes Risiko. Nehmen wir beispielsweise an, ich hätte mich in meiner Euphorie über den 1990er Pétrus gleich kistenweise mit dem Folgejahrgang eingedeckt: Vermutlich säße ich heute noch darauf. Der 1991er Château Pétrus war nämlich wie die meisten großen Bordelaiser dieses

Weinpreise bewegen sich wie Börsenkurse – nachzulesen in den Statistiken von Christie's.

(linke Seite)
Spekulation mit großen Weinen *kann* ziemlich lukrativ sein, *ist* aber ziemlich riskant. Schließlich müssen die Bouteillen gut gelagert (hier der Kunsthändler Konrad Bernheimer in seinem Keller) und rechtzeitig wieder an den Mann gebracht werden.

Jahrgangs eine herbe Enttäuschung. Bleiben also die Pflänzchen, die im Verborgenen blühen und (noch) günstig zu haben sind. Natürlich kann man nach der Investmentmethode »Großer Unbekannter« vorgehen, also auf gut Glück einen viel versprechenden, selbst entdeckten No Name kaufen und darauf hoffen, dass er sich möglichst fix in einen Shootingstar verwandelt. Die Betonung dabei liegt aber auf »gut Glück«. Verkaufen lassen sich später nämlich nur Weine, die weithin als gute Tropfen be- und anerkannt sind –

Preziosen wie 1982er Mouton Rothschild werden längst bei Auktionshäusern wie Sotheby's und Christie's gehandelt.

(rechte Seite)
Bei Verkostungen edler Tropfen werfen sich die Kritiker ehrfürchtig in Schale. Hier probieren René Lambert und Michael Broadbent Château d'Yquems verschiedener Jahrgänge.

und weithin heißt: weit jenseits meines Freundes- und Bekanntenkreises. Solche »Vom-Tellerwäscher-zum-Millionär«-Karrieren sind in der Weinwelt aber äußerst selten. Noch seltener ist, dass sie sich innerhalb weniger Jahre vollziehen – in dieser Zeit muss ein Investor seine Preziosen aber wieder abgestoßen haben. Schließlich verfügen sie nur über begrenzte Haltbarkeit.

🦌 Vor dem Verkauf muss ein Weinspekulant außerdem nachweisen, dass er sein Angebot

stetig sorgsam gelagert hat. Selbst fachgemäße Aufbewahrung schützt ihn nicht vor dem Risiko, dass sich ein Wein – ganz ohne sein Zutun – schlecht entwickelt. Dazu kommen die Kosten für Transport, Lagerung und Verzinsung des eingesetzten Kapitals. All das summiert sich über die Jahre zu beträchtlichen Risiken und enormen Beträgen – und um die wieder hereinzuspielen und darüber hinaus noch einen Gewinn zu erzielen, muss ein Gewächs am Markt schon sehr kräftig zulegen. Als Investor muss man außerdem, wenn man wirklich viel verdienen will, auch wirklich viel einkaufen. Das heißt: Man muss richtig ins Risiko gehen. Und wenn man sich dabei verspekuliert, sitzt man eines Tages auf einem ganzen Haufen teurer Leichen im Keller.

🦌 Nachdem ich meinem Bekannten, dem Börsenfachmann, all diese Unwägbarkeiten dargelegt hatte, konnte er einigermaßen nachvollziehen, warum ich privat grundsätzlich die Finger von der Wein-Spekulation lasse. (Warum ich stattdessen in Gentechnologie, Neuen Markt und DaimlerChrysler, etc. investiert hatte, konnte er dennoch nicht verstehen. Ich selbst ja auch nicht mehr.) Dabei hatte ich ihm den entscheidenden Grund für meine Spekulations-Abstinenz noch gar nicht genannt: Ich finde, Wein ist zum Genießen da. Nicht zum Spekulieren. Wenn ich beim Kosten einer Flasche Château Latour permanent an ihren Preis dächte oder an den Gewinn, den ich eventuell mit ihr erzielen könnte, würde ich bald keine mehr trinken. Ich spekuliere beim Weinkauf daher eigentlich nur auf eines: Auf höchsten Genuss. Und in meinen privaten Keller gelangen nur Flaschen, die ich eines Tages selber öffnen, genießen oder verschenken will. Ganz konsequent. Ganz altmodisch. Ganz ohne kapitalistisches Kalkül.
Übrigens kann ich mich, wenn ich meinen Vorrat überprüfe, trotzdem immer wieder über sensationelle Steigerungsraten freuen: Der 1989er Château Clinet beispielsweise hat – wie ich unlängst erfreut festgestellt habe – gegenüber dem vergangenen Jahr wieder enorm gewonnen. Noch ein paar Jahre, dann ist er reif und ein vollendeter Genuss. Ganz unabhängig davon, wie sich bis dahin sein Marktwert entwickelt hat. 🦌

Wein-Basics

→ Der höchste Gewinn beim Wein besteht im Genuss.

→ Weinspekulation kann höchst lukrativ sein und ist höchst riskant.

→ Spekulieren lässt sich nur mit lagerfähigen, großen, berühmten

→ *Auf jede Hausse folgt eine Baisse – das ist nicht nur an der Börse, sondern auch am Weinmarkt so. Wird aber häufig vergessen.*

→ *Für viel versprechende unbekannte Weine gilt das Gleiche wie für junge Schlagerstars: Die meisten bleiben ewige Talente und schaffen es*

sie deshalb, weil sich auch die ehrgeizigsten Erzeuger mal einen schlechten Jahrgang leisten – aber das merkt man häufig erst mit einigem Abstand zur Ernte. Geht ein Händler in Konkurs (und dafür gab es in der Vergangenheit einige traurige Beispiele), geht

blind alle Weine über 90 Parker-Punkten kauft, zahlt nicht nur sehr viel (denn solche Weine sind immer teuer), sondern übersieht auch die vielen bemerkenswerten Qualitäten zwischen 80 und 89 Punkten.

→ *Ein kundiger Kritiker neben Parker ist René Gabriel vom schweizerischen Weinwisser (einer monatlich erscheinenden Fachzeitschrift). Ebenfalls zu empfehlen ist das amerikanische Magazin »Decanter«. Nicht ganz so detailliert in seinen Aussagen ist Hugh Johnson, der jedes Jahr seinen »Kleinen Johnson« mit Informationen über 15 000 Weine herausbringt. Was mir aber besonders gut gefällt: Johnsons britisch-trockener Humor zwischen den Zeilen.*

→ *Unter den Weinkritikern gibt es nur einige kundige, wirklich unabhängige und deshalb empfehlenswerte Autoren. Daneben tummelt sich in der Branche eine ganze Reihe selbst ernannter Weinjournalisten. Einige von ihnen sind hauptberuflich im Weinhandel tätig oder sogar selber Winzer, eines aber ganz sicher nicht: objektiv.*

Mächtig Durst

Weinkonsum
pro Kopf und Jahr in Litern

1.	Luxemburg	63,30
2.	Frankreich	60,13
3.	Italien	58,05
4.	Portugal	53,02
5.	Slowenien	51,96
6.	Schweiz	49,40
7.	Kroatien	46,76
8.	Argentinien	39,38
9.	Spanien	36,87
10.	Uruguay	33,57
11.	Österreich	31,87
12.	Jugoslawien	30,08
13.	Griechenland	30,05
14.	Dänemark	29,14
15.	Ungarn	28,54
16.	Rumänien	25,39
17.	Belgien	24,34
18.	Deutschland	22,84
19.	Australien	18,95
20.	Großbritannien	13,99

Quelle: Wine Institute, San Francisco

Gewächsen. Und die sind nicht nur extrem teuer, sondern auch kaum zu haben.

→ Der Weinpreis wird am Markt gemacht (siehe Kapitel »Recht und Billig«). Und der Markt ist nicht immer gerecht. Das heißt: Guter Wein muss nicht zwangsläufig gute Preise bringen.

nie an die Spitze der Hitparade. Spekulationen mit No Names sind daher immer ein Risiko.

→ *Subskriptionen (Blindkäufe, die vor der Flaschenabfüllung gezeichnet werden) sind ein probater Weg, um begehrte Gewächse zu ergattern. Riskant sind*

auch das Kapital der Subskribenten verloren.

→ *Ratings sind Richtwerte, die bei der Weinauswahl hilfreich sein können. Was letztendlich zählt, ist Ihr persönlicher Geschmack.*

→ *Parker sinnvoll einsetzen heißt, ihn als Wegweiser zu nutzen. Wer hingegen einfach*

*Übrigens...
Der Sinn des Lebens ist zu leben. Der Sinn des Weins ist sein Genuss.*

Große Klasse

Woran man gute Weine erkennt. Und weshalb sich Weinqualität schwerlich definieren lässt

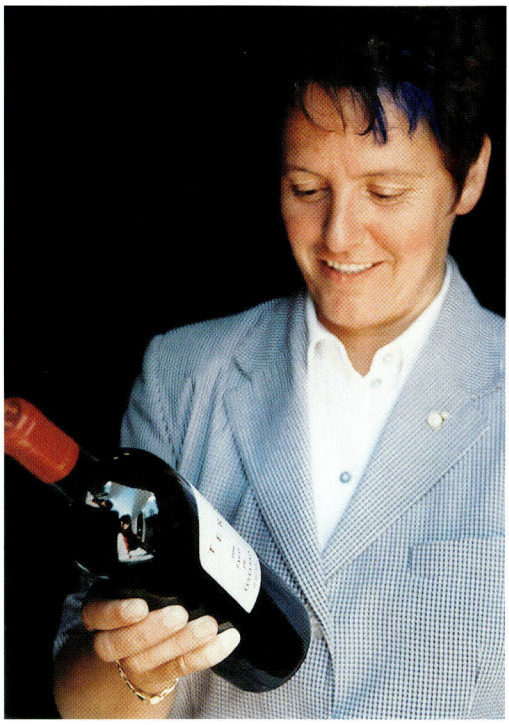

🐟 Preisfrage: Woran erkennt man guten Wein? Am Preis? Am Etikett? An der Aufschrift »Qualitätswein«? An mindestens 90 Parker-Punkten? An Klassifizierungen wie »Grand Cru« oder »DOCG«? An möglichst vielen Medaillen auf dem Flaschenhals? Am berühmten Produzentennamen? An enthusiastischen Kritiken in den Fachzeitschriften? Daran, dass er in einem exklusiven Weingeschäft angeboten wird? Die richtige Antwort lautet: an nichts von alledem. Jedes dieser Merkmale kann auf einen großen Wein hindeuten, genausogut jedoch geradewegs in die Irre führen.

Betrachten wir nur einmal den Qualitäts-TÜV des amerikanischen Kritikerpapstes Robert Parker, der jedes Jahr mehrere tausend Weine aus aller Herren Länder verkostet. Sämtliche Kostproben ordnet er auf einer Güteskala ein, die – angelehnt an das amerikanische Schulnotensystem – von Null bis hundert reicht. Weine über 70 Parker-Punkten sind mehr oder weniger okay, bei mehr als 87 horcht die Weinwelt auf, ab 90 steigen die Preise, ab 95 greifen die Spekulanten zu und ein Wein mit 100 Parker-Punkten ist schlichtweg perfekt. Jedenfalls für Herrn Parker – und das ist die entscheidende Einschränkung. Zwar beurteilt er zunächst einmal ganz solide die Basics jedes Probanden (Farbe, Bouquet, Geschmack, Säure, Tannine, Balance, Tiefe, Typizität, et cetera), sodass man mit Fug und Recht sagen kann: Ein von Parker gelobter Wein ist tatsächlich immer gut. Ob er aber sehr gut oder sogar perfekt ist, wie Herr Parker meint, ist eindeutig Geschmackssache. Und geschmackliches Empfinden ist nun einmal nicht objektivierbar.

🐟 Bereits Hugh Johnson, ein nicht minder erfahrener Kritiker, verfügt über einen anderen Geschmack als Herr Parker. René Gabriel aus der Schweiz (auf dessen Urteil in Sachen Bordeaux ich mich gerne verlasse) hat wiederum einen anderen, ich habe meinen eigenen Geschmack, so wie auch Sie Ihren ganz persönlichen haben. Geschmack ist bekanntlich Geschmackssache. Es gibt daher keine für alle Weintrinker gültige Qualitätsschablone, die man an jeden Wein anlegen könnte. Auch die Bezeichnung »Qualitätswein« hat – so absurd es auch scheinen mag – nur am Rande etwas mit Qualität zu tun. Die Quali-

Wenn Winzer Rebsorten verarbeiten, die in einer bestimmten Region nicht zugelassen sind, müssen sie den Wein als »Vino da tavola« bezeichnen, ganz gleich wie viel Qualität in der Flasche steckt.

Das Schwesterlabel DOCG steht für die gleiche Garantie wie DOC, aber mit Ehrenwort.

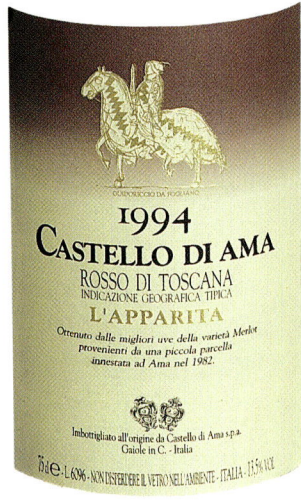

DOC (Denominazione di Origine Controllata) bedeutet lediglich, dass der Wein tatsächlich aus der auf dem Etikett bezeichneten Region stammt.

Typisch italienisches Chaos: Seit 1995 gibt es für die höchste Kategorie von Tafelweinen mit geografisch nachweisbarer Herkunft die Bezeichnung IGT (Indicazione Geografica Tipica).

tätsweinprüfer, von denen jedes Bundesland etliche beschäftigt, überprüfen nämlich lediglich, ob ein Wein korrekt ausgebaut worden ist. Dabei suchen sie systematisch nach Mängeln und Fehlern, prüfen Typizität der Sorte, Farbe, Duft, Geschmack, und so weiter. Stimmen diese Standards, darf sich der Wein »Qualitätswein« nennen, und zwar je nach Qualitätsstufe mit oder ohne Prädikat (Kabinett, Spätlese). Dass dennoch immer wieder geprüfte Weine auftauchen, die alles andere als von ordentlicher Qualität sind, zeigt, wie wenig aussagekräftig das »Qualitätswein«-Label ist.

🦌 Ganz ähnlich verhält es sich mit dem »DOC«- beziehungsweise »DOCG«-Signet auf italienischen Weinen, von dem Weinhändler gerne behaupten, es handle sich um ein Qualitätsmerkmal. DOC (Denominazione di Origine Controllata) bedeutet jedoch lediglich, dass der Wein tatsächlich aus der auf dem Etikett angegebenen Region stammt. Außer-

dem werden bei DOC-Weinen unter anderem die verwendeten Rebsorten kontrolliert sowie die Produktionsmenge in Hektolitern, der Mindestalkoholgehalt sowie die Anbaufläche in Hektar vorgeschrieben. Das Schwesterlabel DOCG (Denominazione di Origine Controllata et Garantita) besagt, dass ein Wein garantiert von dort kommt. DOCG steht also für die gleiche Garantie wie DOC, aber mit Ehrenwort.
Eine solche Herkunftsgarantie ist selbstverständlich besser als gar keine. Sie sagt aber so gut wie nichts über die Qualität des Weines aus – was man allein schon daran erkennen kann, dass es reihenweise herausragende Italiener ohne DOC/DOCG-Siegel gibt. Kurioserweise entstammen viele dieser Stars der Kategorie »Vino da Tavola«, also der der untersten Stufe der offiziellen Qualitätshierarchie. Der Grund: Weil es im Land der permanenten Regierungskrise bis heute kein Politiker geschafft hat, ein vernünftiges neues Weingesetz auf die Beine

Die inoffizielle
Hauptstadt
der Weinwelt:
Bordeaux.

Die Klassifikationen des Bordelais

Im Jahre 1855 ließ der französische Kaiser Napoleon III. bei der Bordelaiser Handelskammer anfragen, ob sie anlässlich der Weltausstellung in Paris nicht ein Klassifizierungssystem für ihre Weine entwickeln könnte. Die Handelskammer übergab die Aufgabe an die Bordelaiser Weinhändler, die eine Liste von 61 Weingütern aufstellten und diese Châteaux in fünf Klassen (die so genannten Crus) einteilten. Das berühmte Bordelaiser Klassifikationssystem war geboren.

Der Wahnsinn ist: Diese uralte Qualitätshierarchie besitzt – mit der Ausnahme des Château Mouton-Rothschild, das 1973 auf massiven Druck Baron Philippe de Rothschilds in den Adelsstand eines »Premier Grand Cru Classé« erhoben wurde – bis heute uneingeschränkt Gültigkeit. Und das, obwohl sich seit 1855 selbst im Bordelais eine Menge getan hat und es unter den

heutigen 8000 Châteaux und 13 000 Weinproduzenten des Bordelais zweifelsohne einige gibt, die es verdient hätten, in die Riege der klassifizierten Gewächse aufgenommen zu werden. Andere haben ihren Standard von vor anderthalb Jahrhunderten natürlich nicht halten können, schmücken sich aber immer noch mit der begehrten, 150 Jahre alten Auszeichnung.

Zudem ist das ganze System höchst unübersichtlich. Die Region Médoc beheimatet 60 Cru Classés (zu deutsch: klassifizierte Gewächse) dazu eines in der Region Graves und 26 Sauternes-Domänen. Eine weitere, getrennte Klassifizierung umfasst 18 Crus grand bourgeois exceptionnels und 41 Crus grand bourgeois sowie 68 Crus bourgeois. Die alten Bezeichnungen Grand bourgeois und exceptionnel werden von der EU nicht anerkannt und dürfen deshalb nicht mehr auf

den Etiketten stehen. (Detailliert nachlesen lässt sich das alles in Hugh Johnsons »Der kleine Johnson für Weinkenner 2001«.)

Klingt kompliziert? Ist es auch. Aber es kommt noch schlimmer: Qualitativ überschneiden sich die fünf Klassen nämlich auch noch mit den Cru bourgeois exceptionnels (neben den amtlich anerkannten 18 rechnet man übrigens noch weitere 13 Châteaux inoffiziell zu dieser Klasse). Und auch innerhalb des Systems geht es drunter und drüber. »Abgesehen von den Premiers Crus herrscht heute zwischen den fünf Klassen von 1855 bei der Qualität ein heilloses Durcheinander, mancher 2. Cru ist auf dem Stand eines 5. Cru und umgekehrt«, notiert Johnson verwirrt. Seinen Überblick über das Klassifikations-Chaos beschließt der Weinkritiker denn auch mit dem ironi-

schen Kommentar: »Nun, der französische Sinn für Logik ist weltberühmt.«

Dem ist im Prinzip nichts hinzuzufügen, außer: Es schadet sicher nichts, sich in diesem unübersichtlichen Klassifizierungssystem auszukennen. Allerdings nützt es auch nicht viel.

zu stellen, bleibt es vorerst beim alten. Wenn Winzer Rebsorten, die vom Gesetzgeber in dieser bestimmten Region nicht zugelassen sind, zu Wein verarbeiten, müssen sie ihn daher zwangsläufig deklarieren, indem sie ihn als einfachen »Tafelwein« deklarieren – ganz egal, welche Qualität in der Flasche steckt. Bestes Beispiel für einen solchen herausragenden »Vino da tavola« ist der Klassiker Sassicaia aus der Toskana, der – ungeachtet seines Tafelwein-Etiketts – in aller Welt berühmt und begehrt ist. Übrigens gibt es für diese höchste Kategorie von Tafelweinen mit geographisch nachweisbarer Herkunft seit 1995 die Bezeichnung IGT (Indicazione Geografica Tipica). All das ist möglicherweise typisch italienisch, ganz sicher aber nicht einfach zu durchschauen.

🐾 Bleiben noch die berühmten französischen Klassifizierungen aus dem Burgund oder jene für Bordeaux, die ja unter Weinliebhabern besonderes Ansehen genießen. Viele Weingüter erzielen allein durch die Tatsache ihrer Klassifizierung bereits höhere Preise. Eines meiner Lieblings-Châteaux bespielsweise, das Château Latour aus Pauillac, ist ein Premier Grand Cru Classé und damit ein Wein, dessen höchste Qualität sozusagen amtlich bestätigt wurde – natürlich zu Recht, wie ich finde.

Ein gutes Gegenbeispiel: Pétrus aus Pomerol. Pétrus ist kein Premier Grand Cru, sondern überhaupt nicht klassifiziert. Ist Pétrus deshalb ein minderwertigerer Wein? Keineswegs. Pétrus hatte nur das Pech, im Jahre 1855, als die Bewertungen erstmals vergeben wurden, gemeinsam mit der gesamten Region Pomerol links liegengelassen zu werden. Trotzdem ist Pétrus einer der berühmtesten Rotweine der Welt – und mit der teuerste aus Bordeaux.

🐾 Damit wären wir beim Preis und der Frage: Ist teurer Wein guter Wein? Muss ich, wenn ich mir einmal einen wirklich tollen Tropfen gönnen will, im Weingeschäft einfach nur ins Regal mit den dreistelligen Ziffern greifen?

Leider ist es nicht ganz so einfach. Zwar haben anspruchsvolle Qualitäten – bedingt durch geringere Ernteerträge, Investitionen im Keller und höheren Arbeitseinsatz – automatisch auch ihren Preis. Guter Wein ist deshalb tendenziell teurer. Aber der Umkehrschluss funktioniert nicht: Was teuer ist, ist noch lange nicht immer gut. Außerdem findet man selbst heute noch herausragende Weine zu Preisen, die inflationsgeplagten Weintrinkern Freudentränen in die Augen treiben.

❧ Es gibt allerdings einen Qualitätsindikator, der Ihnen zuverlässig den Weg weist, und das sind Sie selbst. Denn so schwer guter Wein zu beschreiben ist, so eindeutig erkennt man ihn doch, wenn man ihn probiert. Ein guter Wein, das werden Sie feststellen, ist wie ein Baumstamm, den Sie Schicht für Schicht entblättern und wo Sie bei jeder Schicht immer wieder neue Facetten entdecken können. Guter Wein ist auch nicht einfach weg, wenn Sie ihn heruntergeschluckt haben. Sehr gute Weine schmecken noch eine Minute und länger im Gaumen nach. Die Franzosen haben für dieses Phänomen den Begriff Caudalie geprägt (vom lateinischen cauda = Schweif). Eine Caudalie entspricht einer Sekunde Nachgeschmack, und dass der überwältigende Teil aller Weine unserer Welt es auf maximal 20 Caudalien bringt, zeigt, wie selten und kostbar Qualität in der Weinwelt ist.

❧ All das schmeckt man natürlich umso genauer, je mehr Weine man probiert hat, je bewusster man vergleichen kann. Der Genuss wächst mit der Erfahrung. Schulen Sie also Nase und Gaumen, indem Sie Weine gegeneinander probieren. Hören Sie auf Ihre Intuition, egal wie glorreich ein Wein beschrieben wird. Vertrauen Sie Ihrem guten Geschmack. Machen Sie Fehler, beweisen Sie Mut zur Lücke und genießen Sie das Vergnügen, diese zu schließen.
Ein paar Kriterien, die Ihnen weiterhelfen können, stelle ich auf den folgenden Seiten vor. Dort erzähle ich auch über Aspekte, die immer wieder mit Weinqualität in Verbindung gebracht werden: Über das Thema Barrique beispielsweise, die berühmten Klassifikationen des Bordelais, Weine aus biologischem Anbau und teils rätselhafte Angaben auf Etiketten. ❧

Einen guten Wein erkennt man...

... an seiner detaillierten Biografie auf dem Etikett: Je genauer die Angaben über Herkunftsgebiet, Lage, Winzer, Qualitätsstufe und Jahrgang, umso größer die Wahrscheinlichkeit, dass hier jemand wirklich hinter seinem Produkt steht.

... am guten Ruf eines Winzers – er steht wie kein anderer für die Qualität seines Produkts. Wie Sie gute Winzer identifizieren? Ganz einfach: Vergleichen Sie verschiedene Weinführer und Fachmagazine, holen Sie sich Tipps bei Weinfreunden und Ihrem Weinhändler.

... daran, dass er nicht mehr (aber auch nicht weniger) sein will, als er ist. Und dass er seine Aufgabe erfüllt: Für ein Picknick mit Freunden muss es kein Grand Cru für 70 Euro sein – ein interessanter Landwein für 10 Euro oder weniger ist da vermutlich genau das Richtige.

... an seiner langen Lagerfähigkeit. Hochwertige Rot- wie Weißweine werden mit zunehmendem Alter immer besser, runder, weicher und vielschichtiger (bis zu einem bestimmten Punkt, versteht sich).

... am langen Abgang, also am langen Nachhall im Gaumen. Ein Wein, der lange »nachklingt« ist definitiv ein guter Wein.

... an seinem Bouquet: Wein, der nicht gut riecht, schmeckt normalerweise auch nicht gut.

... an seinem Korken: Weine mit Presskorken oder völlig durchweichten Korken sind jedenfalls mit Vorsicht zu genießen.

... am Geschmack. Je mehr Weine Sie (bewusst) probieren, umso kleiner wird naturgemäß der Kreis, der Ihnen zusagt. Aber Sie werden auch umso begeisterter reagieren, wenn Sie mal wieder einen wirklich guten Wein entdecken.

Übrigens ....

... ist das Thema »Weinqualität« natürlich eines, das den Rahmen jedes Kapitels sprengt. Ein paar weiterführende Aspekte bespreche ich daher an anderer Stelle dieses Buches: Mehr über Weinratings- und Kritiken erfahren Sie beispielsweise im Kapitel »Der richtige Riecher«. Wie irrational Weinpreise teilweise gemacht werden, steht unter der Überschrift »Recht und billig«. Und was uns ein Korken über die Qualität des Weines verrät, lesen Sie im Kapitel »Ein guter Verräter«.

Barrique-Wein = besserer Wein?

Barrique ist ein wunderbarer Behälter, um Weinen in Duft und Geschmack den letzten Schliff zu verpassen. Schon nach wenigen Monaten im neuen Eichenfass nehmen sie den bekannten Geruch von Toast, Vanille, Nüssen, Mandeln, unterschiedlichen Hölzern, Tabak und Exotik an. Ihr Körper wird komplexer und gleichzeitig strenger durch die Tannine und Gerbsäure, welche ihnen eine längere Lebenskurve verleihen.

Und nicht nur das: Holz atmet ja. Anders als im hermetisch abgeschlossenen Stahltank vollzieht sich daher im Eichenholzfass eine sehr gemächliche, wohltuende Reifung. Nahezu alle großen Weine der Welt werden daher im Barrique vergoren oder ausgebaut.

Allerdings ist solch ein Eichenfass kein Allheilmittel. Weine mit wenig Substanz, Extrakt und Alkohol zum Beispiel vertragen keine Barrique-Behandlung. Sie brechen unter der Eichenlast schlicht zusammen, verlieren ihren Charakter, riechen und schmecken nur noch nach Eichensaft. Es ist nun einmal so: Man kann ein Leichtgewicht nicht in einen Superathleten verwandeln, indem man es ins Eichenfass zwängt.

Und dennoch wird es immer wieder versucht, seit sich herumgesprochen hat, dass Barrique irgendwie etwas Gutes ist, und sich mit im Eichenfass gereiften Weinen mehr Geld verdienen lässt. In Deutschland, Österreich, Italien, Spanien oder sonstwo auf der Welt – fast überall wurde die Prozedur des Barrique-Lagerns überstrapaziert, man könnte sagen: missbraucht. Nach meiner Erfahrung sind Rebsorten wie Grüner Veltliner, Riesling, Gutedel, Müller-Thurgau oder Silvaner generell nicht für einen Ausbau im Barrique geeignet. Sie verlieren dort völlig ihren Sortencharakter (Ausnahmen bestätigen, wie immer, die Regel). Viele Weißweine aus Übersee leiden heute noch unter einer nicht »artgerechten« Haltung im Eichenfass.

Übrigens ist Barrique auch teuer. Fässer aus frischer französischer Eiche (die nach wie vor weltweit die begehrteste ist) kosten etwa tausend Euro und haben bereits nach 18 bis 24 Monaten ausgedient. Aus einem solchen, etwa 225 Liter fassenden Barrique macht der Winzer etwa 300 Flaschen Wein. Das bedeutet: Weine unter 10 Euro können nicht im neuen Barrique gelegen haben. Um trotzdem einen barriqueähnlichen Geschmack zu erzeugen, werden sie im Stahltank mit Holzspänen oder Tanninpulver versetzt. Solche Fake-barriques sind einfach, rustikal, eindimensional, langweilig, kurzum: uninteressant.

Jean-Bernard Delmas, Mitbesitzer des Château Haut-Brion (des einzigen Premier Grand Cru aus Graves).

Der Keller des Château d'Yquem, Sauternes.

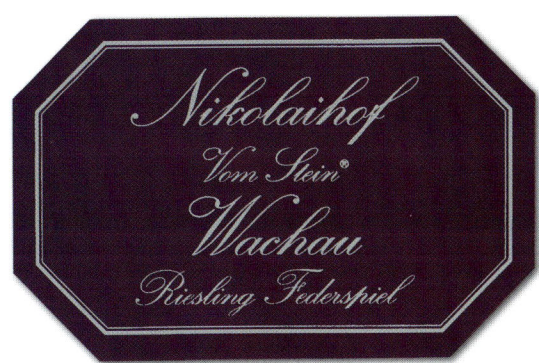

Was uns das Etikett verrät

Das Etikett einer Weinflasche enthält im besten Fall Informationen über Rebsorte, Jahrgang, Alkoholgehalt, Qualitätsstufe, Füllmenge, Geschmacksrichtung (trocken, lieblich), Herkunft (also das Herkunftsland sowie die Region) und Produzent (das kann der Abfüller oder der Winzer sein), bei höherwertigen Weinen außerdem die Einzellage und Klassifizierungen wie Grand Cru, Premier Cru etc.

Allerdings gibt es regional unterschiedliche Gepflogenheiten und Bestimmungen bei der Etikettierung, und das macht die Sache etwas kompliziert. Bei den meisten Weinen aus dem Bordelais, der Bourgogne, Spanien, Portugal, von der Loire oder aus dem Chianti beispielsweise sucht man vergeblich nach der Rebsorte auf dem Etikett. Anders ist es bei uns in Deutschland, im Elsass, in Südtirol, im Friaul, in Österreich, in Kalifornien oder in Australien: Hier wird sie fast

immer genannt (vorausgesetzt, es handelt sich um keinen Rebsortenmix). Eine fehlende Rebsortenangabe bedeutet meist, dass es eine für die Region typische Rebsorte bzw. Cuvée gibt, also zum Beispiel Sauvignon für Sancerre und Pouilly Fumé, Chardonnay für Chablis und weiße Burgunder, Pinot noir für rote Burgunder, Gamay für Beaujolais, Sangiovese für Chianti, Tempranillo für Rioja, Cabernet Sauvignon, Cabernet franc, Merlot und Petite Verdot für Bordeaux. Hier steht also die Region für einen bestimmten Weintyp.

Ganz wichtig ist der Name des Winzers, er ist schließlich Garant der Qualität. »Gott macht nur das Wasser, doch der Mensch den Wein«, hat Victor Hugo gesagt, und weil das so ist, hängt extrem viel vom Talent und Ehrgeiz jenes Menschen ab, der einen Wein macht. Achten Sie also auf seinen Namen und merken Sie ihn sich, wenn Sie zufrieden waren.

Weine, die weder Hersteller, Herkunftsgebiet noch eine Rebsorte, sondern lediglich einen Markennamen (also zum Beispiel »Bongeronde« oder »Blanchet«) auf ihrem Etikett tragen, zählen normalerweise zu jenen der niedrigsten Qualitätsstufe.

Gewinn mit Grünanlagen

Erfreulicherweise gibt es immer mehr Winzer, die ihren Reben mit möglichst wenig Chemie zu Leibe rücken – und das ist nicht nur gut für die Umwelt, sondern auch für die Qualität. Die Klasse einer Ernte wird ja unter anderem von der Mikroflora und -fauna eines Weinbergs bestimmt, und in einem totgespritzten Weingarten regt sich naturgemäß nicht mehr viel. Einige Winzer ziehen ihren Öko-Anspruch bis zur letzten Konsequenz durch, was einen erheblichen Mehraufwand an Arbeit und Risiko bedeutet. Öko-Weine sind daher auch meist teurer als vergleichbare Qualitäten aus konventioneller Erzeugung. Manchmal stößt man bei Bioweinen allerdings auf Schönheitfehler in der Farbe, im Duft oder im Geschmack.

Teilweise muss man sich erst regelrecht an sie gewöhnen. Ich plädiere da jedoch für etwas Toleranz: Auch einem Bio-Apfel verzeihen wir schließlich seine Flecken und schrundigen Stellen. Dafür schmeckt er ja meist interessanter als die makellose, konventionelle Konkurrenz. Mittlerweile kommen aus der Öko-Ecke sogar einige echte Spitzenweine. Bei uns im Tantris präsentieren wir zur Zeit Weine aus biologisch wirtschaftenden Gütern wie dem Nikolaihof in Mautern, Wachau (mit Riesling und Grünem Veltliner), aus der Domaine von Mme Leroy Bize (weißer und roter Burgunder), von Nicolas Joly, von der Loire, den Clos de la Coulée de Serrant.

Entsprechende technische Möglichkeiten sind nicht unbedingt
eine Garantie, aber doch die
Voraussetzung für große
Qualitäten. Vergelegen gehört
zu den renommierten neuen
Weingütern in Südafrika und
produziert in seinen Kellern
Spitzenweine.

Auf dem Weg zum Weltwein

Warum der Weinboom zwar viele Überflieger, aber auch Langeweile in die Weinwelt gebracht hat. Und was das Ganze mit Vanilleeis zu tun hat

Eigentlich dürften wir uns ja glücklich schätzen: In den letzten Jahren sind immer mehr, immer neue und durchaus beachtliche Weine auf den Markt gekommen – Gewächse, deren Namen Anfang der neunziger Jahre noch niemand kannte (was zum Teil daran lag, dass es sie noch gar nicht gab), die heute aber in aller Munde sind. Jenes schmale Spitzensegment, das noch vor 15 Jahren einsam die Weinwelt beherrschte, hat sich zu einer ansehnlichen, soliden Ebene verbreitert. Geradezu atemberaubend verlief die Entwicklung im Mittelfeld: Es ist schlicht explodiert. Renommierte Winzer aus den klassischen Weinbauregionen konkurrieren heute mit aufstrebenden Winemakers aus dem Süden Afrikas, dem Westen der USA, aus Australien, Chile, Argentinien und Neuseeland, deren Erfolg eigentlich nur noch von ihrem Ehrgeiz übertroffen wird. Selbst in Bordeaux machen agile Jungspunde den erfolgsverwöhnten Schlossherren das Leben schwer, und in Italien vermarkten Newcomer eine ganze Klasse junger, bemerkenswerter Weine. Wer die jahrtausendealte Historie des Rebensafts Revue passieren lässt, wird feststellen: Nie zuvor in der langen Geschichte des Weins haben Menschen aus einem so breiten Angebot wirklich exzellenter Weine auswählen können wie heute.

Ich finde das schade. Nicht, dass ich etwas gegen Qualität einzuwenden hätte oder es bedauerte, dass die erfolgsverwöhnten Veteranen der Branche plötzlich Konkurrenz bekommen. Einige Neulinge begeistern mich wirklich, und der weltweite Austausch von

Weinwissen hat zweifelsohne zu einer echten Qualitätsoffensive geführt. Und dennoch: Immer häufiger kann ich mich, mit dem Glas in der Hand und einem dieser Wunderkinder am Gaumen, einer gewissen Langeweile nicht erwehren.

Warum das so ist? Nun, dieses fade Gefühl kann jeder nachvollziehen, der einmal vier beliebige Cabernets aus Bordeaux, der Toskana, der Kapregion und Kalifornien miteinander verglichen hat. Dafür wählen Sie Tropfen der mittleren Preisklasse (also zwischen 10 und 20 Euro), öffnen und probieren sie. Wenn Sie das Experiment noch ein wenig weitertreiben wollen, verkosten Sie das Quartett blind. Nun? Sie werden mit ziemlicher Wahrscheinlichkeit feststellen, dass sich alle vier Aspiranten durch eine gewisse vordergründige Frucht-

note, die Würze neuen Holzes, einen recht harmonischen Charakter und leichte Konsumierbarkeit auszeichnen. Keiner macht es einem schwer, keiner sperrt sich mit Ecken und Kanten. Alle schmecken recht gut – und irgendwie ähnlich. Wenig aufregend. Man könnte fast sagen: austauschbar. Alle vier sind aber von wirklich ehrgeizigen Winemakern ausgebaut und von den Kritikern gelobt worden.

🐜 Wie ist das also möglich? Um diese Frage zu beantworten, müssen wir ein wenig zurückblicken, in die Babyjahre des Weinbooms. Zwischen 1995 und 1999 erlebten die Spitzenweine der großen Châteaux im Bordelais Wertsteigerungen von 350 Prozent und mehr – und waren damit deutlich rentabler als Aktien (obwohl sich deren Renditen in diesen Jahren ebenfalls sehen lassen konnten). Und das ist nur die Spitze des Eisbergs. Auch das Mittelfeld – und das ist die in diesem Zusammenhang interessantere Entwicklung – zog deutlich an. Gleichzeitig wuchs das Qualitätsbewusstsein der Verbraucher, es kamen viele neue Weingenießer (vor allem in Deutschland, Japan, Russland und den USA) hinzu. Viele von ihnen verdienten in diesen Jahren ausgezeichnet (eine Tatsache, die wiederum teilweise dem Aktienboom zu verdanken war) und waren bereit, einen ansehnlichen Teil ihres Wohlstands in Wein zu investieren. Diese Wein-Novizen gaben sich nicht mehr mit Massenweinen zufrieden, sondern machten sich auf die Suche nach interessanten, gut klingenden Namen. Ein neuer Markt entstand. Und gleichzeitig eine höchst agile Industrie, die diesen Markt zu bedienen suchte. Dabei denke ich gar nicht an Big Player wie die kalifornischen Gallo-Brüder oder die deutsche Racke-Gruppe, deren Gewächse quasi-industriell an- und ausgebaut, millionenfach abgefüllt und unter Markennamen wie »Bongerondo«, »Gallo Zinfandel« oder »Blanchet« vertrieben werden. Solche Massenweine, die sich überall in den Regalen großer Handelsketten finden, muss es selbstverständlich auch geben. Allerdings haben sie mit einem komplexen, nachhaltigen Geschmackserlebnis ebensowenig gemein wie »Scheibletten« mit einem handgeschöpften Rohmilchkäse aus den Vogesen. Massenfertigung ist

nun einmal das Synonym für Uniformität, und das beantwortet auch die Frage, was eigentlich von »Aldi«-Weinen zu halten ist. Die wirklichen Gewinner des vergangenen Jahrzehnts spielen in einer ganz anderen Liga. Es handelt sich dabei um ambitionierte, hochpreisige Gewächse, die in Mini-Auflagen von ein paar tausend, manchmal sogar nur wenigen hundert Bouteillen auf den Markt gebracht und dort zu Schwindel erregenden Preisen gehandelt werden. In den Hallen der California Wine Company im Napa Valley kann man ihnen beim Reifen zusehen: Fass für Fass eines neben dem anderen liegend, viele von ihnen sogar von ein und demselben winemaker betreut. Andere werden in den Garagen ihrer Erzeuger oder ähnlich rudimentären Räumlichkeiten ausgebaut, weshalb man diese teuren Tropfen auch als »Garagenweine« bezeichnet.

🐜 Diese knallteuer kalkulierten Raritäten sind die wahren Wunderkinder des Weinbooms. Schaut man sich einmal um, wer ihre Väter sind, stößt man bald auf eine relativ überschaubare Gruppe hoch bezahlter Weinbau-Spezialisten, die auf der ganzen Welt die Weincharaktere geprägt haben – wie ein umtriebiger Vater, der seine Gene rund um den Globus verstreut hat. Diese »flying winemakers«, wie sie auch genannt werden, sind die McKinseys des modernen Weinbusiness'. Als vinologische Task Force jetten sie das ganze Jahr rund um den Globus und beglücken Winzer von Kalifornien bis Neuseeland mit ihren vinologischen Winken und Kniffen. Ihr Urahn (wenn man so will) ist Giacomo Tachis, ein Großmeister der Weinbaukunst, der Ende der sechziger Jahre für Mario Jucisa della Rocchetta aus dem Hause Antinori den Sassicaia kreierte. Wie man heute weiß, ist dieser Wein binnen weniger Jahre zu einer der ganz großen Erfolgsgeschichten der italienischen Weinszene avanciert. Und wie man ebenfalls weiß, ist nichts erfolgreicher als der Erfolg. Heute genießen Bouteillen-Berater wie Ricardo Cottarela, Luca d'Atoma oder Peter Sisseck in aller Welt enormen Einfluss. Im Chianti trauen sich nur noch wenige Winzer ohne Begleitung eines rastlosen Star-Önologen aus dem Keller.

Das Schicksal eines Weines entscheidet sich zur einen Hälfte am Rebstock und zur anderen am Ausbau. Besonders die Kellermeister der Neuen Welt setzen dabei auf modernste Technologien.

Selbst Traditionsbetrieben im Médoc, die eigentlich über genügend genuines Know-how und ausreichende Erfahrung verfügen, gilt ein großer Beratername auf dem Etikett heute als die sicherere Bank. Einer der populärsten unter ihnen, der Franzose Michel Rolland, berät nicht nur diverse Châteaux im Bordelais (darunter Ausone, Troplong-Mondot, Pavie, Léoville-Poyferré, Magrez-Fombrauge, Peby-Faugères) sondern auch Weingüter in Argentinien, Chile, Kalifornien, Südafrika, selbst Marokko und Indien – insgesamt hören mehr als 100 Kunden in 12 Ländern der Erde auf Rollands Rat.

Sein Steckenpferd, mit dem er sich in Europa unzweifelhafte Verdienste erworben hat, sind Merlots mit viel Extrakt und samtigen Tanninen, die, wie die *Neue Zürcher Zeitung* beobachtete, »relativ leicht zugänglich sind und fast immer den Beifall des Weinkritikers Parker finden – was die Nachfrage entsprechend anheizt«. Kein Wunder also, dass

Die Mourvèdre-Reben des Jade-Mountain-Weinguts in Kalifornien zählen mehr als 100 Jahre – eine Seltenheit in der Neuen Welt. (links)

Beim Weinhaus Mondavi im Napa Valley werden Trauben vieler Vertragswinzer verarbeitet – vorausgesetzt, sie bestehen die Qualitätsanalyse und Verkostung. (Mitte und rechts)

risikoscheue Winzer Rolland gern als Erfolgsgaranten verpflichten. Und so propagiert und entwickelt er seinen Merlot heute sowohl für die Simi Winery in Kalifornien, die Casa Lapostolle in Chile wie auch für das argentinische Trapiche. Und sein Erfolg gibt ihm Recht.

Nun ist es aber so, dass Merlot-Trauben in Chile ganz anders reifen als in England, und dass sich das kalifornische Klima grundlegend von jenem der Kap-Provinz unterscheidet. Auch Sonne und Wolken fügen sich nun einmal nicht den Plänen von Weinberatern. Genausowenig tun es die Kreativität und Motivation der Leute vor Ort, die Tag für Tag in den Weinberg steigen müssen, um zu prüfen, was Sonne, Regen, Wind und Wolken mit ihrer künftigen Ernte angestellt haben.

Und weil das so ist, hilft man der Natur eben mit technologischen Tricks nach. Umkehrosmose, Vakuumverdampfung, Kyroextraktion und ähnliche Kniffe – ich möchte gar nicht wissen, was heute im Weinkeller technisch alles möglich ist (und schon gar nicht, was in Zukunft erst möglich sein wird). Ich kenne nur die Ergebnisse und ehrlich gesagt: Sie schmecken langweilig.

Es ist nun einmal so, dass sich mit ähnlicher technischer »Schulung« im Weinkeller auch zwangsläufig die Charakteristika der Keller-Kinder angleichen. Nicht nur die Unterschiede zwischen Geschmacksrichtungen, auch die zwischen Jahrgängen und sogar jene

zwischen den Herkunftsgebieten schwinden. Motto: Le terroir, c'est moi. Kellertechnologie ist der Versuch, etwas im Prinzip Unsteuerbares in geregelte Bahnen zu zwingen. Und bis zu einem gewissen Grad funktioniert das sogar – mit Umkehrosmose beispielsweise lässt sich einem Wein nach einem verregneten Jahr noch so viel Wasser entziehen, dass er im Glas trotz seines schwächelnden Jahrgangs voll, körperreich und dicht schmeckt. Kräftiger Wasserentzug bewirkt eine Konzentration sämtlicher Aromen, Geschmacks- und übrigen Inhaltsstoffe (allerdings auch – und das ist die Kehrseite der Medaille – der negativen, unreifen Töne). Kompetente Kellermeister bringen auf diese Weise Jahr für Jahr Weine von ähnlicher, ver- lässlicher, nahezu berechenbarer Qualität zu- stande. Und das bedeutet: Weniger Risiko für den Weinproduzenten, für seine Bilanzen, für den Handel und schließlich auch für den Verbraucher.

Kein Wunder, dass diese technischen Taschenspielertricks in der Weinwelt immer mehr Freunde finden. Im gehobenen Mittel- feld tun sich Kenner heute schon schwer, einen Kalifornier noch von einem Italiener zu unterscheiden – zu ähnlich sind Struktur, Bouquet, Körper. Und wenngleich man in Kalifornien nie die Differenziertheit und Fi- nesse eines Giganten wie Château Latour erreichen wird, nähert man sich der Anmu- tung eines Latour doch immer weiter an.

Keine Frage: Der Weinboom hat viele neue, hochwertige Weine hervorgebracht. Es wird nur immer schwerer, sie zu unterscheiden.

Der kalifornische 1991er Caymus Special Selection beispielsweise kann es an Kraft und Fülle durchaus mit dem Star aus dem Bordelais aufnehmen. Ich fürchte, wir bewegen uns auf dem Weg zum geklonten, uniformen Weltwein.

Zur Verteidigung der jungen Hexenmeister muss man allerdings sagen, dass auch sie nur ausführen, was der Markt von ihnen verlangt. Wenn alle glauben, dass guter Wein hochkonzentriert, nach Vanille und neuer Eiche schmecken muss, wird zwangsläufig immer mehr Wein produziert, der hochkonzentriert nach Vanille und junger Eiche schmeckt. Der Markt erzieht sich seinen Geschmack selbst. Der Geschmack wiederum erzieht den Markt, der dann umso mehr den Geschmack beeinflusst... und so weiter. Es ist ein Teufelskreis der Tristesse, der sich da auf hohem Niveau abspielt.

Ernährungsphysiologen beschreiben dieses Phänomen mit dem Begriff »Futterprägung«. Wie Futterprägung funktioniert, lässt sich heutzutage bereits bei vielen Kindern beobachten. Nehmen wir Erdbeerjoghurt – kaum ein Erdbeerjoghurt enthält ja heute mehr Erdbeeren, dafür aber jede Menge Aromastoffe, die irgendwie erdbeerähnlich schmecken (und das zum Teil gar nicht mal schlecht). Die Erfahrung zeigt: Wer mit solch laborgefertigten Ersatz-Erdbeergeschmäckern aufgewachsen ist, verlangt später nur noch nach ihnen. Viele Kinder sind geradezu enttäuscht, wenn man ihnen einmal die wahre Frucht anbietet – sie erscheint ihnen fad. Das klingt unglaublich, ist aber so: Plagiat schlägt Original. Leider auch im Weinbusiness.

Es gibt aber auch eine gute Nachricht, und sie lautet: Die großen Persönlichkeiten unter den Weinen wird es immer geben, und zwar ganz ohne technologischen Großangriff. Denn interessant wird es doch erst, wenn man mit Witterung und Wetter arbeitet und aus den Bedingungen das Beste herausholt. Jacques Reynaud vom Château Rayas in Châteauneuf-du-Pape beispielsweise hat bis zu seinem Tod 1996 sensationelle Weine ganz traditionell gefertigt. Keine seiner Abfüllungen war wie die andere, und so ist es mit vielen dieser Klassiker: Sie weisen in schwierigen Jahrgängen immer wieder Mängel auf, die

John, Mark und Julie Barry von Jim Barry Wines in Clowe, Australien. Ihr Spitzenwein Armagh ist ein toller, tiefdunkler Shiraz von extremer Würze und Frucht.

man mit technischen oder chemischen Tricks sicher hätte ausschalten können. Aber in gelungenen Jahren entschädigt ihre Größe für alles.

Schwächere Jahre oder Durchhängerphasen sind nun einmal der Preis, den die großen Individualisten für ihre Einzigartigkeit verlangen. Und wahre Weingourmets werden immer bereit sein, ihn zu zahlen. Für den großen Rest stimmt vermutlich, was der New Yorker Medienmagnat Herbert W. Allen einmal traurig konstatiert hat: »Wir werden alle zu Vanilleeis.« Allen bezog sich auf die untergehenden nationalen, kulturellen und regionalen Traditionen, die von der Weltkultur des 21. Jahrhunderts überkleistert werden wie ein Obstsalat von einer dicken, zähen Vanillesoße. Aber seine Aussage trifft ebenso auf die große, graue Masse des Weinmarkts zu. Und das bedaure ich.

Es ist einfach so, dass man sich an Dingen, die im Über- und Gleichmaß angeboten werden, früher oder später übersättigt. Selbst an etwas so Gutem wie Vanilleeis.

Kalifornien steht noch eine ganz große Zukunft in der Weinwelt bevor. Aus den Trauben des Napa Valley können Weine von üppiger Fruchtigkeit und reifer Fülle produziert werden.

Regionen und Reben

Wie die wichtigsten Rebsorten schmecken. Und wo sie am besten wachsen

🍇 Während Wein eine Erfindung des Menschen und vermutlich erst ein paar tausend Jahre alt ist, wuchs die Weinrebe bereits lange, bevor sich der erste Primat aufrichtete, auf unserer Erde. Über Millionen von Jahren breitete sich diese genügsame Kletterpflanze fast über den gesamten Globus aus. Sie ist nämlich nicht nur die am stärksten zuckersammelnde Obstpflanze der Welt (und deshalb auch so gut zur Weinerzeugung geeignet), sondern auch eine der zähesten und anpassungsfähigsten. In kühlen Regionen wie Grönland und Alaska entwickelt sie Frosthärte, in trockenen Klimazonen wie dem spanischen Ribera del Duero treibt sie ihre Pfahlwurzeln bis zu sechs Meter tief in den Boden, um an Feuchtigkeit zu gelangen.

🍇 Eiszeit, Klimawandel, Schädlingsepidemien sowie die Auslese durch den Menschen leiteten schließlich einen lang anhaltenden Selektionsprozess ein. Den größten Einschnitt markierten dabei die Jahre 1847 und 1854, als der so genannte Echte Mehltau in der Alten Welt ganze Ernten vernichtete. Ähnlich verheerend wirkte sich der Siegeszug der Reblaus aus, die vermutlich aus Amerika eingeschleppt wurde und sich ab 1863 durch die Weinberge Europas fraß. Als 1910 endlich ein Gegenmittel zur Verfügung stand, waren unzählige Rebsorten bereits für immer verschwunden.
Aber es kam noch schlimmer: Was Schädlinge und Krankheiten verschont hatten, erledigten nach dem Zweiten Weltkrieg Winzersterben, wirtschaftliche Zwänge und (vermeintlicher) Verbrauchergeschmack. Wie überall in der Landwirtschaft konzentrierte sich auch der Weinbau zunehmend auf ertragreiche, krank-

heitsresistente und früh reifende Sorten. Unsere heutigen Reben sind daher lediglich ein mattes Abbild früherer Vielfalt.

🍇 Immerhin kann man durch Cuvées ein wenig Abwechslung hineinbringen. Übrigens werden aus roten Trauben beileibe nicht nur Rotweine gekeltert: Viele deutsche Sekte beispielsweise bestehen aus Spätburgunder- und Portugiesertrauben, die weiß (das heißt: ohne Schale) versektet werden. Auch der berühmte Bruder des Sekts, der Champagner, verdankt seinen Geschmack zu großen Teilen den roten Rebsorten Pinot noir und Pinot meunier. Diese werden bei der Verkelterung lediglich sanft gepresst, die Maische sofort abgekeltert. Auf diese Art verhindert man die Einfärbung. Der Rebensaft hat eine graugrüne Farbe, ganz gleich, ob es sich dabei um weiße oder rote Beeren handelt.

Eine frisch gepflanzte Rebe wird erst nach drei Jahren in die Produktion einbezogen, die meisten Winzer warten sogar vier bis fünf Jahre, um die noch empfindliche Jungpflanze nicht zu überfordern. Ihre Lebenserwartung liegt bei durchschnittlich 35 Jahren, wobei sie zwischen dem zehnten und 25. Jahr am ertragreichsten ist. Weil sie jedoch im hohen Alter die gehaltvollsten Früchte trägt, gibt es Reben, die bereits seit mehr als 100 Jahren geerntet werden. Allerdings sinkt mit steigendem Alter auch der Ertrag und es zeigt sich einmal mehr, dass Qualität meist das Gegenteil von Masse ist: Trauben, die für Konsumweine eingesetzt werden, sind von Größe und Gewicht her zum Teil vergleichbar mit Tafelobst, während die Beeren höherwertiger Rebsorten lediglich ein paar Gramm auf die Waage bringen.

Natürlich sind für die Entwicklung eines Rebstocks, seiner Trauben und letztendlich des Weines Standort, Boden und Klima von ganz entscheidender Bedeutung. Dennoch hat jede Rebsorte ihren eigenen Charakter: Egal, wo sie wächst, bleiben ähnliche Komponenten in Duft und Geschmack ebenso erhalten wie sich Tomaten, Erdbeeren oder Aprikosen überall auf der Erde durch ihren ganz spezifischen Geschmack auszeichnen. Auch einen Riesling erkennt man überall auf der Welt, genauso einen Pinot noir. Der Großteil aller Weine besteht ja lediglich aus einer einzigen Traubensorte. Und wenn Rebsorten miteinander verschnitten werden, gibt es meistens eine Domina in der Cuvée – wie im Bordelais der Cabernet Sauvignon, zum Beispiel.

Der einfachste Weg, Weine unterscheiden zu lernen, besteht daher darin, sich zunächst mit dem Stil der einzelnen Rebsorten vertraut zu machen. Auf den folgenden Seiten stelle ich Ihnen die wichtigsten vor, zusammen mit den Namen einiger Produzenten, die nach meiner Erfahrung aus den jeweiligen Rebsorten seit Jahren beste Weine produzieren. Sollten Sie zu einer ersten Expedition in die Weinwelt aufbrechen, können Ihnen diese Adressen als Anlaufstation dienen. »Sehen heißt verstehen«, sagt der Japaner. Ich sage: »Probieren heißt verstehen.«

Die weißen Reben

Riesling

Riesling ist ohne Zweifel der Champion unter den deutschen Rebsorten. Zum einen gebührt ihm dieser Titel wegen seiner markanten Säure, an der man jeden guten Riesling erkennt; zum zweiten wegen seiner unerreichten Transparenz in Duft und Geschmack. Seine Mineralität spiegelt die Herkunft wider; bevorzugte Riesling-Böden sind Schiefer, Vulkan, Buntsandstein und Muschelkalk. Trotz teilweise niedrigem Alkoholgehalt sind Rieslinge eigentlich nie dünne Leichtgewichte, sondern Weine voller Kraft, mit glockenklarer Frucht und Finesse. Vielseitige Aromen zeichnen sie aus: Pfirsich, Apfel, Aprikose, Limette, weiße Blüten, Heu, Efeu; mit beginnender Reife Petrol, in hohem Alter auch Nuss- und Mandelvarianten. Riesling-Standort Nummer eins ist Deutschland, wenn auch in der Wachau und im Elsass herrliche Riesling-Weine erzeugt werden. Die Mosel-Saar-Ruwer-Region, der Rheingau, die Pfalz und Ortenau bieten beste Wachstumsbedingungen für diese sehr empfindliche

Sorte. Die meisten Mosel-Rieslinge sind federleicht, haben nur 6 bis 7 Prozent Alkoholgehalt. Rhein- und Pfalz-Rieslinge sind gewichtiger, in der Wachau und im Elsass sind neben leichteren Vertretern Schwergewichte mit 13 bis 14 Prozent Alkoholgehalt keine Seltenheit.

Rieslinge werden trocken bis edelsüß ausgebaut und haben eine sehr gute Lagerfähigkeit. Wirklich trockene Rieslinge werden leider immer seltener. Vorsicht bei Billig-Angeboten! Wirklich gute Qualität gibt es nicht unter 6 Euro, für die Spitzenklasse zahlt man 20 Euro und mehr.

Meine Empfehlung
➤ *Deutschland: Fritz Haag, Karthäuserhof, Egon Müller, Johann Josef Prüm, Heribert Kerpen, Heymann-Löwenstein, Wilhelm Weil, J. B. Becker, Peter Jakob Kühn, Franz Künstler, Hermann Dönnhoff, Müller-Catoir, Henninger, Andreas Laible, Klaus Keller.*
➤ *Österreich: F. X. Pichler, Franz Hirtzberger, Emmerich Knoll, Nikolaihof, Manfred Jäger, Hofmeister, Martin Nigl, Ludwig Ehn.*

🍇 Sauvignon blanc

Mir scheint es ganz so, als könnte der Sauvignon blanc die direkte Nachfolge des Superstars Chardonnay antreten. Schon in den achtziger Jahren galt dieser Wein in Pariser Bistros als der Weißwein schlechthin zu Austern, Muscheln, Hummer und anderem Meeresgetier. Heute wird er auch in Deutschland immer beliebter. Mittlerweile findet man ihn weit über seine französische Heimat, die Ufer der Loire, Gironde und Dordogne hinaus, beispielsweise im Friaul und in Südtirol, in der Steiermark, in Marlborough/Neuseeland oder Constantia/Südafrika. Nach wie vor kommen die besten Exemplare von der Loire, aus Sancerre und Pouilly-Fumé, die schlechtesten Sauvignon blancs stammen mit ganz wenigen Ausnahmen aus dem heißen Australien oder Kalifornien. Sauvignon blanc bevorzugt kühles Klima und mineralische Böden.

🍇 Sauvignon ist ganz einfach an seinem markanten Duft zu erkennen: Schwarze Johannisbeere, Holunderblüten, Spargel, Nesseln, Stachelbeere, reifer Pfirsich, Marille, grüne Kräuter wie Basilikum. Je nach Reifegrad gibt er sich mehr oder weniger pflanzlich, manchmal auch grasig. Viele Weinfreunde bezeichnen den Duft des Sauvignon als »aufdringlich«. Tatsächlich riechen seine minderwertigeren Vertreter plump wie Proleten, die mit extremen Duftwolken und billigem Parfüm auf sich aufmerksam machen. Die schlechtesten Beispiele unter ihnen wirken stets unreif. In bester Qualität hingegen ist Sauvignon berauschend gut, und zwar unabhängig davon, ob er in Edelstahl oder im neuen Eichenfass ausgebaut wurde. Seine Preise liegen hoch, was vermutlich auch daran liegt, dass diese Sorte im Ertrag zu hohen Schwankungen neigt. Loire-Sauvignons bieten unter 15 Euro wenig Klasse; Bordeaux wird mit saftigen Preisen (über 25 Euro) erst wirklich interessant; Österreich hat mit der steirischen Klassik-Linie unter 15 Euro viel zu bieten. Aus Neuseeland hingegen steht bereis ab 15 Euro eine schöne Selection bereit.

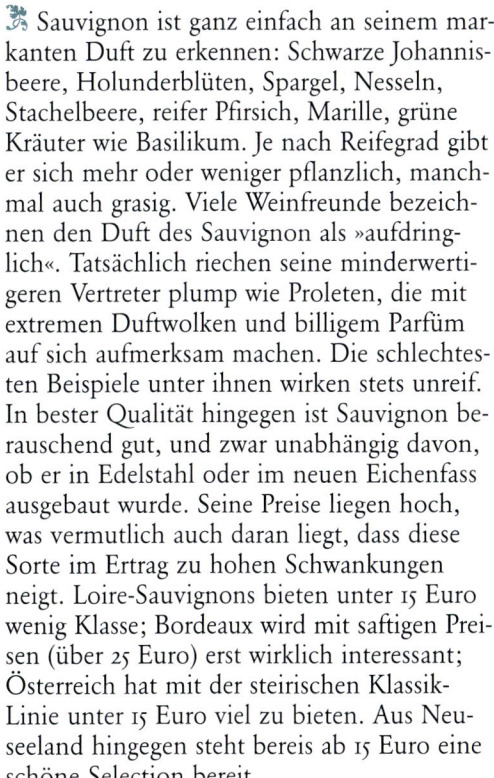

Meine Empfehlung
➤ *Frankreich: Didier Dagueneaud, Patrick Ladoucette, Lucien Crochet, Domaine la Moussière, Francis & Paul Cotat, Château Smith-Haut-Lafitte, Clos Floridène.*
➤ *Österreich: Manfred Tement, Erich & Walter Polz, Alois Gross, Ludwig Neumayer, Neumeister.*
➤ *Italien: Ignaz Niedrist, Pojer & Sandri, Vie di Romans, Rosa Bosco.*
➤ *Neuseeland: Coopers Creek, Selaks, Cloudy Bay.*
➤ *Südafrika: Thelema, Ellis Neil, Vergelegen.*

🍇 Grauburgunder

Ein echter Shootingstar, dieser Grauburgunder: Lange Zeit fristete er als Ruländer in Deutschland ein armseliges Dasein, dann setzte er unter dem Künstlernamen Pinot grigio von Italien aus zu seinem weltweiten Siegeszug an. Heute ist er Everybody's darling, im Elsass übrigens unter dem Pseudonym Tokay d'Alsace, im restlichen Frankreich als Pinot gris. Grauburgunder gibt es vom höchst anspruchsvollen, aufregenden Tropfen bis zum einfachen Standardwein. Leider grenzt das, was einem heute in einfachen italienischen Restaurants vorgesetzt wird, zuweilen an Körperverletzung.

Typisches Aroma: Feigen, getrocknete Zitrusfrüchte, nussige, rauchige, nach Honig duftende, teils speckige Noten. Brot, Toast, braune Butter. Kraftvoll, weiche Säure, von trocken bis edelsüß.

Meine Empfehlung
➤ *Deutschland: Gebrüder Müller, Schwarzer Adler, Keller Franz, Dr. Heger, Bercher, Winzergenossenschaft Königschaffhausen, Winzergenossenschaft Achkarren, Hans-Peter Wöhrwag, Knipser.*
➤ *Elsass: Paul Blanck, Trimbach, Domaine Mann Albert, Domaine Schoffit.*
➤ *Italien: Schreckbichl-Produttori Colterenzio, Alois Lageder, Jermann, Schiopetto.*

➤ *Italien: Villa Russiz, Vigna del Lauro, Renato Keber, Alois Lageder.*

🐝 Müller-Thurgau

Diese Kreuzung von Riesling und Madeleine Royal ist insbesondere in Franken, Baden und der Pfalz sehr verbreitet. Luxemburg, England und Neuseeland sind mit ihrem kühlen Klima gut für sie geeignet. Typisch ist ein leichter Muskatton; Anis und Jasmin wirken manchmal recht aufdringlich. Leichter, aromatischer Geschmack mit wenig Substanz.

Meine Empfehlung
➤*Deutschland: Max Markgraf von Baden, Josef Deppisch, Ludwig Knoll, Schmitt's Kinder, Klaus Zimmerling.*
➤ *Italien: Tiefenbrunner.*

🐝 Weißburgunder

Der Weißburgunder als kleiner Bruder des Grauburgunders ist ein Neuling auf unseren Weinkarten, obwohl er im Elsass bereits Mitte des 16. Jahrhunderts nachgewiesen wurde. Die Säure wirkt etwas saftiger, spritziger als beim Grauburgunder, sein Geschmack ist eine Spur schlanker.

Unter den Synonymen Pinot blanc und Clevner kennt man ihn in Frankreich, in Italien als Pinot bianco. Seine duftigen, eher zurückhaltenden Duftstoffe lassen sich an-genehm zu Speisen kombinieren. Typisches Aroma: Birnen, Akazien, Weißdorn, Fenchel, Haselnuss. Weißburgunder werden meist trocken ausgebaut.

Meine Empfehlung
➤ *Deutschland: Schloss Rheinburg, Marquis zu Hoensbroech, Bürgerspital zum Hl. Geist, Bergdolt, Friedrich Becker, Dautel.*
➤ *Elsass: Marcel Deiss, Hugel, Jos. Meyer & Fils.*

🐝 Grüner Veltliner

Mit knapp 30 Prozent der Weinbaufläche ist Grüner Veltliner *die* Rebsorte Österreichs. Beste Ergebnisse werden in der Wachau, im Donauland und im Kremstal erzielt. International hat die Sorte keine Bedeutung, ihr Charakter ist jedoch eine sehr gute Ergänzung zum übrigen Rebsortenspiegel. In seiner Vollendung ist Grüner Veltliner ein Wein mit viel Tiefgang, vollem Körper und viel Stoff.

Typisches Aroma: Weiße Blüten, Gräser, grüner Spargel, Hefe, Champignon, Würze mit Pfeffer.

Meine Empfehlung
➤ *Österreich: Freie Weingärtner Dürnstein, Bernhard Ott, F. X. Pichler, Emmerich Knoll, Franz Hirtzberger, Prager, Leo Alzinger, Wieninger, Wilhelm Bründlmayer, Fred Loimer.*

❦ Silvaner

Der Silvaner, eine ganz alte, autochthone Rebe, wird heute ganz zu Unrecht vernachlässigt. Dass seine Anbaufläche derzeit stark zurückgefahren wird (meist zugunsten des ertragreicheren Müller-Thurgau), könnte unter anderem daran liegen, dass er im Bouquet nicht sehr ausgeprägt ist, sondern eher mit dezenter Frucht brilliert. Ich finde diese Entwicklung höchst bedauerlich, denn zum Essen lässt sich diese Rebsorte gut einsetzen. Typische Aromen sind Apfel, Grapefruit, Melone, Stein, leicht pflanzlich.
Weniger gelungene Beispiele duften nach Jute/Rupfen. Besonders gut gedeiht der Silvaner auf Muschelkalkböden in Franken, Rheinhessen, Baden und im Elsass. Bleibt zu wünschen, dass Produzenten – insbesondere in Franken, der letzten Feste des Silvaners – ihm bald wieder mehr Beachtung schenken.

Meine Empfehlung
➤ Deutschland: Juliusspital, Zehnthof, Johann Ruck, Paul Fürst, Winzergenossenschaft Ihringen, Keller, Uwe Lützkendorf.
➤ Elsass: Rolly Gassmann, Jean-Pierre Dirler, Heywang.

❦ Muskateller

Die Familie der Muskateller ist groß und weit verbreitet. Schon in der Antike feierte man sie im gesamten Mittelmeerraum, heute vor allem in Deutschland, Österreich, Frankreich, Italien, Spanien, Ungarn, Kalifornien und Südafrika. In Höchstform stellt die Muskattraube die Verführung schlechthin dar. Leider gilt sie im deutschsprachigen Raum als die kapriziöseste unter den weißen Reben und wird deshalb von weniger empfindlichen Rebsorten verdrängt.

Trocken ausgebaut kommen die besten Muskateller aus Baden, der Pfalz, der Südsteiermark und dem Elsass. Muskateller ist ein köstlicher Apéritif und auch zu weißem Spargel längst kein Geheimtipp mehr. Als leicht sprudelndes Getränk begeistern mich einige liebliche Moscatos aus Piemont.

❦ Muskatellerweine zeichnet ein unvergleichlich blumiger Duft – vor allem nach Rosenblüten in allen Variationen – aber auch nach frischen Trauben, Birnen oder Aprikosen aus. Bei restsüß ausgebauten Weinen (z.B. aus Südfrankreich) schmeckt man kandierte Orangenschale, Honig und Marzipan.

Meine Empfehlung
➤ Deutschland: Bercher, Müller-Catoir, Dr. Heger, Andreas Laible.
➤ Österreich: Mayer am Pfarrplatz, Emmerich Knoll, Neumeister, Stadlmann, Manfred Tement.
➤ Italien: Giacomo Bologna, Giuseppe Rivetti, Schloss Sallegg.
➤ Frankreich: Domaine de Coyeux, Domaine Cazes, Klipfel, Kuentz-Bas, Muré.

❦ Chardonnay

Chardonnay wächst überall auf der Welt, wo Wein angebaut wird. Wenn es um den Standort geht, ist diese Rebe sehr genügsam – was einer der Gründe sein dürfte, weshalb sie die ganze Weinwelt erobern konnte. Ihren Siegeszug rund um den Globus hat sie irgendwo von der Côte d'Or aus angetreten, sei es von Chablis oder einem anderen der bekannten Dörfer der viel gerühmten Bourgogne. Von dort stammen heute noch die besten Chardonnays aus kleinsten Parzellen. Diese Grand Crus sind leider auch die teuersten Chardonnays der Welt. Große Weine aus Puligny- oder Chassagne-Montrachet können gut gelagert werden und sind erst nach 15 bis 20 Jahren der Genuss schlechthin.

❦ Alexandre Dumas soll gesagt haben, ein Montrachet müsse kniend und entblößten Hauptes genossen werden, so göttlich erschien ihm dieser Wein. Bei einigen Chardonnays mag ich das gerne glauben, andere jedoch sind die Investition nicht wert. Da ist preiswertere Konkurrenz von Übersee oft besser, wenngleich in der Massenproduktion häufig belanglose, alkoholgeschwängerte Weine produziert werden, die Burgunder-Chardonnays wiederum als besonders einzigartig erscheinen lassen.

🌿 Keine andere weiße Rebsorte eignet sich besser für den Ausbau im Eichenholz als Chardonnay. Durch die unterschiedlichen Ausbaumethoden erscheinen Chardonnays sehr verschieden und sind daher schwer zu definieren. Mit mehr oder weniger ausgeprägten Holznoten erscheinen sie würzig. Pfirsich, gelbe Melone, Vanille, Kaffee, Rauch, Eichenwürze prägen den Duft. Mit größerer Reife werden sie buttrig, sahnig, toastig, nussig. Chablis dagegen sind äpfelig, mineralisch und zeigen deutlich mehr Säure als Meursault oder Montrachet.
Chardonnays aus Übersee duften mehr nach tropischen Früchten, Vanille und Eichenholz. Durch ihren hohen Alkoholgehalt wirken sie vollmundig, rund, weich und geschmeidig. Manche als billige Burgunderkopien produzierte Chardonnays sind holzige Säfte übelster Machart, die in den Ausguss, aber keinesfalls ins Glas gehören.

Meine Empfehlung
➤ *Deutschland: Rebholz, Knipser, Huber (Malterdingen), Dr. Heger.*
➤ *Italien: Bellavista, Gaja, Vigneto delle Terre Rosse, Alois Lageder, Edi Kante.*
➤ *Österreich: Wilhelm Bründlmayer, Peter Dolle, Velich, Sepp Moser, Gerald Malat.*
➤ *Frankreich: Comtes Lafon, Domaine Carillon, Jean-Paul Droin, Dauvissant R & V, Domaine Ferret, Leroy, Domaine Ramonet, Domaine Leflaive, Verget, Louis Jadot.*
➤ *Südafrika: De Westhof Estate, Rustenberg, Mulderbosch, Ellis Neil, Bouchard Finlayson.*
➤ *Kalifornien: Kistler, Joe Rochioli, Château Woltner, Mount Eden Vineyards, Mer Soleil.*

🌿 Scheurebe

Noch so ein unentdeckter Star: Die Scheurebe, eine gelungene deutsche Neuzüchtung aus Silvaner und Riesling, verdient meines Erachtens eindeutig mehr Wertschätzung unter den Weintrinkern. In Österreich wird sie als Sämling 88 bezeichnet und meist restsüß ausgebaut. Anspruchsvolle Lagen sind ihr gerade gut genug. Beste Standorte in Deutschland sind Franken und Baden.
Wird sie reif geerntet, erinnert sie an Riesling und Sauvignon. Vollblütige Rasse, Duft nach schwarzer Johannisbeere, Holunderblüten, Farn, Stachelbeere, Heu und Aprikose. Eine deutsche Antwort auf Sauvignon blanc.

Meine Empfehlung
➤ *Deutschland: Johann Ruck, Hans Wirsching, Andreas Laible.*

🌿 Viognier

Eine kleine Mimose unter den weißen Rebsorten. Die Viognier ist zwar unempfindlich gegen Trockenheit und Hitze, ansonsten aber sehr heikel im Anbau. Ende der sechziger Jahre noch fast vom Aussterben bedroht, erfreut sich die Viognier heute großer Beliebtheit. Sie wird inzwischen im Languedoc ebenso wie in Italien, Kalifornien und Australien angepflanzt. Ihre Stärken: wenig Säure, gehaltvoller Körper und ein ganz eigener Duft nach Blüten wie Akazien, Jasmin, Maiglöckchen, Freesien oder Weißdorn. Früchte: Marille, Pfirsich, Wiliamsbirne, Banane. Im Geschmack sind Viognierweine trotz ihres öligen, reichen, runden Geschmacks völlig trocken. Nur wenige werden im neuen Holz ausgebaut. Viognier ist ein ganz eigenständiger Wein mit großer Anziehungskraft.

Meine Empfehlung
➤ *Frankreich: André Perret, Yves Cuilleron, Yves Gangloff, Château de Saint-Cosme, François Villard, Domaine le Serre de Condorcet.*
➤ *USA: Alban Vineyards, Andrew Murray.*

🌿 Roussanne

Die Roussanne wird wie die etwas robustere Marsanne traditionell im nördlichen Teil der Rhône angebaut und ist etwas für Weintrinker, die schon alles kennen. Sie wird nur selten sortenrein ausgebaut, sondern meist als Verschnitt in südlichen Weinen wie weißem Hermitage, Saint-Joseph oder Châteauneuf-du-Pape verwendet. In geringen Men-gen wird sie in der Toskana und Ligurien als Montecarlo bianco angeboten. In Australien hat ihr Michelton/Victoria einen festen Platz eingeräumt. Im Keller zeigt sie sich wegen der dünnen Beerenschale äußerst anfällig gegen Oxydation. Wichtigstes Erkennungszeichen ist ihr nachhaltiger Charakter, der stark wie eine Essenz wirkt. Intensiver Blütenduft, Teearomen; im Mund viel Würze mit Mandelnoten. Die Roussanne, die ihren Namen ihrer rostroten (frz. roux) Farbe verdanken dürfte, ist nicht zu verwechseln mit der Spezialität Roussette der Savoyen.

Meine Empfehlung
Neben den berühmten und weniger berühmten weißen Hermitages sowie Châteauneufs empfehle ich hier einige nicht ganz sortenreine französische und amerikanische Weine von Produzenten, die sich auf Rhône-Rebsorten spezialisiert haben.
➤ Frankreich: Domaine Bellese Pierres, Les Chemins de Bassac.
➤ USA: Zaca Mesa Winery, Alban Vineyards.

🌿 Marsanne

Eine Konkurrentin der Roussanne, die – was Anbaufläche und Qualität betrifft – es durchaus mit ihr aufnehmen kann. Wie die Roussanne wird auch die Marsanne meist zu Cuveés verarbeitet und zwar für Landweine oder den hervorragenden Hermitage blanc, Saint-

Joseph sowie Saint-Péray. Ihre derzeitige Popularität verdankt sie jenen Weinfreunden, die des vielen Chardonnays und Pinot grigios überdrüssig sind.
Besondere Kennzeichen: Ein zarter Duft von weißen Blüten, Banane, Birne und Mandeln. Gehaltvoll, alkoholreich, trocken mit cremiger Textur, die an reife Mangos erinnert. In Kalifornien zeigen die Rhône-Rangers, jene Produzenten, die sich auf typische Rhône-Reben spezialisiert haben, an dieser Sorte immer größeres Interesse.

Meine Empfehlung
➤ Frankreich: Domaine le Serre de Condorcet, Château des Estanilles.
➤ USA: Bonny Doon Vineyards.
➤ Australien: Château Tahbilk.

🌿 Gewürztraminer

Bouquet-Rebsorten nennt man solche Reben, die man schon an ihrem intensiven Bouquet erkennt. Zu ihnen zählen unter anderem die Scheurebe, Traminer und Muskateller. Leider stehen Bouquet-Rebsorten seit Jahren auf der Seite der Verlierer am Markt, und den Gewürztraminer, die intensivste unter ihnen, trifft die Ablehnung der Verbraucher am stärksten. Schön, dass es dennoch Winzer gibt, die den wahren Wert dieser Varietäten erkennen. Man findet Gewürztraminer heute als Spezialität im Elsass, in Österreich, Südtirol und Osteuropa. In Übersee sind sie selten anzutreffen, obwohl sie sonnige Hügel und schwere Böden bevorzugen. Die öligen, ausdrucksstarken Weine haben einen betörenden Duft nach Rosen und Gewürzen wie Anis, Kardamon oder Kümmel. Sie wirken weich und reif, zeichnen sich dank ihres niedrigen Säuregehalts durch eine restsüße Fülle aus. Gewürztraminer passen nicht nur gut zu Münster-Käse, sondern auch zu asiatischen und sehr scharfen Gerichten.

Meine Empfehlung
➤ Deutschland: Georg Mosbacher, Andreas Laible.
➤ Elsass: Léon Beyer, Domaine Weinbach, Zind-Humbrecht, Henny Preiss.

Die weißen Reben

1 Riesling
2 Sauvignon blanc
3 Grauburgunder
4 Weißburgunder
5 Grüner Veltliner
6 Silvaner
7 Muskateller
8 Chardonnay
9 Viognier
10 Roussanne
11 Marsanne
12 Gewürztraminer

Die roten Reben

1 Cabernet Sauvignon
2 Spätburgunder/Pinot noir
3 Merlot
4 Barbera
5 Nebbiolo
6 Sangiovese
7 Syrah/Shiraz
8 Trempranillo
9 Garnacha/Grenache
10 Gamay
11 Zinfandel
12 Blaufränkisch/Lemberger

Die roten Reben

🎋 Cabernet Sauvignon

Ob als Cabernet Sauvignon oder einfach als Cab, wie ihn die Amerikaner nennen –, den berühmtesten Vertreter der roten Rebsorten kennt man auf der ganzen Welt. Wie Chardonnay wächst er auf jedem Acker und stellt wenig Ansprüche an das Klima, sofern es von gemäßigter Wärme ist.

Cab vergeht also nicht, ähnlich wie Unkraut, aber das ist auch schon die einzige Gemeinsamkeit. Wenn Boden und Klima zusammenspielen, entwickelt diese Rebe mitunter Qualitäten, für die Weinfreunde gern ihr letztes Hemd eintauschen. Man denke nur an Bordeaux, wobei man nicht vergessen sollte, dass hier kein Chateau seinen Cabernet Sauvignon als Solist in die Flasche füllt. Ohne Unterstützung des Merlot beispielsweise, führend in Pomerol und Saint-Emilion (also am rechten Ufer der Gironde), gäbe es auch am linken Ufer, im Médoc, bedeutend weniger Klasse.

Zu diesen beiden Stars gesellt sich dann noch der Cabernet franc, der zwar als fünftes Rad

am Wagen gilt, ohne den hier aber wenig läuft.

🎋 Vom Bordelais aus hat der Cabernet Sauvignon seinen Siegeszug um die ganze Welt angetreten. Im Alkoholgehalt liegen seine europäischen Vertreter bei moderaten 12 bis 13 Prozent, Cabs aus Übersee sind mit mehr als 13 Prozent echte Schwergewichte, allerdings immer mit vielen begehrenswerten Vorzügen.

Die Kennzeichen eines guten Cabernet sind blaubeerige Kopfnoten, schwarzer Trüffel, Kakao, dunkle Schokolade, Leder, Tabak, Zedernholz, Tanne, feuchte Erde, Laub, teils Moschus, Tierhaut. Andere sind mehr von Gewürzen wie Pfeffer, Nelken, Zimt oder Minze geprägt. Unreife Exemplare erkennt man an vegetalen Düften wie Laub oder grünen Paprikatönen. Tannine in der Jugend sind notwendig für die folgende, langsame Reifezeit.

Übersee-Cabernets sind fruchtiger oder würziger als europäische und geprägt von würzigen Noten wie Eukalyptus, Nelken, Muskat, Ingwer. Im Mund etwas weicher, dicker in der Textur, weisen sie leider gewöhnlich weniger Finesse und Komplexität auf als ihre Verwandten aus der Alten Welt. Dank ihrer marmeladigen Struktur sind sie auch leichter zu trinken.

Meine Empfehlung
➤ *Frankreich/Bordeaux (Châteaux mit hohem Anteil an Cabernet Sauvignon):*
Chambert-Marbuzet, Meyney, Latour, Les Forts de Latour, Baron Pichon-Longueville, Lynch-Bages, Hortevie, Léoville-Barton, Brane-Cantenac, Château Margaux, Ferrière, Cissac, Chasse-Spleen, Haut-Bailly.
➤ *Italien: Giustro di Notri von Tua Rita, Darmagi von Angelo Gaja, Regaleali, Forti Terre di Sicilia, Cantina Sociale di Trapani.*
➤ *Kalifornien: Araujo Estate Wines, Dalla Valle, Dunn Vineyards, Glenn Laurel, Shafer Vineyards, Silver Oak, Philip Togni, Merryvale, Joseph Phelps, Phalmeyer, Robert Mondavi, Caymus.*
➤ *Spanien: Domino de Valdepusa (Marqués de Griñon).*
➤ *Chile: Caliterra, Robert Mondavi & Eduardo Chadwick, Don Melchor von Concha y Toro.*

🍇 Spätburgunder/Pinot noir

Zugegeben: Berühmt sind sie nicht, unsere deutschen Spätburgunder, aber deshalb noch lange nicht schlecht. Wenn sie aus dem gleichen Holz geschnitzt sind wie ihre großen Kameraden aus Burgund, bin ich sogar richtiggehend stolz auf sie. Natürlich gibt es viele, die übers Mittelmaß niemals hinauskommen und natürlich gibt es auch unter den Pinot noirs dünne, blassfarbige, saure Säfte, die eine Blamage für jede Weinbaunation darstellen – doch die gibt es überall, und besonders, wenn eine Rebe derart mimosenhaft ist wie der Pinot noir. In der Vollkommenheit, in der sie aus den besten Grand-Cru-Lagen in Burgund gewonnen werden, sind Pinot-noir-Weine jedoch die pure Sinnlichkeit. Geprägt von subtiler Frucht, würzig, weich, kraftvoll, sanft, schmeichelhafte Lieblichkeit am Gaumen, geschmeidige Tannine, gezügelte Säure. Der süßlich, beerige Duft nach Erdbeeren, Kirschen, Himbeeren, geschminkt mit Eichenholztönen ist nur in der Jugend des Weines ausgeprägt; später folgen reife Akzente mit Wildnoten. Diese labile und extrem empfindliche Rebsorte wird in allen bedeutenden Weingebieten und mit entsprechend unterschiedlichen Ergebnissen angebaut. In Italien, Österreich, der Schweiz und Spanien gibt es nur wenige Weine, die dieser Traube Ehre machen. Kalifornien weist in seinen kühleren Abschnitten (Carneros, Russian River, Sonoma, Central Coast Region) viel bessere Ergebnisse auf. In der Champagne finden wir den Spätburgunder in fast sämtlichen Cuvées wieder. Doch selbst in Burgund, dem klassischen Pinot-noir-Land mit den unzweifelhaft besten Ergebnissen, ist beileibe nicht alles Gold, was glänzt.

Meine Empfehlung
➤ *Deutschland: Bernhard Huber, Karl-Heinz Johner, Dr. Heger, Rudolf Fürst, Friedrich Becker, Knipser, Koehler-Ruprecht.*
➤ *Frankreich/Burgund: Claude Dugat, Leroy, Henri Jayer, Charles Mortet, de la Romanée-Conti, Gilles Jayer, Méo-Camuzet, Jean Gros, de l'Arlot, Marquis d'Angerville, Dujac, Morey.*
➤ *USA: Au Bon Climat, Beaux Frères, Hanzell, Santa Barbara Winery, Calera Wine Company, Davis Bynum, J. Rochioli Vineyard, Saintsbury.*

🍇 Merlot

Im Buch »Reben – Trauben – Weine« von Jancis Robinson, einer in England sehr bekannten Weinkorrespondentin und Master of wine, las ich folgendes: »Merlot stellt die meist angebaute Rotweinrebsorte in Bordeaux dar. Seine Anbaufläche von 32 000 Hektar im Département Gironde lässt die 17 200 Hektar Cabernet-Sauvignon-Fläche vergleichsweise geringfügig erscheinen.«
Ich finde das erstaunlich. Warum, so frage ich mich, spielt der offenbar so weit verbreitete Merlot dann fast immer nur die zweite Geige (und zwar vornehmlich im Verschnitt mit Cabernet Sauvignon)? Andererseits habe ich noch nicht erlebt, dass jemand einen Pétrus guten Jahrgangs (also einen Wein, der zu über 90 Prozent aus Merlot besteht) zugunsten eines Premier Crus aus dem Médoc hat stehen lassen.
Eine mögliche Antwort für die unerreichte Klasse könnte in der roten, eisenhaltigen Lehmerde Pomerols und Saint-Emilions liegen. Weshalb sonst gelingt es selbst den talentiertesten Önologen auf der ganzen Welt nicht, diese Merlot-Monumente zu kopieren? Mir fällt außer den überstrapazierten Begriffen »Terroir« und »Mikroklima« keine vernünftige Erklärung ein.

🍇 Wie dem auch sei, Merlots aus Italien, der Schweiz, Chile, Argentinien, Kalifornien und Südafrika profitieren heftig vom Image der berühmten Bordelaiser. Viele *Me-Too*-Merlots sind ungerechtfertigt teuer, ihre Preise liegen deutlich jenseits der Schmerzgrenze.
Die besten Charaktereigenschaften des Merlots sind Fülle, Harmonie, Geschmeidigkeit, viel Alkohol, generöse Opulenz, weniger Säure und Tannine als beim Cabernet Sauvignon. Merlots sind häufig von fruchtigen bis balsamischen und animalischen Komponenten geprägt und schmecken nach Cassis, Feige, Brombeer, Vanille, Harz, Wild und Tierhaut.
Die Merlotrebe ist frühreif und wird in ihrem Ertrag oft durch Spätfröste reduziert, was

vielleicht eine Antwort auf die Frage nach ihrem Stellenwert abgeben könnte. Dünne Merlot-Gewächse (und diese gibt es leider auf der ganzen Welt) stammen oft von viel zu jungen Reben oder aus Massenerzeugung. Mäßige Merlots sind leicht konsumierbar, charakterlos, meist nicht wirklich schlecht, aber auch uninteressant.

Meine Empfehlung
➤ Frankreich (in Klammern der Merlot-Gehalt des jeweiligen Weines): La Gomerie (100%), Lafleur de Gay (100%), Pétrus (95%), Lagrange (95%), Le Pin (92%), Lafleur (90%), Rol Valentin (90%), Lucie (90%), La Mondotte, Clos de l'Oratoire, La Serre, Troplong-Mondot, Belair, Beau-Séjour-Bécot (alle unter 90%)
im Médoc mit teils über 40%: Ducluzeau, Sociando-Mallet, Arnauld, Larrivet-Haut-Brion und La Mission Haut-Brion, Domaine de Limbardié.
➤ Schweiz: Daniel Huber, Werner Stucky, Christian Zündel, Carlo Tamborini, Luigi Zanini, Eric Klausener.
➤ Italien: Masseto/Tenuta dell'Ornellaia, L'Apparita/Castello di Ama, Messorio/Le Macchiole, Redigaffi/Tua Rita, Rosso della Castellada.
➤ Spanien: Can Ràfols dels Caus, Bodegas Magaña.
➤ Kalifornien: Matanzas Creek Winery, Duckhorn, Newton, Pahlmeyer Winery, Andrew Will Winery.

🍇 Barbera

Mit der Barbera-Traube habe ich viele Jahre die Weine von Giacomo Bolognas piemontesischem Weingut Braida verbunden und sonst gar nichts. Denn Giacomo war Anfang der achtziger Jahre der Mann, der diese bäuerliche Sorte wieder salonfähig machte. Viele haben das vergessen, aber es war so. Und seine Familie hat nach seinem frühen Tod seinen Pioniergeist aufrecht erhalten, mit konsequent guter Qualität. Der Bricco dell' Uccellone hat neben Sassicaia und Gajas Lagenweinen seinen festen Platz als Marke

unter den Spitzenweinen. Aber die Konkurrenz schläft nicht und so hat das Weingut Braida würdige Mitstreiter bekommen. Der fähigste unter ihnen ist Giorgio Rivetti vom Weingut La Spinetta mit gigantischen Qualitäten.

🍇 Wie guter Barbera schmecken muss? Im Mund erkennt man ihn an seiner hohen Säure und verstecktem Gerbstoff. Die Nase ist leicht süßlich mit roten Früchten wie Himbeer, Kirsche und Pflaume. Balsamische und Holzdüfte präsentieren sich je nach Holzfassausbau. Barbera ist aber nicht nur in Italien beheimatet. Dank des italienischem Einflusses hat er in Mittel- und Südamerika, in Argentinien und in geringen Mengen auch in Kalifornien Verbreitung gefunden.

Meine Empfehlung
➤ Italien: Bruno Rocca, La Spinetta-Giorgio Rivetti, Braida-Giacomo Bologna, Rochetta, Enzo Boglietti.

🍇 Nebbiolo

Wer hätte das gedacht? Noch vor 30 Jahren führte die Rebsorte des Barolo und Barbaresco ein überaus armseliges Dasein. Selbst Weine namhafter Produzenten wurden zu läppischen Preisen (5 000 Lire waren keine Seltenheit) gehandelt. Dann kam eine neue Generation junger Winzer, die in Frankreich, Kalifornien oder Australien gelernt hatte und auf die väterlichen Weingüter zurückkehrte. Binnen weniger Jahre vollzog sich in den Kellern des Piemont eine regelrechte Revolution. Die Weine wurden weicher, früher trinkreif, mit neuem Holz geschminkt, in geringeren Mengen und zu besseren Qualitäten auf den Markt gebracht. Schnell spaltete sich die Winzerszene in Traditionalisten auf der einen und Avantgarde auf der anderen Seite. Doch weil kaum jemand mehr die harten, kratzigen Weine der alten Schule wollte, die Produkte der Avantgarde hingegen höchste Preise erzielten, schwenkten schließlich selbst hartnäckige Traditionalisten auf die moderne Linie ein. Heute sind 60 Euro für besten Barolo ganz normal. Und noch nie waren die

Könige des Piemont so gut wie aus dem letzten Jahrzehnt (mit Ausnahme einiger schwächerer Jahrgänge wie 1991, 1992, 1993, 1994).

🐾 Nebbiolo-Wein erkennt man an seiner Spannkraft und Stärke, seinem Volumen und Potenzial, an Wärme, viel Tannin, dem Geruch reifer roter Früchte, dem Duft von Rosen und Veilchen, Lakritze, Teer, Kampfer, Trüffel, Pilze, feuchte Erde. Manche werden von neuem Eichenholz geprägt; charakteristisch ist auch ein relativ hoher Alkoholgehalt. Außer im Piemont wächst Nebbiolo in der Lombardei, Valle d'Aosta, in der Schweiz und in kleinen Mengen auch in Kalifornien.

Meine Empfehlung
➤ *Italien/Piemont: Elio Altare, Domenico Clerico, Aldo Conterno, Giacomo Conterno, Renato Ratti, Luciano Sandrone, Vietti, Angelo Gaja, Bruno Giacosa, La Spinetta-Giorgio Rivetti.*

in vielen Spielarten verwendet, ihre Ergebnisse sind dementsprechend unterschiedlich, aber sie bleibt immer Hauptdarstellerin, auch wenn sie mit Cabernet & Co. vermählt wird.

🐾 Aufgrund der unterschiedlichen Stile und Lagen fällt mir eine Charakterisierung des Sangiovese auch recht schwer. Nur soviel: Sauerkirsch-, Heidelbeer- und Preiselbeeraromen, Teer, Vanille, Zimt sind immer wieder zu erschnüffeln. Typisch ist eine prägnante Säure; bei modernen Stilen findet man frische Eichenholz- und Vanilletöne. Im Allgemeinen ist Sangiovese etwas heller im Farbton als Cabernet oder Merlot.

Meine Empfehlung
➤ *Italien: Podere Poggio Scalette, Poggio al Sole, Siro Pacenti, Marchesi Antinori, Isole e Olena, Selvapiana, Mastrojanni, La Brancaia, Le Fonti, Carobbio, Vecchie Terre di Montefili, Casale-Falchini.*

🐾 Sangiovese

»Pizza und Tschianti« – diesen Titel könnte ich mir für eine lange Urlaubsgeschichte aus der Toskana ganz gut vorstellen. Hauptdarstellerin wäre, wie könnt es anders sein, die Sangiovese-Traube. Erst in einfache Kleider gehüllt, später in feinstem Stoff von einem der berühmten Meister italienischer Haut-Couture gewandet. Warum gerade sie? Nun, Sangiovese ist die Rebsorte der Toskana schlechthin, also die Basis des Chianti, des Brunello, des Vino Nobile de Montepulciano und so weiter. Ihre Geschichte würde natürlich mit der bescheidenen Bastflasche beginnen, jenem Gefäß, das sich sooo praktisch als Kerzenhalter recyceln lässt. Heute findet man hervorragende Chianti mit moderner Ausstattung. Die Zeiten, in denen Chianti mehr wegen ihres typischen Bastgewands denn wegen ihrer (zumeist recht einfachen) Qualität gekauft wurden, sind vorbei. Zugegeben, Sangiovese wird

🐾 Syrah/Shiraz

Syrah gilt als Everybody's darling der Weinwelt. Von A wie Australien bis Z wie Zypern gibt es sie auf der ganzen Welt. Ihre europäische Heimat ist die nördliche Rhône-Region, wenngleich Syrah heute fast im gesamten Süden Frankreichs weit verbreitet ist. Ihren Ursprung vermuten Kulturforscher im Südwesten des Iran, im Weinbaugebiet Shiraz, dem sie ihren Namen verdankt.
Der Hermitage gilt als der Anführer in der Qualitätshierarchie unter den ganz großen Syrah-Weinen. Ihm folgen Côte Rotie, Cornas, Gigondas und Saint-Joseph. Nicht nur als preiswertere Alternativen, sondern als echte Highlights stehen die Newcomer von Languedoc-Roussillon auf der Matte. In Übersee ist Australien Platz Nummer eins für Shiraz, Kalifornien folgt auf dem Fuße. In Italien hingegen gilt diese Traube als Seltenheit. Nennenswerte Qualitäten werden vor-

erst nur in kleinsten Mengen für Präsentationen erzeugt. In der Schweiz kenne ich einen ganz hervorragenden Erzeuger, dessen Namen ich an dieser Stelle nicht nennen kann, weil ich mich jetzt schon mit ganzen sechs Flaschen per anno zufrieden geben muss.

🦌 Ein erstklassiger Syrah ist in seinem Aromabild so vielschichtig wie ein Baumkuchen in seiner Struktur. Schon in der Farbe unterscheiden sich die Weine aus Europa deutlich von den tiefschwarzen australischen Syrahs. Die Aromenpalette des Syrah reicht von frischen Waldfrüchten über rote Beeren, Blumen, bis zu Gewürzen und animalischen wilden Noten. Shiraz aus Übersee erkennt man an noch mehr Reife, Schmelz, Saft und geballter Frucht.

Meine Empfehlung
➤ *Italien: Sole di Sesta-Cottanera, Varramista*
➤ *Frankreich: Jean-Louis Chave, Château Rayas, Jean-Luc Colombo, August Clape, Etienne Guigal, Etienne Pochon, Paul Jaboulet Ainé, Domaine Peyre Rosé, Alain Graillot, Domaine Santa Duc, Domaine Guy Moulinier.*
➤ *Kalifornien: Sean Thackerey, Dehlinger, Qupé.*
➤ *Australien: Jim Barry, Clarendon Hills, Turkey Flat, Wendouree, Rockford, Château Tahbilk, Henschke, Penfolds, Mount Langi Ghiran, Taltarni.*

Worten: Tempranillo ist sehr flexibel, und dementsprechend unterschiedlich sind auch ihre Resultate. Von hellroter sanfter, gefälliger Struktur im Rioja bis zu kernigen, tanningeladenen kraftstrotzenden Burschen im Ribera del Duero reichen die Vertreter des Tempranillo.

🦌 Tempranillo ist in seinen Jugendjahren von balsamischen und animalischen Noten geprägt, also Vanille, Weihrauch, Eiche, Harz, Petroleum sowie Fell, geräucherter Speck, Moschus, Schweiß, Wildbret, Leder. Mit der Reife entwickeln sich Noten wie Zwetschgen, Rosinen, Dörrobst. Im Mund warm und feurig, alkoholisch, teils streng, kernig, mal dicht, mal eher mager und, vor allem durch zu lange Fasslagerung, zuweilen auch ausgetrocknet.

Meine Empfehlung
➤ *Spanien: Alejandro Fernández Tinto Pesquera, Remelluri, Roda, Cosecheros Alaveses, Marqués de Murrieta, Teófilo Reyes, Pérez Pascuas, Emilio Moro, Bodegas y Viñedos Alion, Julian Chivite, Miguel Torres, Fariña.*
➤ *Portugal: Quinta da Pellada; Quinta de Cotto, Quinta do Portal, Quinta do Castro, Quinta do Vale de Raposa.*

🦌 Tempranillo

Rioja, Ribera del Duero, Navarra und Somontano heißen die vier Weinregionen Spaniens, die in den vergangenen zehn Jahren mit exzellenten Rotweinen von sich reden gemacht haben. Die Traube, die hinter diesem Erfolg steckt, heißt Tempranillo (manchmal in Kombination mit Garnacha). In Spanien kennt man sie auch unter den Synonymen Tinto Fino und Tinta de Toro, in Portugal macht sie derzeit als Tinta Roriz Karriere.
Ihre Charaktermerkmale hängen stark von der jeweiligen Anbauregion ab, mit anderen

🦌 Garnacha/Grenache

Grenache ist die meist angebaute Rotweinrebe in Spanien. Dennoch sind die Spanier mit dieser Sorte nicht ganz so exklusiv wie mit Tempranillo, denn auch in Frankreich ist diese Rebe von größter Bedeutung. Als Cannonau feiert sie ihre ersten Erfolge auf Sardinien und in Kaliforniens Central Coastal Region haben ihr Rhône Rangers für amerikanische Verhältnisse ein paar Miniaturflächen geräumt, wo sie beste Ergebnisse erzielen, während Australien seine Grenache-Anbaufläche derzeit zugunsten des Shiraz abbaut. In Südafrika wird die Sorte immer beliebter.
Angeblich ist Grenache heute die zweithäufigst angebaute Traubensorte der Welt und

zwangsläufig entstehen aus solcher Menge viele Massenprodukte. Auch für die Grenache gilt: Sie bringt nur gute Weine, wenn sich ihr Erzeuger entsprechend engagiert. Aus dem Priorato beispielsweise kommen heute hervorragende Garnacha-Weine. Junge Winzer haben Garnacha Tinto aus alten Anlagen mit Neupflanzungen von Cabernet, Merlot und anderen Trauben ergänzt und zu tollen Weinen gemischt. Im Roussillon sowie dem gesamten Rhône-Tal ist Grenache längst fest im Rebsortenspiegel verankert. Berühmtestes Beispiel für einen hervorragende Grenache-Wein ist der rote Châteauneuf-du-Pape von Château Rayas. Jacques Reynaud hat mit diesem Wein ein Leben lang bewiesen, welch großartiges Potenzial in dieser Rebe steckt. Ganz ehrlich: Würde ich auf eine Insel verbannt, ich nähme Rayas zum Trost mit.

Neben solchen Highlights zeigt die Grenache-Traube ihre Stärke eher im Verschnitt mit anderen Sorten. Große Auftritte (jedenfalls wenn es um Mengen geht) hat sie auch als Grenache blanc und gris, und zwar trocken, weiß oder rosé ausgebaut. Als süße Variante erscheint Grenache an der spanisch-französischen Grenze, als hellere Variante (Grenache gris und blanc) im Banyuls oder Rasteau.
Grenache kann sehr hohe Zuckerwerte bilden und hat deshalb oft einen recht hohen Alkoholgehalt. In der Farbe ist sie sehr variabel, von hellrot aus Massenproduktionen bis tief-dunkelrot aus Weinbergen mit reduzierten Erträgen. Ihr Duft ist würzig wie ein Gewürzkasten, fast immer mit leicht animalischen Noten. Pflaumen, Rosinen, Lakritze begleiten den warmen, tanninarmen Körper. Im besten Fall sind die Weine extraktreich, fleischig und haben eine lange Lebenskurve.

Meine Empfehlung
→ Frankreich: Château Rayas, Domaine la Soumade, Château de Tours, Domaine les Cailloux.
→ Spanien: Bodega Principe de Viana, Coop. Campo San Gregorio, Cellars de Capçanes, Cuveés von Alvaro Palacios, Mas Martinet, Costers del Siurana, Cims de Porrera.
→ Italien: Giovanni Cherchi.
→ Kalifornien: Andrew Murray Vineyards, Zaca Mesa Winery, McDowell Valley Vineyard.

Gamay

Die Zeiten, in denen sich in der Nacht zum 14. November kilometerlange Lastwagen-Karawanen, vollgeladen mit Beaujolais Primeur, auf den Routes Nationales des Beaujolais stauten, sind vorbei. Heute ist Beaujolais so out wie Edelzwicker, Chablis und Kir-Royal. Schade drum, denn es gibt auch heute noch gute Qualitäten aus der Gamay-Traube, der traditionellen Rotweintraube des Beaujolais. Bedauerlicherweise scheint dies aber bei den Importeuren genauso un-bekannt wie beim Konsumenten, weshalb gute Qualitäten kaum noch auf den Markt gelangen. Gamay-Weine sind sehr süffig, sehr fruchtig im Duft, erinnern an Himbeere, Banane, Williamsbirne. Wenig Tannin.

Meine Empfehlung
→ Frankreich: Jean-Marc Desprès, Georges Duboeuf, Château de la Chaize.

Zinfandel

Der Ursprung dieser kalifornischen Spezialität ist immer noch ungewiss. Aus Apulien ist zur Zeit häufig zu hören, Zinfandel sei nichts anderes als der dort beheimatete Primitivo. Für Apulien wäre das ein Imagegewinn, weil die Region im Gegensatz zu Kalifornien viel weniger bekannt ist. Letztendlich ist aber Qualität gefragt, und die stimmt in beiden Fällen. Aus Zinfandel können brachiale, archaische Weine mit einem ungeheueren Alkoholgehalt (mitunter mehr als 16 Prozent!) erzeugt werden, die vor Würze und Kraft nur so strotzen. Darauf gibt es nur zwei mögliche Reaktionen: Entweder man lehnt sie total ab oder nimmt sie begeistert an. Als Solotänzer sind Zinfandel-Weine sicher weniger geeignet, doch zu Wildgerichten machen sie viel Spaß. Mein Tipp: Finger weg von weißen oder roséfarbigen Varietäten. Gute Zins duften nach Zwetschge, Grenadine, Eukalyptus, Minze, Zimt und Gewürznelke. Weich, rund mit guter Länge.

Meine Empfehlung
➤ *Italien: Masseria Pepe, Sinfarosa.*
➤ *Kalifornien: Nalle Winery, Ridge Vineyards, Turley Wine Cellars, Ravenswood.*

Blaufränkisch/Lemberger

Wenn einem in Württemberg ein guter Rotwein serviert wird, dann ist er meistens aus Lemberger. Als leichterer Wein mit wenig Gerbsäure passt er gut zu gebratenem oder gegrilltem Fisch und hellem Geflügel. Seine Farbe ist auffallend dunkel, die Aromen sind sehr stark und von roten und blauen Früchten geprägt. Meist schmeckt er harmonisch, gut balanciert und wird deshalb oft mit dem Gamay in Verbindung gebracht, was aber nicht zutrifft.
In Österreich, wo die Traube »Blaufränkisch« heißt, ist ihre Anhängerschaft bedeutend größer als bei uns. Als Kékfrankos kennt man ihn in Ungarn, in Deutschland wird darüber hinaus auch ein kleiner Anteil in der Pfalz angebaut.

Der Lemberger/Blaufränkisch wird sicher nie ein großer Wein, seine Qualitäten sind aber so solide, dass er sich nicht zu verstecken braucht. Er verdient mehr Aufmerksamkeit.

Meine Empfehlung
➤ *Deutschland: Dautel, Graf Adelmann, Ellwanger, Winzergenossenschaft Grantschen, Graf von Neipperg, Staatsweingut Weinsberg, Knipser.*
➤ *Österreich: Josef Leberl, Römerhof Kollwentz, Josef Umathum, Heinrich Gernot, Juris, Nittnaus, Rosi Schuster, Ernst Triebaumer, Robert Wenzel, Gesellmann, Igler, Weninger.*

Warten auf's Comeback

Warum deutscher Wein ein so schlechtes Image hat. Und wo er deutlich besser ist als sein Ruf

🐉 Sie kamen zu dritt und gleich zu Beginn der Mittagspause. Einer der Gäste, ein vornehm gekleideter Herr mittleren Alters, war Deutscher, die anderen beiden augenscheinlich asiatische Geschäftsfreunde. Im Victorian in Düsseldorf, wo ich damals arbeitete, hatten wir häufiger Gäste aus Japan, die mit ihren deutschen Geschäftspartnern zum Businesslunch oder großen Diner vorbeischauten und derweil Verträge besprachen. Nichts Ungewöhnliches also.

Bevor ich allerdings mit den Herren ihre Weinwünsche diskutieren konnte, ergriff der Deutsche das Wort: Ob wir auch Blue Nun vorrätig hätten? Ich muss etwas ungläubig geschaut haben, denn Blue Nun, dieser süßlichklebrige Billig-Bestseller aus deutschen Landen, hat nun wirklich nichts im Programm eines anspruchsvollen Restaurants zu suchen. Im Gegenteil: Zusammen mit Liebfrauenmilch, Black Tower und ähnlichen Massenprodukten ist er zu einem guten Teil für das unselige Süß-und-billig-Image verantwortlich, unter dem der deutsche Weine nun schon seit Jahrzehnten leidet.

🐉 Und dieser Ruf ist einfach nicht totzukriegen. Selbst heute, im Tantris, präsentiere ich verhältnismäßig wenige Weiß- und lediglich ein paar handverlesene Rotweine aus Deutschland auf meiner Weinkarte – es fehlt einfach an der nötigen Nachfrage. »Danke, ich möchte lieber keinen deutschen Wein«, das höre ich fast jeden Tag von Gästen, denen ich einen heimischen Tropfen vorschlage und die

dann doch wieder bei einem Italiener, Österreicher, Franzosen, ja sogar bei kräftigen Überseeweinen landen.

Diese breite Ablehnung erscheint umso tragischer, wenn man sich die glorreiche Geschichte des deutschen Weines vor Augen hält. Einst von den Römern nach Germanien gebracht, entwickelte sich der Weinbau hier zu Lande nämlich prächtig. Zwischen dem 12. und 16. Jahrhundert standen in Deutschland fast 300 000 Hektar Land unter Reben – das ist etwa das Dreifache der heutigen Fläche. Besonders die Klöster brachten Weinbau und Weinbautechnik maßgeblich voran, und sie waren es auch, die nach dem Ende des Dreißigjährigen Krieges für eine Renaissance der Weinkultur in Deutschland sorgten. Einiges über die Wertschätzung deutschen Weines lässt sich an den Preisen ablesen, die damals für ihn bezahlt wurden. Im Paris des ausgehenden 19. Jahrhunderts beispielsweise

1 Der Mittelrhein (hier ein Blick auf die Bacharacher Wolfshöhle) zählt zu den kleinen, verschlafenen Anbaugebieten Deutschlands.
2 Johann Ruck aus Iphofen in Franken macht für mich die beste Scheurebe Deutschlands.

kosteten deutsche Rieslinge mehr als die einheimischen Gewächse. Londoner Weinhändler verlangten für eine Flasche Riesling bester Lage fast genauso viel wie für sieben Magnumflaschen Château Lafite.

Nun, das ist lange her. Nach dem Zweiten Weltkrieg verspürte das ausgehungerte Deutschland vor allem Lust auf preisgünstige süße Weine, die Winzer folgten diesem Wunsch blindlings und verspielten zusehends Klasse und Ansehen. Die Anbauflächen wurden bedenkenlos ausgeweitet, Qualitätsunterschiede nivelliert, Massenmarken etabliert. »Kein anderes Land hat seine glanzvolle Weinbaugeschichte so verdrängt wie Deutschland«, schreibt der Wein-Journalist Jens Priewe, »kein anderes europäisches Land hat weinbaulich mehr Fehler gemacht und hält mit so unheimlicher Konsequenz an ihnen fest.«

🍇 Damit setzte auch jene deutsche Krankheit ein, unter der das Land bis heute leidet: Gut getarnter Etikettenschwindel. Weine aller Qualitätsstufen und Geschmacksrichtungen wurden und werden mit Siegeln und Prädikaten geschmückt wie ein Tannenbaum mit Lametta – angeblich, um ihre Absatzchancen zu erhöhen. Über tatsächlichen Geschmack und Güte sagen diese Bapperl jedoch wenig aus, und das bemerken kundige Weingenießer natürlich nach wenigen Schlucken.

So durchsichtig diese Taktik auch ist, so hartnäckig hält sie sich. Gerade hat das Deutsche Wein-Institut eine millionenschwere Werbekampagne mit dem Schauspieler Heinz Hoenig gestartet, der sich in Zeitungsanzeigen einen kräftigen Schluck »Classic-Wein« zu Gemüte führt. »Classic-Weine«, so erfährt man aus dem Anzeigentext, nennen sich »Weine aus den klassischen deutschen Rebsorten«, die »harmonisch«, »gut« und vor allem »trocken« schmeckten.

Und damit sind wir beim Kern des Problems. Nehmen wir einmal an, ein Leser, der bislang zu französischen oder italienischen Weinen gegriffen hat, bemerkt das Inserat, geht ins Kaufhaus und kauft sich neugierig einen »Classic-Wein«. Nehmen wir ferner an, es handle sich dabei um einen Riesling mit der Typenbezeichnung »trocken« auf dem Etikett – so, wie es ja auch in der Anzeige versprochen wurde. Was passiert? Vermutlich erlebt unser Weinfreund dann sein blaues, pardon: süßes Wunder. Denn »trocken« heißt in Deutschland noch lange nicht trocken – und bei »Classic« schon gar nicht. Unter dieser Retortenmarke werden nämlich Weine angeboten, die bis zu 15 Gramm Restzucker pro Liter enthalten. Bei einem säurereichen Riesling von Rhein und Mosel mag eine solche Menge ja noch ganz dienlich sein, ein badischer Grauburgunder oder fränkischer Silvaner ist mit dieser Last jedoch definitiv überfrachtet.

🍇 Vielleicht schaut unser Weinkäufer daraufhin ja noch einmal verwundert aufs Etikett, entdeckt dort den Hinweis »Spätlese« und weiß, dass Spätlesen lieblich ausgebaut sind –

1 Auch für Weinetiketten gilt: Weniger ist mehr. In Deutschland wünschte ich mir eine Entrümpelung des Deklarations-Wildwuchses.

2 Aus den Traubenrückständen beim Pressen, dem so genannten Trester, gewinnt man hochprozentige, verdauungsfördernde Tresterschnäpse. Ihr Spitzname: »Verteilerli«.

3 Eisweintrauben werden bei Minustemperaturen geerntet und – ganz wichtig – noch in gefrorenem Zustand gekeltert. Andernfalls würde das Schmelzeis den Traubensaft verwässern.

4 Jeder Kellermeister beschriftet seine Fässer individuell. Modernisten per Computercode, Traditionalisten ganz altmodisch mit Kreide.

spätestens dann dürfte seine Verwirrung komplett sein. Wenn er einen Blick ins Weingesetz wirft, kann er dort nämlich genau lesen, dass trocken ausgebaute deutsche Spätlesen bis zu neun Gramm Restzucker enthalten dürfen. (Sollte er sich in die Gesetzmäßigkeiten des deutschen Marktes noch weiter vertiefen, wird er feststellen, dass »Spätlese« häufig rein über den Oechslegrad definiert wird. Unter diesem einstigen Qualitätsmerkmal werden dann Unmengen eher bescheidener Traubenqualitäten für knapp zwei Euro im Supermarkt losgeschlagen).

🍇 Es gehört nicht viel Fantasie dazu, sich auszumalen, dass dieser Weinfreund für deutschen Wein erst einmal wieder verloren ist. Und dabei hat er noch nicht einmal begonnen, sich durch den Wust von Herkunftsbezeichnungen und Lagen zu kämpfen ... Um es klar zu sagen: Ich zähle mich weder zu den Gegnern deutscher Spätlesen im Speziellen noch zu denen lieblicher Weine im Allgemeinen. Ich bin daheim am Bodensee mit deutschen und österreichischen Süßweinen aller Schattierungen aufgewachsen. Sie haben mich mit dem Thema Wein vertraut gemacht, meinen Geruchssinn und Geschmacksnerven für Wein zum Leben erweckt. Süßweinen verdanke ich also eine Menge, und auch heute genieße ich selbstverständlich Rieslinge, Auslesen, Beerenauslesen und Trockenbeerenauslesen in vollen Zügen. Ich bin nur dafür, das Kind beim Namen, also trockene Weine

»trocken«, liebliche »lieblich« und restsüße »restsüß« zu nennen. Das ist alles.

🍇 Unsere Weingesetzgebung leistet solcher Transparenz leider keinen Vorschub, im Gegenteil: Das Deutsche Weingesetz, dehnbar wie ein Kaugummi und löchrig wie ein Schweizer Käse, bedeutet das Aus für den deutschen Wein. Statt für Ordnung, Durchblick und Klarheit zu sorgen, öffnet es dem Etikettenschwindel Tür und Tor.

🍇 Es ist jedoch beruhigend, dass mit solchen Tricks zwar kurzfristig einige Verbraucher übertölpelt werden, sich das Ganze mittelfristig aber leicht durchschauen lässt. Und langfristig ist es schlicht eine Katastrophe. »Bis heute haben wir dieses Billig-Image«, beklagt Günter Künstler, Chef des Weinguts Franz Künstler in Hochheim am Main und Shootingstar des deutschen Rieslings im Rheingau. Männer wie Künstler, J. B. Becker, Fürst, Ruck, Dönnhoff, Heger, Haag, Philippi und Salwey, die sich kompromisslos (und mit durchaus respektablen Erfolgen) für Qualität einsetzen, sind hier zu Lande bedauerlicherweise Einzelkämpfer ohne jegliche Unterstützung. Deutschland ist zwar quanitativ mit jährlich mehr als zwei Millionen Hektolitern ausgeführten Weines der (nach Frankreich, Italien und Spanien) viertgrößte Exporteur Europas, qualitativ aber nach wie vor bedeutungslos. Immer noch triumphiert Masse über Klasse.

In diesen blitzblanken Fässern des Weingutes J. B. Becker im Rheingau reifen einige der trockensten deutschen Rieslinge heran.

113

Die Moselwinzer haben eine große Findigkeit darin entwickelt, ihre Rebstöcke in Terrassen zu bewirtschaften. Von den Terrassen des Weinguts Reinhold Franzen blickt man auf die engste Schleife der Mosel.

Im Inland werden heute 37 Prozent unseres hausgemachten Weißweins von Discountern wie Aldi oder Lidl losgeschlagen – und für welche Qualität diese Namen stehen, kann sich jeder selbst ausrechnen. Folgerichtig wenden sich immer mehr Verbraucher von deutschen Weinen ab. Im Jahr 2000 wurden im klassischen Weißweinland Deutschland erstmals mehr Weine aus roten als aus weißen Trauben getrunken – ein historischer Wendepunkt, aber vermutlich noch nicht der Endpunkt der Entwicklung. Michael Prinz Salm zu Salm, Vorsitzender des Verbandes Deutscher Prädikats- und Qualitäts-Weingüter (VDP) befürchtet für den Fall, dass eines Tages der Dollarpreis sinken sollte, »eine Importschwemme preiswerter Weine, der unsere Weinwirtschaft nichts entgegen zu setzen hat«. Und das wäre in der Tat eine traurige Ironie der Geschichte: Die deutsche Weinwirtschaft, Weltmeister im Export billiger Weine, wird daheim mit ihren eigenen Waffen geschlagen.

Dabei könnte es ganz anders sein. Das Verrückte ist ja, dass der deutsche Wein durchaus das Zeug hätte, zu alter Größe zurückzukehren. Dazu müssten unsere Winzer allerdings erst einmal wieder zu sich selbst finden, ihre wahren Stärken erkennen, propagieren, pflegen und sie dann gemeinsam nach außen tragen. »Wir brauchen für unseren Wein wieder die Anerkennung, die er zu Bismarcks Zeiten hatte«, fordert Günter Künstler, »wir müssen zurück in die Zukunft!«

Natürlich ist das kein einfacher Weg. Sich für Qualität zu entscheiden, bedeutet zunächst einmal Verzicht. Es bedeutet, dass man nicht mehr hundert oder mehr Hektoliter pro Hektar ernten kann (wie es bei unseren Weinen keine Seltenheit ist), sondern vielleicht nur die Hälfte (wie es beispielsweise die Kollegen in der Wachau vormachen). Es bedeutet erst einmal weniger Einnahmen und höhere Ausgaben (für Technik, neue Reben, Arbeitskräfte). Es bedeutet mehr Sorgfalt, mehr Arbeit, weniger Freizeit.

Aber: Es lohnt sich. Dem deutschen Riesling beispielsweise könnte gerade jetzt, da die Weintrinker des Chardonnay-Booms überdrüssig zu sein scheinen, eine echte Weltkarriere bevorstehen. Einen solch frischen Wein mit häufig markanter, pfeffriger, fetziger Säure gradliniger Mineralität gibt es einfach nirgendwo sonst auf der Welt. Weine wie von Dr. Carl von Schubert, Müller-Catoir, Ernst Loosen, von Tyrell's Karthäuserhof, Peter-Jakob Kühn, Karl Haidle, Andreas Laible und Rebholz zeigen, dass man mit Qualität auch Erfolg haben kann. Ihnen fehlt es nicht an Nachfrage, höchstens am Nachschub.

Auch mit unseren Süßweinen können wir wirklich weltweit konkurrieren. Trockenbeerenauslesen wie jene von Robert Weil, Egon Müller, Scharzhofberg; Fritz Haag; J. J. Prüm werden bereits zu Preisen gehandelt, von denen andere Länder nur träumen können.

Christoph Tyrell vom Kartäuserhof an der Ruwer (links einige seiner Rieslinge) ist einer jener Winzer, die sich gegen viele Widerstände für Qualität einsetzen. Leider gibt es von Einzelkämpfern wie ihm viel zu wenige in Deutschland.

Eine Lanze für Herrn Müller-Thurgau

Armer Müller-Thurgau. Sein Name ist heute so untrennbar mit Billigweinen verbunden, dass die Weinbauverbände ihn kürzlich in »Rivaner« umbenannt haben – eine ebenso verzweifelte wie typisch deutsche Reaktion: Anstatt die Ursache des Leidens zu beseitigen, schminkt man den Patienten neu. Leider muss man konstatieren, dass der miserable Ruf, der dem Müller-Thurgau vorauseilt, durchaus seine Berechtigung hat. Über Jahrzehnte hinweg ist diese Kreuzung aus Riesling und Silvaner gnadenlos auf Ertrag getrimmt, lieblos verkeltert und verschlendert worden. Der Großteil dessen, was heute unter dem Namen Müller-Thurgau verkauft wird, schmeckt patzig und plump. Dieser Wein ist das sprichwörtliche schwarze Schaf, das den Ruf einer einst großen Weinbaunation ruinieren geholfen hat.

Geblendet von so viel Elend, übersieht man leicht, dass es auch einige gelungene Müller-Thurgaus gibt. Max Markgraf von Baden beispielsweise macht am Bodensee einen herrlich frischen sommerlichen Seewein. Und der »Feldmarschall« von Familie Tiefenbrunner aus dem Alto Adige ist für mich einer der besten Müllers überhaupt. Einer, der eine Flasche lang mit Herrn Müller-Thurgau versöhnt.

Zu spät zum Lesen?

Ob die Geschichte wirklich stimmt, vermag ich nicht zu beschwören, aber da sie so schön ist, sei sie hier noch einmal erzählt. Dieser Legende nach ist die »Spätlese« vor gut 200 Jahren ganz zufällig auf dem Johannisberg in der Kaiserpfalz entstanden. Auf diesem noch heute legendären Weingut ließ damals Fürstabt Constantin von Fulda Rieslingreben anbauen. Da die Erlaubnis zur Weinlese ausschließlich vom Fürstabt selbst gegeben werden durfte, musste in jedem Herbst ein Bote zum adeligen Besitzer nach Fulda reiten, um dessen Plazet einzuholen. Zur Lese des Jahres 1775 trödelte dieser Bote aber offenbar ein wenig, so dass die Trauben unter Einwirkung des Botrytis-Pilzes in die so genannte Edelfäule übergegangen waren, bevor die Lese-Genehmigung bei den Weinbauern eintraf. Die vermeintlich halbverdorbe

nen Trauben wurden dennoch geerntet, für den Eigenbedarf verkeltert, verkostet – und siehe da, der Wein zeichnete sich durch eine ganz vorzügliche, würzige Süße aus. In den Folgejahren ließ man die Trauben einfach länger am Rebenstock; heute ist »Spätlese« der Inbegriff für natursüßen Wein.

Übrigens ...

Diese (roten) Deutschen sollten Sie unbedingt mal kennenlernen! Meyer-Näkel, Karl-Heinz Johner, Bernhard Huber, Dr. Heger, Bernd Philippi, Rebholz, Knipser-Johannishof, Fürst Paul, Gerhard Aldinger, Winzergenossenschaft Grantschen, Graf von Neipperg

Diese deutschen Weine präsentiere ich mit großem Stolz im Tantris.
V.l.n.r.: Weingut Henniger, Knipser-Johannishof, Hermann Dönnhoff und Fritz Haag (Weißweine). Rechter Hand die roten Tropfen: Dr. Heger, Bernhard Huber und Karl-Heinz Johner.

Für das ungeübte Auge mögen die Trauben einer Trockenbeerenauslese aussehen, als hätten sie zu lange am Stock gehangen. Tatsächlich wächst hier etwas ganz Feines heran: Der Grundstock für eine Beerenauslese. Wird sie noch länger am Stock gelassen, verwandelt sie sich in eine Trockenbeerenauslese.

🦋 Würden sich mehr Winzer auf Qualität besinnen – ich bin sicher, dem deutschen Wein stünde eine Zukunft bevor, die sich an seiner glorreichen Vergangenheit durchaus messen ließe. Wir müssten uns nur einmal entschließen, das Übermaß an Mittelmaß zu eliminieren. Und Billigsäfte wie Blue Nun sowieso.

All das hätte ich damals, im Victorian, natürlich auch meinen drei Gästen erzählen können. Natürlich habe ich es aus gebotener Zurückhaltung heraus nicht getan, sondern ihnen eine Alternative zur Blauen Nonne empfohlen. Augenscheinlich schien sie ihnen zu gefallen, denn sie unterhielten sich prächtig und drückten mir zum Abschied fest die Hand.

Dabei überreichte mir der Deutsche mit einem süffisanten Lächeln seine Visitenkarte. Als ich einen Blick darauf warf, stockte mir der Atem: Der Mann war Manager der Blue-Nun-Kellerei. 🦋

Egon Müller senior und junior zählen zu den Meistern der edelsüßen Weine Deutschlands und zu den wenigen heimischen Winzern mit internationaler Anerkennung. Bei Versteigerungen liegen ihre Bouteillenpreise manchmal sogar über denen eines Château d'Yquem.

119

Schöne neue Wein-Welt

Warum Weine aus der Neuen Welt so erfolgreich sind. Und wo in Europa noch interessante Newcomer zu entdecken sind

🐾 Gegen Ende des 15. Jahrhunderts brach in Europa das Entdeckungsfieber aus: Unerschrockene Männer und Frauen bemannten hölzerne Barken, hissten die Segel und schipperten über den Ozean hinaus ins Unbekannte, um Jahre später mit Schätzen aus der so genan-ten Neuen Welt in die Alte zurückzukehren. Heute, fünf Jahrhunderte später, kommt die Neue Welt zu uns, um hier ihre Schätze loszuwerden. Eine besondere Erfolgsgeschichte dabei ist der Aufstieg der Übersee-Weine, die unsere Märkte erobern wie spanische Konquistadoren vor 500 Jahren Südamerika einnahmen. Chile, Argentinien, Kalifornien, Südafrika, Australien und Neuseeland – um nur die Erfolgreichsten zu nennen – haben unsere Speisekarten, Weinregale und -keller im Fluge genommen. Allein Chile konnte seine Ausfuhren zwischen 1989 und 1999 verzehnfachen; Australien hat auf dem britischen Markt gerade Frankreich (!) als Nummer-eins-Importeur abgelöst.

🐾 Zu den wichtigsten Gründen für diesen Aufschwung zählen die ganz ausgezeichneten Bedingungen, die sich in der Neuen Welt dem Weinbau bieten. In Australien, Südafrika und Kalifornien sind Dauerregen genauso selten wie Frost und Hagel; Gefahr droht den Winzern allein durch Schädlinge und Dürre. Die Bewässerung der Weinberge erfolgt je nach Bedarf und die Sonne scheint sowieso. Arbeitskräfte kosten meist wenig, sodass die meisten Übersee-Weine trotz der Kosten, die bei ihrem Transport auf die europäischen Märkte anfallen, immer noch günstiger sind als ihre vergleichbaren hiesigen Konkurrenten. Die Vorzüge sind so offensichtlich, dass die Weinmacher der Alten Welt dem Aufstieg der Neuen nicht lange tatenlos zusehen mochten. Nicht wenige machten sich in den letzten Jahren auf den Weg, um in Übersee eigene Claims abzustecken, neue Reben zu pflanzen oder sich durch Joint-Ventures mit Einheimischen einen Anteil am Neue-Welt-Boom zu sichern. In Chile beispielsweise engagieren sich heute die Macher von Margaux ebenso wie die Herren von Lafite-Rothschild. Château Xanadu, ein australisches Weingut, dessen

1994er »Art Series«-Merlot ich vor einiger Zeit in der »Auslese« vorgestellt habe, wird von einem irischen Ärztehepaar mit Unterstützung eines Schweizer Önologen geführt. Jacques Perrin von Beaucastel (Châteauneuf-du-Pape) produziert gemeinsam mit Bob Lindquist auf dem Weingut Qupé im Santa Maria Valley (Kalifornien) ganz ausgezeichnete Syrahs, und die Liste solcher Kooperationen zwischen Alter und Neuer Welt ließe sich endlos fortsetzen. Ihre Geschäftsgrundlage ist meist relativ einfach: Weinwissen plus Kapital gegen Land und Geschäftsanteile.

🐎 Es gibt allerdings Dinge, die sich nicht so einfach exportieren lassen: Tradition, Zeit und Erfahrung, zum Beispiel. In Europa wird seit Jahrtausenden Wein gemacht; die Winzer wissen genau, welcher Hügel wie bepflanzt, wie viel bewässert und wann er geerntet werden muss, um gute Ergebnisse zu bringen. Diese Erfahrungen wurden über Generationen gesammelt, immer wieder revidiert, erneut zusammengefasst und vom Vater an den Sohn weitergegeben.
In der Neuen Welt hingegen ist vieles offen und wenig festgelegt. Das Land ist weit und kann noch verteilt werden, viele Winzer fangen bei Null an und können frei entscheiden,

wo sie welche Reben pflanzen wollen, welchen Stil sie ihrem Wein geben und wie sie ihn vermarkten wollen. Ihre Arbeit vollzieht sich unbenommen von Tradition und Gepflogenheiten, viele setzen modernste Technologien und Gerätschaften ein. Das hat Vor- und Nachteile.

🐎 Ein amerikanischer Weinjournalist hat die wesentlichen Unterschiede zwischen den beiden Hemisphären einmal so zusammengefasst: Während die Neue Welt für Innovation und Hightech, zumeist geschmackreiche und fruchtige Weine, ausgedehnte und flexible Anbaugebiete steht, sowie die Weinerzeugung als eine Wissenschaft begreift, wird in der Alten Welt zuallererst die Tradition hochgehalten. Dort gilt Weinerzeugung vor allem als Kunst; die Anbaugebiete sind zumeist klein und exakt definiert, ihre Weine subtil und weniger fruchtig. Und. Im guten alten Europa erntet zumeist nicht der Winzer, sondern der Weinberg den Ruhm.

🐎 Ich würde dieser – zugegebenermaßen ziemlich holzschnittartigen – Beschreibung noch eine Beobachtung hinzufügen: Weine aus der Neuen Welt präsentieren sich dank des sanften Klimas, in dem sie heranwachsen,

Viele Winzer der Neuen Welt setzen modernste Anbaumethoden und Kellertechniken ein. Gleichzeitig lassen sich in Kalifornien und Australien durchaus Weinstöcke von hundert und mehr Jahren Alter finden (unteres Bild).

und der modernsten Ausbaumethoden häufig als geradezu perfekt. Sie sind makellos und glatt wie ein bildhübsches Supermodel. Dass dieses Supermodel – von den superteuren Mikrovinifikationen und Garagenweinen einmal abgesehen – dazu noch vergleichsweise günstig zu haben ist, erklärt den derzeitigen, weltweiten, umwerfenden Erfolg der Neue-Welt-Weine.

🐾 Zweifelsohne wird sich diese Schönheit im Laufe der Globalisierung immer mehr den alten Tanten aus Europa angleichen und umgekehrt. (Warum das so ist, habe ich im Kapitel »Auf dem Weg zum Weltwein« dargelegt.) Noch allerdings hat diese Beschreibung, wenn man sich die Neue Welt einmal en détail anschaut, einiges für sich.

1 Die rote, ziegelfarbene Erde ist charakteristisch für australische Weingärten.
2 Auf dem »Hill of Grace« wachsen einige der feinsten australischen Rotweine.

🏃 Australien

Der Fünfte Kontinent zählt zu den wenigen Ecken unserer Erde, in denen ursprünglich keine Weinreben wuchsen. Erst gegen Ende des 18. Jahrhunderts wurden die ersten Weinstöcke vom Kap der guten Hoffnung und aus Europa nach Australien gebracht, wo man aus ihnen süßliche, kräftige, den klimatischen Bedingungen entsprechende Weine für den heimischen Bedarf kelterte.

Vieles hat sich seither geändert: Australien ist zur Weltmacht im Weinbau aufgestiegen, und zwar sowohl in den produzierten Mengen als auch in der Qualität. Allein von 1998 bis 2000 hat sich die Ausfuhr nach Deutschland verdreifacht.

🏃 Die meisten Weinregionen Australiens liegen in den kühleren, südlichen Teilen, viele dicht beieinander im Staate Victoria und im klimatisch gemäßigten New South Wales.

Anders als bei uns werden die meisten Weine nicht in Einzellagen, sondern in bestimmten Klimazonen produziert und nicht nach eng umgrenzter Herkunft, sondern schlicht nach ihrer Rebsorte benannt. Die Trauben werden nicht selten über viele hundert Kilometer hinweg zusammengekauft. (Lagennamen wie Stephen Henschkes Hill of Grace, Mount Edelstone oder Penfolds Shiraz Magill bilden hier seltene, rühmliche Ausnahmen.)

🏃 Fast alle großen Weinkellereien produzieren auf diese Weise »Multi-District Blends« von recht guter Qualität, die sich hervorragend verkaufen. Australische Weißweine werden ähnlich wie die kalifornischen gemacht und sind mit ihrer exotischen Aromatik häufig sehr vordergründig.

Daneben kommen aus Australien irrsinnig tolle Rotweine von sehr dickem, dichtem

Charakter. »Down under«, wie die Australier ihren Kontinent nennen, werden die mächtigsten Roten der Welt produziert: Schwarz wie die Nacht, mit orientalischer Würze, von komplexem Stoff, raumfüllend, alkoholreich. Wäre Arnold Schwarzenegger ein Wein, er wäre zweifellos ein australischer.

Meine Empfehlung
➤ Shiraz: Astralis von Clarendon Hills Grange, Grange von Penfolds, Hill of Grace von Henschke, Basket Press Shiraz von Rockford, Reserve Shiraz von Chapel Hill, Lloyd Reserve von Coriole Vineyards, The Armagh von Jim Barry.
➤ Cabernet Sauvignon: John Riddoch von Wynns, Ravenswood von Hollick, Petaluma von Petaluma.
➤ Chardonnay von Leeuwin, Hollick, Bannockburn.

1 Die Rippon-Weingärten,
Lake Wanaka, Central Otago.
2 Stahltanks auf dem Montana-
Weingut, Marlborough.
3 Neuangepflanzte Reben
werden mit einem Plastik-
schutzmantel vor Nagetieren
geschützt.

Meine Empfehlung
➤ *Sauvignon von den*
Gütern Babich,
Coopers Creek, Selaks,
Cloudy Bay, Nautilus,
Wither Hills.
➤ *Chardonnay von*
Naboth's Vineyard,
Giesen, Hunters, Twin
Islands.
➤ *Pinot noir von*
Quartz Reef, Giesen.
➤ *Cabernet Sauvignon*
und Merlot von
Te Mata, Stonyridge.
➤ *Cabernet franc,*
Cabernet Sauvignon
und Merlot, die Cuvée
von Providence.

🐾 Neuseeland

Im Norden subtropisch und warm, im Süden
trocken und kühl: Neuseeland ist ein Land der
sanften Gegensätze. Unter den sieben Weinbauregionen ist das erst 1973 erschlossene Marlborough die wohl berühmteste. Von dort stammen vor allem sehr gute Sauvignon blancs und
Chardonnays. Die besseren unter ihnen sind
wie das Land selbst: Frisch, crispy, transparent
und grün (aber nicht unreif); viele tragen den
Duft von Johannisbeere, Kiwi und Stachelbeere in sich.
Es gibt aber auch bemerkenswerte rote Neusee-
länder wie jene von Stonyridge, Quartz Reef,
Giesen und Te Mata.
Der beste Rotwein des Landes wächst in den
Providence Vineyards auf der Nordinsel. In
seinen 1989 angelegten Weingärten erzeugt
Jim Vuletic, im Hauptberuf Rechtsanwalt mit
Spezialgebiet Patentrecht, einen grandiosen
Rotwein mit orientalischem Touch, opulenten
Fruchtnoten und dem Aroma von Zedernholz
und schwarzen Trüffeln. Der einzige Nachteil:
Vuletic rückt pro Jahr lediglich ein paar hun-
dert Kisten heraus, und auch die nur in guten
Jahren. In Jahrgängen wie 1993 und 1996 aber
kann sich sein Roter durchaus an Alte-Welt-
Monumenten wie Château Cheval Blanc
messen. Als ich diese Cuvée aus Cabernet
franc (2/3), Cabernet Sauvignon und Merlot
(je 1/6) vor ein paar Jahren zum ersten Mal
verkostete, habe ich vom Fleck weg gleich 120
Flaschen bestellt.

🐾 Südafrika

Südafrika ist ein Land im Wandel – nicht nur politisch, sondern auch vinologisch. Nachdem 1652 der holländische Arzt Jan van Riewbeeck die ersten Reben in der Tafelbucht bei Kapstadt gepflanzt hatte, dauerte es fast dreieinhalb Jahrhunderte, bis 1998 mit Jabulani Ntshangase der erste schwarze Winzer ein Weingut eröffnen konnte. Derzeit wächst die Zahl privater Weingüter stetig, viele von ihnen mit deutscher Unterstützung – wie beispielsweise bei Laibach, von Ortloff, Mont Du Toit, Neethlingshof Estate und Stellenzicht. Dennoch hat Südafrika den Aufstieg zur Weinelite noch nicht ganz geschafft. Mehr als drei Viertel der Ernte werden immer noch von den 70 Kooperativen des Landes verarbeitet, die wiederum der mächtigen Zentralgenossenschaft KWV angeschlossen sind. Sie produziert vor allem einfache Qualitäten. Seit Mitte der achtziger Jahre dürfen europäische Qualitätsreben eingeführt werden, die die heimischen Reben nach und nach verdrängen. Eine echt südafrikanische Spezialität, auf die die internationale Weinwelt erst Mitte der neunziger Jahre aufmerksam wurde, ist die Pinotage-Traube, die 1925 als Kreuzung aus Pinot noir und Cinsault entstand. Sie kombiniert die fruchtigen Kirscharomen des Pinot noir mit dem erdigen Charakter der Rhône-Weine. Den Unmengen von Billiggewächsen stehen in Südafrika einige wenige Nobelgewächse gegenüber. Aufgefallen sind mir schon vor Jahren

1 Thelema-Weingut, Stellenbosch.
2, 3 Ernte und Lagerung bei der KWV, Südafrikas mächtiger Winzergenossenschaft.

die frischen Sauvignon blancs, allen voran jene von Thelema. Südafrikanischer Chardonnay ist viel feiner im Holz als viele amerikanischen. Cabernet Sauvignon trifft man überall, Syrah ist ebenfalls längst heimisch, und der Merlot ist neben der Spezialität Pinotage einer der Klima-Gewinner. Wie in allen warmen Anbaugebieten sind die südafrikanischen Rotweine stoffig, vollblutig, mit viel Aromen, Alkohol, Kraft und Saft – allerdings nicht ganz so dick wie ihre australischen und kalifornischen Brüder.

Meine Empfehlung
➤ Sauvignon von Thelema, Mulderbosch, Klein Constantia, Neil Ellis.
➤ Chardonnay von De Wetshof Estate, Hamilton-Russell, Bouchard-Finlayson.
➤ Pinotage von Kanonkop, Warwick.
➤ Cabernets, Merlot und Shiraz von Kanonkop, Vergelegen, Rustenburg, von Veenwouden, Saxenburg und Boekenhoutskloof.

Die Newton Vineyards zählen zu den schönsten und wertvollsten des Napa Valley.

🐾 Kalifornien

Kalifornien ist in der an Aufsteigern beileibe nicht armen Neuen Welt jene Nation, die die schwindelerregendste Karriere hingelegt hat. Noch in den sechziger Jahren gab es neben Pionieren wie Robert Mondavi, Joe Heitz, Beringer oder Joseph Phelps lediglich ein paar Dutzend Weingüter, von denen die meisten süße, angereicherte Dessertweine produzierten. Entsprechend unbedeutend war das Weinland Kalifornien. Den Durchbruch brachte 1976 eine Blindverkostung in Paris, bei der neun anerkannte Weinexperten rote Bordeaux und weiße Burgunder mit ihren Gegenstücken aus der Neuen Welt verglichen –, und in beiden Fällen kam der Sieger aus dem Napa Valley. Das Erstaunlichste daran: Die beiden Gewinner kosteten nur eine Hand voll Dollar.

🐾 Heute exportierten US-amerikanische Winzer 300 Millionen Liter Wein pro Jahr; das entspricht etwa dem Dreifachen der Menge von 1990. Die Stars unter ihnen verlangen allerdings auch Preise, die selbst Bordeaux-

Winzern die Schamesröte ins Gesicht treiben würden. Das verrückteste Beispiel: Im vergangenen Jahr wurden acht Drei-Liter-Flaschen des Kult-Cabernets Screaming Eagle für zusammen 1,4 Millionen Mark versteigert. Bei der gleichen Auktion fiel auch der Weltrekord für eine einzelne Flasche Wein: 1,2 Millionen Mark zahlte ein Großindustrieller für eine Sechs-Liter-Bouteille des gleichen Weines, Jahrgang 1992. Beides sind Ausnahmen, gewiss, aber zugleich Belege für die kuriosen kalifornischen Kapriolen.

🐾 Der enorme Erfolg amerikanischer Winzer basiert auf einem Mix von modernster Technologie und Erkenntnissen, die so alt sind wie die kalifornischen Berge. Bei der Robert Mondavi Corp. im Napa Valley (einem 500-Millionen-Dollar-im-Jahr-Unternehmen) beispielsweise helfen Satellitenbilder der NASA bei der Ernte. Anhand der Fotos aus dem All lässt sich feststellen, welche Parzellen eines Berges über vergleichbare Wachstums- und Reifebedingungen verfügen. Sie können so zum perfekten Zeitpunkt geerntet werden.

Allerdings kämpfen auch die Kalifornier mit Klimaschwankungen, wie wir sie sonst nur aus Europa kennen. Im Süden des Napa Valley beispielsweise, 50 Kilometer lang und keine zehn Kilometer breit, sorgen kalte Winde und Nebelbänke für kühle Temperaturen. Hier gedeihen Chardonnay, Pinot noir und Trauben für Schaumweine besonders gut. In Calistoga am oberen Ende des Tales hingegen ist es heiß genug für sonnenverwöhnte Cabernets, Merlots oder Zinfandels.

Kaliforniens Weine erkennt man leicht an ihrer üppigen Fruchtigkeit und reifen Fülle. Häufig sind sie geradezu mit Holztönen zugekleistert und von einer konfitürenhaften Lieblichkeit, die auf Weintrinker entweder unwiderstehlich oder aufdringlich wirkt. Vielen fehlt es noch an Finesse und Subtilität (ich weiß, Herr Parker sieht das anders ...) und viele sind mir auch zu laut und zu eintönig, um eine ganze Flasche von ihnen zu leeren. Immer wieder höre ich die Vorurteile: Zu alkoholreich, zu plump, zu dick, zu langweilig, ohne Rasse, zu wenig Säure. Aber das wird sich ändern, je mehr die amerikanischen Verbraucher, gewöhnt an harte Drinks und kräftige Aromen, sich den leisen Tönen des Weines zuwenden. Kalifornien, davon bin ich überzeugt, steht noch eine ganz große Zukunft in der Weinwelt bevor –, vorausgesetzt, die Erzeuger mäßigen sich in ihrer Preispolitik.

Meine Empfehlung
➤ Cabernets bester Qualität produzieren: Araujo, Caymus, Dunn, Robert Mondavi, Stags Leap Cellars, Dominus, Ridge, Shafer, Viader, Harlan, Pahlmeyer, Togni, Silver Oak, Laurel Glen, Heitz, Phelps.
➤ Bei Syrah unschlagbar: Orion, Murray, Ojai, Duxoup, Havens, Qupé, Sine Qua Non.
Für guten kalifornischen Pinot noir stehen: Calera, Santa Barbara Winery, Au Bon Climat, Beaux Frères.
➤ Zinfandel vom Feinsten bieten: Turley, Ridge, Ravenswood, Nalle.
➤ Chardonnay am Besten von: Peter Michael, Kistler, Mer Soleil.

1 »It never rains in Southern California«, so heißt es, aber frieren tut es von Zeit zu Zeit schon. Vorbeugend werden die Rebstöcke mit Wasser eingesprüht (auf dass ihre Knospen sich durch eine Eisschicht schützen) oder mit Gasöfen (2) beheizt.
3 Bob Linquist von der Qupé-Winery ist ein ausgemachter Syrah-Spezialist und prominenter Rhône-Ranger in Kalifornien. Seine Weine serviere ich mit größter Freude im Tantris.

129

🐞 Chile

Die Viña Errázuriz in
Panquehue, Chile.

*Meine Empfehlung
Viña Concha y Toro,
Errázuriz, Casa
Lapostolle, Viña Santa
Rita, Villard Fine
Wines, Mont Gras.*

Chile ist beileibe kein neues Weinland, sondern das älteste der südlichen Erdhalbkugel.
Bereits Mitte des 16. Jahrhunderts setzten die
spanischen Eroberer dort erste Weinreben in
die Erde. Seit dieser Zeit existiert in Chile ein
florierender Weinbau, der vor allem einheimi-
sche Kunden beliefert.

Neu ist also nur der Exportboom seit Mitte der
achtziger Jahre, der mit einem Verdrängungs-
wettbewerb der internationalen gegen die einheimischen Rebsorten einherging. Derzeit
liegen die Einwanderer klar vorne.

Als einziges Weinland der Erde ist Chile bis
dato noch nicht von der Reblaus heimgesucht
worden. Mögliche Erklärungen für dieses
Wunder sind die relativ große Isolation der
Weinbaugebiete sowie die Tatsache, dass Chiles Weinberge regelmäßig geflutet werden (und
das ist etwas, was die Reblaus augenscheinlich
gar nicht mag). Dafür werden einfach ein paar
Schleusen geöffnet und das Schmelzwasser der
Andenkette durch ein perfektes Kanalsystem
in die Weinberge geleitet. Weil allerdings mit
jeder dieser Bewässerungsaktionen viel wertvolle Erde verloren geht, sollen die Anlagen
jetzt modernisiert werden, was wiederum der
Reblaus Tür und Tor öffnen könnte.

Ein weiterer Vorteil Chiles: Die konstanten
Ernten. Der Pazifik und die schützende
Andenkette halten die Schwankungen im

Mikroklima gering und sorgen so für einen
hohen Reifegrad der Trauben. Hinzu kommt,
dass der Wechsel zwischen hohen Tages- und
relativ niedrigen Nachttemperaturen dem
Wein zu einer soliden Struktur verhilft.
Genau zwei Drittel der chilenischen Anbaufläche belegen rote Sorten (vor allem Cabernet
Sauvignon, País und Merlot), bei den weißen
Gewächsen dominieren Sauvignon blanc,
Muskateller und Chardonnay. Eine chileni-
sche Spezialität ist die erst vor wenigen Jahren
entdeckte Rebe Carmenère, die man in Frankreich als Cot kennt. Sie hätte das Zeug, für
Chile eines Tages genauso typisch zu sein wie
es heute Pinot noir und Chardonnay für das
Burgund sind. Carmenère-Weine bringen
heute bereits sehr gute Qualitäten hervor.

🐞 Eine klare Linie im chilenischen Weinbau
habe ich noch nicht recht erkennen können.
Aufgefallen sind mir allerdings zwei grobe
Richtungen: Auf der einen moderne, reb-
sortentypische Weine, auf der anderen jene
mit nicht ganz klaren Reifetönen, die noch
im alten Stil ausgebaut wurden.

Auf dem deutschen Markt ist Chile die Nummer eins aus der Neuen Welt (auf den Plätzen
zwei und drei folgen die USA und Australien).
Im Vergleich mit den europäischen sind chi-
lenische Weine häufig sehr preisgünstig.

✿ Argentinien

Wie im benachbarten Chile sind auch in Argentinien bereits im 16. Jahrhundert die ersten Weinberge angelegt worden. Heute produziert das Land fast viermal so viel Wein wie Chile, ist aber mit einem der höchsten Pro-Kopf-Verbräuche der Welt (39,4 Liter trinkt der Argentinier durchschnittlich pro Jahr; in Deutschland sind es nur 22,8) viel stärker auf den Eigenbedarf ausgerichtet.

✿ Mit Criolla und Cereza dominieren dort noch heute die alten Reben aus der Kolonialzeit. Auf dem Weltmarkt sind die argentinischen Weine daher relativ unbekannt, und auch meine Erfahrungen sind so bescheiden, dass ich derzeit keine argentinischen Produzenten auswählen und empfehlen möchte.

Weinfeld in Lujàn de Cujo, Argentinien, mit Blick auf die Anden.

Die Folgen für die Neue Welt

✿ Fünfzehn Jahre nach dem Beginn des Siegeszugs der Neuen Welt lässt sich konstatieren, dass wir den überseeischen Anbaugebieten neben einigen hochklassigen Überraschungen vor allem viele solide Alltagsweine verdanken. Diese Konsumweine sind für einen Großteil des Booms verantwortlich; sie gelten als unkompliziert, sind einfach zu trinken und preisgünstig. Mit anderen Worten: Sie sind das, was früher einmal der französische Vin de table war. Und weil das so ist, bleiben die Produzenten des Vin de table, vor allem die Winzer Südfrankreichs, heute zunehmend auf ihrem Wein sitzen. In Montpellier sind 2001 die Preise für Tischweine um 30 Prozent unter die des Vorjahres gerutscht, und selbst Weine mittlerer Qualität sehen sich heute einer Konkurrenz

131

Die Keller von Condado de Haza im Ribeira del Duero. Alejandro Fernandez, der Herr all dieser Fässer, ist einer der namhaftesten Weinmacher Spaniens.

Weinlandschaft im Douro-Tal.

(rechte Seite)
Dirk van der Niepoort mit kritischem Blick in die Zukunft
dabei hätte dieser Ausnahmewinzer allen Grund zum Optimismus.

(rechts unten)
Van der Niepoorts Ausschank-Repertoire.

aus Übersee ausgesetzt, die vor ein paar Jahren nicht einmal am Horizont auszumachen gewesen war. Im Languedoc gehen die Winzer auf die Straße, fordern Schutz vor der Konkurrenz und kippen, wie bei solchen Anlässen üblich, ihre Ernten vor die Rathäuser.

Wo es Gewinner gibt, gibt es nun einmal auch Verlierer. Dabei gibt es überhaupt keinen Grund, kampflos aufzustecken, im Gegenteil: Auch an den Rändern der europäischen Weinbaugebiete vollziehen sich derzeit erfolgversprechende Entwicklungen, die für Weinkenner äußerst interessant sind.

🏵 Portugal

Portugal ist für mich das kommende Weinland überhaupt. Obwohl fast vor unserer Haustür gelegen, gilt das Land unter deutschen Weinkennern genauso als Terra incognita wie New South Wales in Australien oder das Valle Central in Chile. Von den etwa 500 in Portugal verbreiteten Rebsorten sind vielleicht zehn bei uns bekannt.

Und was auch kaum jemand weiß: In den letzten Jahren hat sich dort eine Menge getan. Dirk van der Niepoort beispielsweise, ein hoch intellektueller, experimentierfreudiger und visionärer Winzer aus Porto, kombiniert traditionelle Produktionsmethoden und traditionsreiches Terroir mit autochtonen Rebsorten und modernster Vinifizierung. Ein überwältigender, geradezu überirdischer Rotwein liegt bei Van der Niepoort noch im Keller. Ich kann den Tag der Lieferung kaum erwarten, und doch kann es noch Jahre dauern, bis van der Niepoort beschließt, dass der Wein perfekt zum Trinken sei.

🏊 Ähnlich hinreißend sind die Weißweine dieses Winzers, der im Begriff ist, als Vorbild für Qualität eine ganze Region mitzureißen. Bei einer Blindverkostung rätselten wir Weinexperten: Ist das etwa ein älterer Domaine Chevalier oder gar ein großer Burgunder (preislich so um die 120 Euro gelegen)? Tatsächlich war es ein Redoma-Branco Reserva aus dem Hause van der Niepoort. Dieser Wein aus dem Douro-Tal ist spätestens mit dem Jahrgang 1999 der beste portugiesische Weißwein. Kostenpunkt: Etwa 25 Euro.

🏊 Und das ist der enorme Vorteil des portugiesischen Mauerblümchen-Daseins: Die Weinwelt hat das Land noch nicht entdeckt und seine Preise noch nicht vedorben. Der größte Anteil der portugiesischen Weine liegt immer noch bei 7 bis 15 Euro pro Flasche und ist damit für seine Klasse berauschend preiswert. Kein Wunder, dass Portugal allein in der ersten Hälfte des Jahres 2000 seinen Export nach Deutschland um 60 Prozent steigern konnte.

Meine Empfehlung
→ Weißweine: Evel Branco von Real Companhia Velha; Encruzado von Quinta dos Roques; Redondo von Roquevale, Redoma Branco Reserva von Dirk van der Niepoort.
→ Rotweine: Redoma Tinto Reserva von Dirk van der Niepoort; Fojo von Maria Borges; Grande Escobla von Quinta do Cotto; Duas Quintas Reserva von Ramos Pinto; Vinha Pan von Luis Pato; Reserva von Marquês de Borba; Reserva von Esporão; außerdem die Roten von Quinta do Castro; Quinta dos Roques, Quinta da Gaivosa.

Angela Velenosi führt das Weingut Ercole Velenosi in eine vielversprechende Zukunft.

Alenza nennt sich ein hervorragender, im neuen Holz ausgebauter Wein von Alejandro Fernandez.

🏃 Italien

Nach der Preisexplosion im Norden richtet sich der Blick jetzt gen Süden. Viele klassische Produzenten investieren in Apulien, den Marken, in den Abruzzen, in Kampanien, auf Sardinien oder Sizilien – in Regionen also, die bisher vom Weinbau vernachlässigt wurden. Dabei warten dort tolle Entdeckungen!
In den Marken beispielsweise freue ich mich seit Jahren über die ambitionierte Entwicklung der Kellerei Ercole Velenosi. Masciarelli ist mit seinem Montepulciano Villa Gemma der Star für Rotwein in den Abruzzen, was Valentini hier für seine Weißweine behaupten kann. Um einen Terra di Lavoro von Galardi zu bekommen, ist es fast zu spät – wer aber noch einen ergattert, wird feststellen: Dieser Wein ist ein Hit. Leichter ist es bei der Cantina Sociale di Trapani, die durchgehend feine Rot- und Weißweine zwischen 10 und 20 Euro bietet.
Auf Sizilien zählen Ceuso und Donnafugata zu den erfreulichen Entdeckungen der letzten Jahre. Abbazia Sant'Anastasia ist immer noch ein Geheimtipp, während die Winzer von Argiolas auf Sardinien mit ihrem Turriga bekanntlich den besten Roten der Insel produzieren. Auch die Winzergenossenschaft Santadi auf Sardinien macht seit einigen Jahren korrekte Weißweine sowie den köstlichen Terre Brune, einen Rotwein, der noch im angenehmen Preis-Leistungsverhältnis liegt (um die 25 Euro). Erfreulich: In diesen Betrieben werden überwiegend noch Rebsorten aus der Region verarbeitet und man schielt nicht nur nach Cabernet.

🏃 Spanien

Spanien hat in diesem Kapitel eigentlich nichts zu suchen, denn mit den rasanten Entwicklungen im Ribera del Duero, den fantastischen Neuerungen in Rioja und dem schlagartigen Aufschwung im Priorato Anfang der neunziger Jahre hat sich dieses Land längst seinen Platz unter den Etablierten erobert. Vor allem jungen Weinmachern mit Mut zum Risiko verdanken wir heute wunderbare Weine, deren Preise mit Hilfe von Herrn Parker & Co jedoch bereits ziemlich angezogen haben. Dennoch gibt es noch einige Novitäten, die man unbedingt probieren sollte.

Meine Empfehlung
Cims de Porrera von Llach und Pérez (Priorat), L'Ermita von Alvaro Palacios (Priorat), Clos Martinet von Pérez (Priorat), Terreus von Mauro (Tudela), Emeritus oder Petit Verdot von Marqués de Griñon (Toledo), Pingus von Sisseck (Ribera del Duero), Roda I (Rioja), Grans Muralles von Torres (Penedés), Blecua von Vinas del Vero (Somontano), Artadi (Rioja), Enate von Vinedos y Crianzas del Alto Aragón (Somontano), Campus von Fariña (Toro).

Wein-Basics

➤ Weine aus der Neuen Welt sind im Schnitt günstiger als ihre Konkurrenten aus der Alten (Ausnahmen: Kalifornien und Südafrika). Hochklassige Weine kommen derzeit vor allem aus Kalifornien und Australien.

➤ Gute, preiswerte Qualitäten lassen sich auch noch in den Randzonen europäischen Weinbaus ausfindig machen: in Süditalien, auf Sizilien und Sardinien, in Portugal und Spanien.
Dort sind in Zukunft jedoch zum Teil deutliche Preissteigerungen zu erwarten.

➤ Ungeachtet aller erfreulichen Überraschungen aus der Neuen Welt gilt für mich immer noch Bordeaux als das Maß aller Dinge. Das Mutterland des Weinbaus bietet ja nicht nur die größte Menge herausragender Weine, sondern auch eine Vielfalt wie keine andere Weinregion der Welt. In Sachen Nachdruck, Finesse und Vielschichtigkeit kann es mit Bordeaux einfach (noch) kein anderes Land aufnehmen. Und unter den Cru Bourgeois gibt es selbst dort noch einiges zu entdecken.

➤ Als kompetente Weinführer durch die Welt empfehle ich »Wein – Die neue Welt« von Jens Priewe, »Atlas der Kalifornischen Weine« von Bob Thompson und »Weine aus Chile« von Jürgen Mathäß.

Übrigens ...

Der Ausdruck »Neue Welt« ist natürlich arrogant, schließlich blühten in Südamerika bereits Hochkulturen, als wir Europäer noch als Jäger und Sammler über die Steppe trotteten. Der Begriff hat sich aber mittlerweile so eingeprägt, dass auch ich ihn hier verwende. Man möge es mir nachsehen.

❦ All das sind interessante Entwicklungen, die man im Auge behalten sollte – diesseits wie jenseits des Atlantiks. Denn die Entdeckung der Neuen (Wein-)Welt ist noch längst nicht an ihr Ende gelangt. Michel Rolland, der Star-Önologe aus dem Pomerol, versucht sein Glück derzeit sogar in Indien. Auf einem Weingut namens Grover in der Nähe der Computermetropole Bangalore baut er Cabernet Sauvignon, Sauvignon blanc und Syrah an; die Ergebnisse sollen ganz ordentlich sein. Und Miguel Torres, der große Mann des spanischen Penedés, sucht bereits seit ein paar Jahren noch weiter östlich, in China, nach geeigneten Flächen für den Weinbau. Nachdem die Dinge, die Torres anfasst, gewöhnlich immer Hand und Fuß haben, werde ich unter Umständen eines Tages also einen Syrah aus Szechuan empfehlen können. Warum auch nicht? ❦

Überschäumend

Wie sich eine Zufallsentdeckung in das luxuriöseste Getränk der Welt verwandelte

🐟 Champagner. Oder, mit leicht nasaler Aussprache: *champagne*. Gibt es irgendein Wort, das mehr glitzernde Assoziationen auslöst? Ich brauche es nur zu denken, schon perlen Bilder, gleich den feinen Bläschen eines zehn Jahre alten, gut gelagerten Taittingers, an meinem geistigen Auge vorüber. Bilder von Glanz und Glamour, Stars und Sternchen, Reichtum, Savoir-Vivre, vor allem aber Exklusivität–, all diese Attribute sind untrennbar mit diesem ganz speziellen Schaumwein verbunden. Wer Champagner sagt, meint Luxus. Wer (teuer) feiern will, ruft augenblicklich nach ihm.

Schaut man sich jedoch einmal die Bedingungen an, unter denen er hergestellt wird, wird man erstaunt feststellen, dass diese alles andere als exklusiv sind. Das Champagnerhaus Moët&Chandon beispielsweise, Teil des milliardenschweren LVMH-Konzerns, hat unter seinem Unternehmenssitz in Epernay mehr als 30 Kilometer Stollen in den Kalksteinboden getrieben. 100 Millionen Flaschen des edelsten aller Getränke lagern in dieser ausgedehn-

ten, wenngleich fast menschenleeren Stadt unter der Erde. Lorenzüge transportieren Flaschenladungen hin und her, Touristenführer wandern mit Besuchergruppen durch die Gänge, sogar Fahrzeuge zum Transport der Kundschaft verkehren in diesem sich über mehrere Ebenen erstreckenden Labyrinth. Champagner, das wird einem unter der Erde schnell bewusst, ist ein überirdisch teures Massenprodukt. Angeblich knallt heute alle zwei Sekunden irgendwo auf der Welt ein Moët&Chandon-Champagnerkorken. Jener elitäre Luxus, auf den Wilhelm I. von Preußen, der russische Zar und der bayrische König schwörten, hat sich in ein Massenvergnügen verwandelt.

🐟 Geboren wurde dieses Paradox einst aus einer echten Notsituation. Wie viele der Regionen, in denen Schaumweine gemacht werden, zählt auch die Champagne zu den kühlsten Weinbaugegenden der Erde. Jedes Jahr regnet es dort etwa 200 Tage, die Durchschnittstemperatur liegt mit 15 Grad Celsius

In der chronisch kühlen Champagne haben Winzer sich ein originelles Frostschutzmittel einfallen lassen: Bei einsetzender Kälte im Frühjahr werden die knospenden Reben mit Wasser besprüht, damit sich um die Gescheine eine Eisblase bildet. In diesem kühlen Kokon sind sie geschützt wie ein Embryo im Mutterleib.

(rechte Seite)
Reifende Champagner werden traditionell in so genannten Rüttelpulten gelagert und bei jedem Rüttelvorgang etwas steiler ins Pult gestellt. Diese Champagner liegen noch relativ flach, das bedeutet: Sie sind gerade erst im Keller angelangt.

gerade noch über dem für Reben erforderlichen Minimum. Dank des unwirtlichen Klimas war der Weinbau, der im ersten Jahrhundert nach Christus Fuß fasste, nur von bescheidenen Erfolgen gekrönt. Blaue Trauben reiften nur selten zu jenem tiefdunklen Violett heran, wie wir es aus südlicheren Gegenden kennen, und die Weine der Prä-Champagner-Ära waren für ihre bläßliche, rosa-graue Farbe berühmt. Sehr zum Leidwesen ihrer Erzeuger.

Der Prozess der Schaumweinherstellung aber, im 17. Jahrhundert vom Mönch Dom Pérignon eingeführt und perfektioniert, verwandelte dieses Manko in einen Vorteil. Gerade die lange Reifezeit, eine Folge des unfreundlichen Wetters, trug zur geschmacklichen Subtilität der Schaumweine aus der Champagne bei und verhalf ihr binnen weniger Jahrzehnte zu Weltruhm. Bereits Napoleon orderte in Epernay, ebenso die Madame de Pompadour, nach deren Dafürhalten Champagner der einzige Wein war, »der der Schönheit der Frauen keinen Abbruch tut«. 1814, als die Keller in Epernay von den Preußen und Kosaken geplündert wurden, erwies sich Jean-Remy Moët (damaliger Chef jenes Weinhauses, das heute als Moët&Chandon firmiert), als guter Verlierer und echter Visionär. »All diese Offiziere, die mich heute ruinieren, machen morgen mein Glück«, soll er prophezeit haben. »Alle, die heute meinen Wein trinken, werden den Ruhm meines Hauses in ihr Heimatland tragen und mehren.«

Was soll man sagen? Er hatte Recht, und mit dem Siegeszug des Edelweins haben sich in der Champagne einige Dinge geändert. Heute beherrschen 30 mächtige Champagnerhäuser Verkelterung und Vermarktung des Luxusgetränks, unter denen Moët&Chandon jenes mit dem größten Umsatz und den meisten Weinbergen ist. Dennoch ist der Anbau der Grundweine eine bis heute überwiegend kleinbäuerliche Angelegenheit geblieben. Jene 26 000 Hektar Rebfläche, die aktuell bewirtschaftet werden, verteilen sich auf 15 000 Eigentümer; im Durchschnitt messen die einzelnen Parzellen also nicht mehr als ein bis zwei Hektar. Die berühmten Champagnerhäuser müssen den Großteil ihrer Trauben von vielen kleinen Vertragswinzern zusammenkaufen.

Mit dem Tag, an dem die Ernte beginnt (meist ist das gegen Ende September), setzt das offizielle Verwaltungsorgan der Champagne, das Comité Interprofessionel du Vin de Champagne, sowohl den Traubenpreis als auch den maximalen Ertrag pro Hektar fest. Nur die 17 Grands Crus der Region, die mit 100 Prozent eingestuft wurden, erhalten den vollen Traubenpreis; Premier Crus und andere Gewächse müssen sich mit proportionalen Abschlägen begnügen.

Im Frühjahr beginnt dann die entscheidende Phase der Champagnerherstellung, die Zusammenstellung der Cuvées aus mehr oder weniger gelagerten Grundweinen. Bis zu 200

verschiedene Ausgangsweine mischen die Kellermeister der Champagnerhäuser bei der so genannten Assemblage, und ein jeder dieser Grundweine bringt seine eigenen Charaktereigenschaften mit. Auf den Chefs des caves lastet daher eine enorme Verantwortung. Jedes Champagnerhaus pflegt ja seinen eigenen Stil, und Genießer erwarten zu Recht, diesen Stil jedes Jahr in jeder einzelnen von Millionen abgefüllter Champagnerflaschen wiederzufinden. Wie Kaffeetester stehen die Kellermeister also vor Reihen von Gläsern, deren Inhalt Schluck für Schluck verkostet, bewertet und auf ihre Assemblagetauglichkeit geprüft werden.

Kellermeister kleinerer Champagnerhäuser sind hier eher im Nachteil, weil sie aus einem begrenzten Stock an Grundweinen schöpfen müssen und es für sie nach mehreren schlechten Jahrgängen schwierig werden kann, ihre gewohnte Standardcuvée zusammenzustellen. Große Häuser hingegen bedienen sich aus einem gigantischen Reservoir aus Grundweinen vieler Jahrgänge. Dieser Wein-See ist das größte Kapital eines jeden Champagnerhauses.

Eine empfehlenswerte, wenngleich teurere Alternative sind Spezialcuvées und Jahrgangschampagner, die nur in besonders guten Jahren produziert werden. Für mich sind das die wahren Luxusblasen der Champagne. Sie gelten als Vorzeigekinder der Champagnerhäuser, die gehätschelt und ganz ungeniert bevorzugt werden. So sind für sie üblicherweise die besten Trauben der besten Lagen reserviert, zudem lassen die meisten Champagnerhäuser ihnen mindestens 24 Monate länger im Keller. Wertvolle Zeit, in der Jahrgangschampagner Komplexität und Finesse weiter entfalten können. Moët&Chandon beispielsweise haben ihrer »Cuvée Dom Pérignon Vintage 1990« immerhin sieben Jahre gegönnt, bevor sie auf den Markt gebracht wurde. Gut Ding will jedoch nicht nur Weile, sondern auch seinen Preis haben: 80 Euro für Nobelcuvées sind heute keine Seltenheit. Übrigens schaden die Jahre einem guten Champagner nicht, im Gegenteil. Die meisten Überlebenden des großen Champagnerjahrgangs 1970 beispielsweise sind noch heute ganz ausgezeichnet. Der 1921er (ebenfalls ein

Meine derzeit liebsten Champagner

➤ »Cuvée Dom Pérignon« Moët&Chandon Jahrgang 1985, 1990, 1995

➤ Legras & Haas, Blanc de Blancs 1995

➤ Krug Vintage 1985

➤ Taittinger »Comtes de Champagne« Blanc de Blancs 1995

➤ Jacques Selosse, Origine

➤ Ruinart, Dom Ruinart, Blanc de Blancs 1995

➤ Pol Roger, Sir Winston Churchill 1990

➤ Billecart-Salmon, Brut und Rosé

➤ Barancourt, Brut Réserve

➤ Bollinger, Special Cuvée, Brut

➤ Gosset, Celebris 1995

➤ Perrier Jouët, Belle Epoque 1995

➤ Gobillard Paul, Vintage, Brut 1995

Meine liebsten Alternativen zum Champagner: Spumante Saten von Bellavista in der Franciacotta, Prosecco Bisol Crede Spumante, Valdobiadene, Prosecco Drusian, Spumante, extra dry, Valdobiadene.

ganz ausgezeichneter Jahrgang) Roederer Kristall, den ich einmal genießen durfte, präsentierte sich trotz seines Alters immer noch als höchst lebendig. Zwar moussierte er selbstverständlich sehr viel schwächer als seine junge Verwandtschaft, aber seine Struktur war von einer Tiefe und Kraft, wie ich sie selten zuvor erlebt hatte. Auch seine Farbe war ein Erleb-

nis: Sie hatte sich von dem üblichen blassen Gelb zu pampelmusenfarbenem Rosa verdunkelt und den Veteran in ein einzigartiges, wenn auch sündhaft teures Vergnügen verwandelt.

🐎 Natürlich gibt es zu all dem preiswertere Alternativen. Manchmal werde ich gefragt, ob ich einen guten deutschen Sekt einem guten Champagner vorziehen würde? Ehrlich gesagt, wüsste ich zurzeit keinen. Deutschen Sekt trinke ich ohnehin selten, da mir dessen Kohlensäure meist zu grob und der Wein zu jung erscheint. Häufig habe ich auch das Gefühl, dass er aus eher mäßigen Grundweinen gekeltert wird. Die Bezeichnung »Sekt« soll ja von dem Berliner Schauspieler Otto Devrient stammen, der ihn von »vino secco« ableitete. Für viele Sekte wäre allerdings »vino aspro«, saurer Wein, passender. Ich habe den Verdacht, dass viele Kellermeister jene Weine, die sie sich als stille Weine nicht herauszugeben trauten, einfach zum Versekten geben, denn Kundschaft für die Blasen findet sich allemal.

Wo der Champagner herkommt

Am besten sollten Sie keinen Franzose darauf ansprechen, aber es ist wahr: Die weltberühmte Méthode champenoise stammt gar nicht aus der Champagne, sondern aus England. Lange Zeit galt ja Dom Pérignon (1639 – 1715), ein Mönch der Benediktinerabtei in Hautvilliers als Entdecker des schäumenden Champagnerweins. Heute weiß man, dass der erste brizzelnde Champagnerwein bereits 1664 auf dem Landsitz des Herzogs von Bedford produziert wurde. Während die Franzosen damals noch ölgetränkte, luftdurchlässige Hanfpropfen als Flaschenverschluss benutzten, setzten die Engländer nämlich bereits auf Korken. Bei ungewollten Nachgärungen konnte das entstehende Kohlendioxid nicht entweichen, sondern blieb als Kohlensäure in der Flasche gefangen. Wurde die Flasche geöffnet, schäumte der Wein. Dom Pérignon, der 1668 den Keller in Hautvilliers übernahm, griff die Anregung auf. Seine eigentliche Leistung aber bestand darin, dass er herausfand, wie man durch das Mischen von Weinen aus verschiedenen Lagen eine höhere Qualität erzielt. Dieses Assemblage-Prinzip bildet heute zusammen mit der Methode der Flaschengärung den Kern der Champagnerherstellung. Richtig durchsetzen konnte sich die Méthode champenoise jedoch erst mit Beginn des 18. Jahrhunderts, als man über

festere Flaschen und größere Erfahrung bei der Dosierung der Zuckermenge verfügte. Bis dahin waren die meisten Flaschen einfach geplatzt, der unberechenbare Schampus war als »Teufelswein« oder »verrückter Wein« berüchtigt. Das hat sich, wie wir wissen, mittlerweile geändert.

Warum ist Champagner teuer?

Laut Gesetz der französischen Appellations controlés von 1927 dürfen im Gebiet der Appellation Champagne nur 33 000 Hektar mit Reben bepflanzt werden. (Tatsächlich bepflanzt sind derzeit aber nur 26 000 Hektar.) Verglichen mit anderen französischen Weinbaugebieten ist die Champagne also ein Zwerg: Die Bourgogne beispielsweise ist mehr als zweimal, die Region Bordeaux sogar dreimal so groß. Trotzdem dürfen sich nur Weine, die innerhalb dieser engen Grenzen angebaut wurden, Champagner nennen. Zusammen mit dem wechselhaften Klima und der konstant starken Nachfrage ist es dieser

begrenzte Ernteertrag, der für vergleichsweise hohe Traubenpreise in der Region sorgt. Ein weiterer Preistreiber sind die langen Lagerzeiten der Grundweine: Jene riesigen Reserven, die in den Kellern der Champagnerhäuser darauf warten, einst einer Assemblage hinzugefügt zu werden, sind für ihre Besitzer totes Kapital. Dazu gesellen sich Millionen von Flaschen, die zur Reife und gesetzlichen Mindestlagerung von mindestens einem Jahr im Keller verweilen müssen. Auch die schweren, lichtgeschützten Flaschen und Champagnerkorken kommen deutlich teurer als übliche Weinverschlüsse und -behältnisse. Das sind die Fakten. Der größte Teil des Preises wird jedoch, wie überall in der Weinwelt, am Markt gemacht. Schon Dom Pérignon, der Gottvater des Champagners, hat mit zunehmender Anerkennung für sein Produkt auch kräftig dessen Preis erhöht. (Natürlich nur in bester Absicht, der Weinverkauf bildete schließlich die Haupteinnahmequelle seiner Abtei.) Während der regional produzierte Rotwein maximal 200 Pfund pro queue einbrachte, verlangte Dom Pérignon 700, später sogar bis zu 900 Pfund für die gleiche Menge. Der fromme Kellermeister hatte erkannt: Es sind die Käufer, die den Preis bestimmen, nicht die Produktionskosten.

Zeit, den Löffel abzugeben

Allen Mythen zum Trotz bleiben Schaumweine keine Sekunde länger frisch, wenn man einen Silberlöffel in den Flaschenhals steckt. Bei einer Blindverkostung der Wissenschaftszeitschrift »Scientific American« konnten selbst eingeschworene Silber-Linge nicht den mindesten Unterschied zwischen geöffnetem Sekt mit und ohne Löffel herausschmecken, und zwar ganz unabhängig davon, ob

es sich dabei nun um einen Edelstahl- oder Silberlöffel handelte oder nicht. Das deutsche Fraunhofer-Institut für chemische Technologie hat ebenfalls nachgemessen und meldet: Der Löffel bringt nur dann etwas, wenn der Stiel einen Zentimeter oder mehr in den Sekt eintaucht – was bedeutet, dass die Flasche noch so gut wie voll sein muss.

Champagner wird in eine Vielzahl unterschiedlicher Flaschenformate abgefüllt, beginnend mit le quart (20 cl), es folgen la demi-bouteille (37,5 cl), la bouteille (75 cl, links und rechts im Bild), Magnum (1,5 l, zweite Flasche von links und von rechts), Jeroboam (3 l, Bildmitte), Methusalem (8 Flaschen in einer), Salmanasar (12 Flaschen), Balthasar (16 Flaschen) und Nebukadnezar (20 Flaschen).

Überhaupt wird dem Getränk für meinen Geschmack zu wenig Persönlichkeit gegeben. Und wenn Sekt mal richtig gut schmeckt, dann ist er gleich wieder so teuer wie eine anständige Flasche Champagner – und der gebe ich dann doch den Vorzug.

🌿 Besonderer Beliebtheit erfreut sich in den letzten Jahren der Prosecco, eine Schaumweinspezialität aus der gleichnamigen Rebsorte aus Venetien. Leider wird einem statt eines ordentlichen Proseccos häufig nur ein leicht schäumendes Etwas serviert, das im Glas liegt, als wäre es bereits Stunden zuvor eingegossen worden. Dabei handelt es sich um Prosecco frizzante, die kohlensäurearme Variante des Spumante.

🌿 Die besten Qualitäten des Prosecco kommen aus dem Herzen des Veneto, aus der Region Valdobiadene mit der Kleinstadt Conegliano im Zentrum. Dieser Prosecco zeichnet sich durch feine Perlage, einen geringeren Kohlensäuregehalt als bei Sekt und

Champagner sowie durch seinen runden, weichen Körper und fruchtiges Aroma aus. Dank kurzer Lagerzeit in der Flasche ist er besonders frisch. Wer also etwas Erfrischendes trinken will, ohne den Magen mit viel Kohlensäure in Aufruhr zu versetzen, liegt bei einem guten Prosecco genau richtig.

Für mich ist jedoch Champagner in seiner besten Form durch nichts zu ersetzen, weder was Finesse noch was Komplexität angeht. Und was seinen Genuss betrifft, geht es mir ganz ähnlich wie Madame Bollinger, Chefin des gleichnamigen Champagnerhauses. Madame, die 1971 verstorben ist, wurde einmal gefragt, zu welchen Gelegenheiten sie denn ihren Champagner trinke. Sie antwortete: »Ich trinke Champagner nur, wenn ich glücklich bin und wenn ich traurig bin. Manchmal trinke ich ihn, wenn ich alleine bin. Wenn ich Gesellschaft habe, trinke ich ihn sowieso. Ich spiele mit ihm, wenn ich hungrig bin und auch wenn ich es nicht bin. Ansonsten rühre ich ihn nicht an, außer, ich bin durstig.« 🌿

Wein-Basics

→ Die Familie der Schaumweine teilt sich in etliche Linien: Schaumweine aus Tankgärverfahren, flaschenvergorene Schaumweine (letztere outen sich zuweilen mit dem Hinweis Méthode champenoise oder Méthode traditionelle auf dem Etikett), Cuvées (also Verschnitte mehrerer Grundweine) sowie Produkte aus einer einzigen Rebsorte und eines einzigen Jahrgangs. Ein vornehmer Nebenzweig sind die Jahrgangschampagner bzw. -sekte, die – wie der Name sagt – ausschließlich aus Wein(en) eines einzigen Jahres stammen.

→ Feine Schaumweine schmecken cremig und sanft, ihre Mousseux ist fest. Wie am Faden gezogen perlen die Bläschen vom Boden des Glases zur Oberfläche. Große, unregelmäßige Blasen hingegen sind zusammen mit aggressivem Blubbern im Mund ein Indiz für geringere Qualität.

→ Bei längerer Lagerung im Kühlschrank verlieren Schaumweine erheblich an Qualität. Sie sind zudem extrem lichtempfindlich. Ich würde Champagner daher überhaupt nie aus dem Regal, sondern immer aus der Kiste oder direkt aus dem Keller kaufen.

→ Champagner ist am besten, wenn er bei 7 bis 8 Grad Celsius serviert wird. Ältere Jahrgänge verfügen über komplexere Geschmacksnoten und können daher auch wärmer getrunken werden.

→ Champagner altert am Besten in Magnumflaschen (1,5 Liter).

→ Champagnerschalen heißen so, weil man aus ihnen keinesfalls Champagner oder einen anderen (Schaum-)Wein trinken sollte. Der Grund: Die weite Öffnung lässt die Mousseux sofort entweichen, der Schaumwein wird schal.

→ Viele Restaurants verzichten bei Sekt und Champagner im offenen Ausschank auf eine Erzeugerangabe. Angesichts der vielen Billigangebote auf dem Markt sollten Sie sich bei der Bestellung genau nach dem Hersteller erkundigen.

Übrigens...

Mit einem Sektkorken, der gleich einer Rakete aus der Flasche knallt, geht nicht nur die Kohlensäure, sondern auch ein Gutteil der Aromastoffe flöten. Bewahren kann man sie durch langsames Drehen und Lockern des Korkens. Das Knallen sollte man sich für Silvester aufsparen.

Laut Gesetz dürfen im Gebiet der Appellation Champagne nur 33 000 Hektar mit Reben bepflanzt werden. Verglichen mit anderen französischen Weinbauregionen ist die Champagne also ein Zwerg.

Die Reifeprüfung

Weshalb die wenigsten Weine gern lange lagern und warum einige dennoch Jahre brauchen, bis sie ihren Höhepunkt erreichen

Eine besonders beliebte Binse besagt beispielsweise, dass Weine mit zunehmendem Alter immer besser würden. Wer das behauptet, vergisst, dass es sich bei Wein – wie bei allen Lebensmitteln – um ein verderbliches Gut handelt. Im Grunde könnte man unendlich viele Weine (rote wie weiße) gleich mit einem Mindesthaltbarkeitsdatum versehen – und zwar einem, das nur unwesentlich nach der Abfüllung liegt. »Die Zeit ist eine große Lehrerin. Schade nur, dass sie ihre Schüler umbringt«, hat Curt Goetz einmal gesagt, und das gilt auch für Weine. Nur wenige lagern wirklich lange gut.

Am eindrücklichsten ist der Verfall bei billigen Weißweinen zu beobachten, deren größte (und manchmal einzige) Stärke in ihrer Frische besteht. Sie sind für den schnellen Konsum gemacht und verbessern sich durch Lagerung genauso wenig wie eine Packung Schwarzbrot, die man ein paar Jahre in der Speisekammer bunkert.

🐎 Unter allen Halbwahrheiten unserer an Halbwahrheiten beileibe nicht armen Kultur gibt es für mich nur wenige, die so fadenscheinig sind wie jene aus der Weinwelt. »Große Weine schmecken nicht, wenn sie jung sind!«, »Kein Wein zur Suppe!«, »Rotwein sollte bei Zimmertemperatur getrunken werden!«, »Weine aus dem Barrique sind besser!« und so weiter – all diese Pseudoweisheiten hört man immer wieder, und alle sind zwar nie ganz richtig, aber auch nicht grundlegend falsch. Vermutlich halten sie sich deshalb so hartnäckig.

🐎 Allerdings haben Instantweine, die sich bald nach ihrer Abfüllung genießen lassen, durchaus etwas für sich: Sie sind unkomplizierter für den Verbraucher und den Händler. Und weil das so ist, trimmen heute immer mehr Weinmacher ihre Produkte auf baldige Trinkreife.

In der Branche ist dieser Trend umstritten; im Piemont hat er sogar zu einem regelrechten Glaubenskrieg geführt. Dort verteidigt nämlich die aussterbende Minderheit der Traditionalisten vehement ihre klassische Art des Ausbaus, bei der Traubenmost in offenen Holz-

Große Weine sind immer groß

Dies ist ein Wettangebot, exklusiv für Sie und ganz unter uns. Mein Vorschlag: Sie kaufen sich einen fünf Jahre alten, hochwertigen Barbaresco und tragen ihn zu Freunden, die sich mit Wein auszukennen glauben. Dort kündigen Sie an, die Flasche sofort öffnen und trinken zu wollen. Wetten, dass Sie damit Augenrollen und Entsetzen provozieren? Dass man Sie unter strafenden Blicken belehren wird, ein Barbaresco brauche »mindestens zehn Jahre bis zur Trinkreife«?
Meine Empfehlung: Lassen Sie sich von solchen Regeln nicht beirren. Tatsächlich sind große Rotweine in ihrer primären Entwicklungsphase zumeist von ziemlich harter Strenge. Grund dafür sind die dominanten Gerbstoffe, die erst im Laufe der Jahre mehr und mehr in den Hintergrund treten, um einem weicheren Stoff Platz zu machen. Im Großen und Ganzen macht es deshalb durchaus Sinn,

hochwertigen Weinen ein paar Jahre Zeit zu gönnen (das gilt übrigens auch für große Weine mit wenig Tanninen, wie Shiraz aus der Neuen Welt oder rote Burgunder. Sie benötigen ebenfalls Reifezeit, um ihr volles Bukett, den komplexen Körper und die perfekte Struktur zu erlangen).
Jetzt kommt das große ABER: Bei wirklich großen Weinen riecht man auch in ihrer Frühphase schon eine Vielfalt an Aromen und spürt eine volumige Fülle am Gaumen, die die Tannine einbettet wie ein samtig-sanftes Tuch einen groben Holztisch. Ich behaupte deshalb: Große Weine sind – egal was Ihre Freunde sagen – in jeder ihrer Entwicklungsstufen ein großes Vergnügen. Wetten?

bottichen möglichst lange mit den Schalen vergoren wird. Moderne Techniken kommen dabei ebenso selten zum Einsatz wie die berühmten, alljährlich erneuerten Eichenfässer aus Frankreich. Das Ergebnis sind krachterte Tropfen mit Powertanninen, die äußerst faszinierend und vielschichtig, aber beileibe nicht jedermanns Sache sind. Eine solche Flasche zu leeren, bedeutet mitunter echte Arbeit. Genau das bemängeln die Modernisten. Sie greifen zu modernsten Technologien und Fässern aus schlagfrischer Eiche, kontrollieren fortwährend die Gärtemperatur und trennen Traubenrückstände und Most, bevor sie Tannin und Säuren vollständig extrahieren. Für die Traditionalisten sind sie Verräter.

🐉 Und für mich? Ich ertappe mich zuweilen selber dabei, dass mir die jugendlichen, frühreifen Weine Spaß machen. Einige von ihnen sind ja auch wirklich hervorragend: Paolo Scavino beispielsweise gilt als der Pionier der modernen Barolo-Produzenten, sein Kollege Elio Altare hat mit seinem Barolotyp bei einer ganzen Generation junger Winzer Überzeugungsarbeit geleistet. Für die Neue Welt hingegen – von Mondavi (Kalifornien) über Penfolds (Australien), Marqués de Griñón (Argentinien), Kanonkop (Südafrika), Concha y Toro (Chile) bis Stonyridge (Neuseeland) – ist ein Typ Wein charakteristisch, der sich konzentriert und reif in Frucht und Tanninen präsentiert und den Gaumen mit weicher Struktur und sanftem Körper verwöhnt. Diese Weine sind allzeit trinkbereit und lassen trotz teilweise unbändiger Kraft keine Wünsche offen.
Das gilt jedenfalls für die ersten Schlucke. Wer genauer schmeckt, stößt auf Mängel, die zwar minimal sind, die aber mit darüber entscheiden, ob sich ein Wein wirklich »groß« nennen darf. Und noch etwas: Es gibt eine Qualität, die all diese Jungspunde nie erreichen können, weil sie sich nun einmal ausschließlich im Laufe mehrerer Jahre erreichen lässt, und das ist Komplexität. Komplexität ist jene begehrte Rendite, die man nur großem Zeitinvestment erzielt. Gutgemachte Bordeaux, Baroli oder Riojas beispielsweise gewinnen ihre satte Vielschichtigkeit und volle Finesse mitunter erst nach Jahrzehnten. Top-Rieslinge von Rhein, Mosel und aus der

Wenngleich die wenigsten Weine im hohen Alter besser werden, benötigen einige Jahrzehnte, um ihren Charakter voll zur Geltung zu bringen. Hier der Keller des Château Ducru-Beaucaillou in Saint-Julien.

Der Edelpilz (Botrytis cinera) ist für den Reifeprozess edelfauler Trauben verantwortlich. Bei Süßweinen aus Sauternes geht's nach dem Prinzip: je tiefer und intensiver die Farbe, desto höher die Qualität des Weines.

Pfalz, Grüne Veltliner und Rieslinge der Qualitätsstufe Smaragd aus der Wachau brauchen ebenso Zeit zur Entwicklung wie erstklassige Sauvignons aus der Steiermark, von der Loire, aus Neuseeland oder Südafrika. Und Rotweine bester Herkunft und Lage verlieren noch klarer als ihre weißen Brüder an Klasse und Qualität, wenn man sie auf schnelle Trinkreife trimmt.

🐾 Nach Auffassung Michael Broadbents, Weinauktionator bei Christie's und ein profunder Kenner alter Weine, benötigen einige Bordeaux-Weine sogar Jahrzehnte, um höchste Gipfel zu erklimmen. »Der 1928er Latour«, schreibt Broadbent in einem Essay (»Lob der alten Weine«), »war derart voll von Fruchtnoten, Alkohol, Extraktstoffen und Tanninen, dass er über ein halbes Jahrhundert brauchte, bis er trinkreif war. Und er ist heute (1997) immer noch superb.« Ich kann etwas Ähnliches am Beispiel des legendären 1959er Château Mouton-Rothschild bestätigen, den ich im Juli 2001 bei einer Probe im Tantris verkosten durfte: Die Lebendigkeit und frischen Fruchtnoten der zwei verkosteten Bouteillen begeisterten uns alle. Mir kam es so vor, als wäre dieser göttliche Wein erst jetzt, fast ein halbes Jahrhundert nach seiner Ernte, auf dem Hö-

hepunkt angekommen. Für die Modernisten ist all das natürlich vertane Zeit. Sie sagen: Die Trinkreife unserer Weine muss früher beginnen. Wer hat Recht? Schwer zu sagen. Fragen Sie drei Fachleute nach dem optimalen Trinkzeitpunkt eines Weines, und sie bekommen drei verschiedene Antworten (vier, wenn ein studierter Önologe dabei ist).
Ein Beispiel: Bei uns im Tantris serviere ich zurzeit einen 1997er Sul Bric, eine überaus sinnliche, piemontesische Cuvée, die zur Hälfte aus Barbera-Trauben, zur anderen Hälfte aus Cabernet Sauvignon gewonnen wird. »1997er? Ist der nicht noch viel zu jung und kantig?«, werde ich manchmal von Gästen gefragt. Ich verneine das, denn große Weine sind zu jeder Zeit groß. Gewiss legen sie in ihrer Reife noch zu, indem sie dichter und komplexer werden; einige entwickeln sich erst im Alter zu Traumweinen. Ein Wein mit wenig Gerbstoffen aber kann durchaus früh getrunken werden. Wer die fruchtig-blumige Jugend eines Sul Bric nicht verpassen will, muss ihn sogar jetzt trinken – auch wenn seine Entwicklung längst noch nicht abgeschlossen ist. Jetzt ist die Zeit seiner primären (fruchtigen) Aromen, die später von den sekundären (gewürzigen) und im Alter von tertiären, balsamischen Aromen (Madeira, Waldboden, Un-

Via dolorosa

Der Leidensweg eines falsch – also am Tageslicht oder in trockener Luft – gelagerten Weines beginnt spätestens nach einem halben Jahr. Einen Lagerfehler erkennt man manchmal daran, dass die Weinfarbe ins Goldgelbe, bernsteinfarbene, ziegel- oder orange-rote changiert und der Wein nach Maggikraut, Sherry, Madeira oder aufgebrühtem Tee riecht.

terholz) abgelöst wird, und je nachdem, welche Aromen man bevorzugt, wird man den Sul Bric heute, morgen oder erst übermorgen genießen. Letztlich ist die Frage der Trinkreife also auch eine Geschmacksfrage, die sich an jedem Wein neu entscheidet.

Im eigenen Keller muss man die Entwicklung seiner Kellerkinder natürlich ständig im Auge behalten. Wenn ich Wein zwecks Lagerung einkaufe, nehme ich deshalb immer ein paar Flaschen hinzu, die ich später für sporadische Reifeprüfungen opfern kann.

Schmeckt die Probe noch sperrig und adstringierend, als ob man gerade in eine unreife Quitte gebissen hätte, ist es definitiv noch zu früh. Wenn man also spätestens nach dem zweiten Schluck das Gefühl hat, unbeding mit Wasser nachspülen zu müssen, weil die Papillen der Zunge zugekleistert sind und sich der Gaumen rundherum roh anfühlt, dann hat man es nicht mit einem maskulinen oder herben, sondern mit einem eindeutig unreifen Wein zu tun, der noch seine Zeit braucht.

Ganz selten sind bekanntlich Weißweine, die längere Lagerung vertragen, noch seltener sind solche, die von ihr profitieren. Aber es gibt sie: Edelsüße Weine, hochwertige weiße Burgunder wie Corton-Charlemagne oder Meursault bester Erzeuger und guter Jahrgänge beispielsweise danken einem die Wartezeit von acht bis zehn Jahren mit vollendeten, runden Aromen. Gleiches gilt für Montrachets, die etwa 15 Jahre im Keller brauchen, um ihren Charakter voll zu entfalten. Und es wäre jammerschade, würde man diese Entwicklungsstufe verpassen.

Und dann gibt es natürlich noch die Ausnahmeweine, jene verdienten, jahrzehntealten Weinveteranen, die auf Auktionen für stolze Preise gehandelt werden. Michael Broadbents Job bei Christie's in London bestand unter anderem darin, solche Schätze aus den Gewölben schottischer Castles oder den Kellern reicher Londoner Familien zu heben und sie bei Christie's unter den Hammer zu bringen. Vor gut 20 Jahren hat Broadbent im Schloss des Earl of Strathmore einen echten Jahrhun-

dertfund gemacht: 42 unversehrte Magnumflaschen Lafite-Rothschild, Jahrgang 1870.

🐾 Einen solchen »Zeitzeugen« vor sich zu
haben, der Kriege und Krisen, Moden und
Menschenleben überstanden hat, ist natürlich
etwas ganz Besonderes. Werner Bokelberg,
ein berühmter Fotosammler, hat einmal gesagt: wenn er ein Bild aus den zwanziger
Jahren in der Hand nehme und betrachte,
atme er den Geist dieser Zeit. Mir geht es mit
großen, alten Weinen ganz ähnlich.
Das erste Mal genoss ich ein solches Erlebnis
vor ziemlich genau 20 Jahren, als ich mit meinem damaligen Chef das Perigord bereiste
und von den Eigentümern der Gänseleber-
Manufaktur Rougié mit einem fürstlichen
Menü bewirtet wurde. Zum Auftakt wurde
1928er Champagner Louis Roederer Brut serviert. Ein echter Klassiker, fünf Jahrzehnte
im Keller gereift. Fragen wie »Hat er noch
genügend Mousseux?«, »Wie frisch wird er
sein?«, »Und überhaupt: Ist 50 Jahre alter
Champagner überhaupt gut?«, brannten mir
auf der Zunge. Ich war sichtlich nervöser als
unserer Gastgeber. Gleich der erste Schluck
machte jedoch alles klar: Der Roederer war

Einen betagten Champagner
wie diesen versetzt man vor
dem Genuss häufig mit einer
so genannten Versanddosage.
Seine Perlage, die im Laufe der
Jahre abnimmt, wird dadurch
aufgefrischt.

In den Kellern des Weingutes
Campillo in Laguardia, Rioja,
reifen 2,5 Millionen Flaschen.

Wie Wein reift

Wein besteht, grob vereinfacht, aus einer Portion ausgepresster, vergorener und auf Flaschen gefüllter Trauben. Wenn man sich dieses Bild einmal vor Augen hält, versteht man sehr gut, was die Zeit mit Wein anstellt – nichts anderes nämlich als mit einem Apfel, an dem der Zahn der Zeit zu nagen beginnt. Zu Anfang, wenn er noch fast grün ist, riecht er nach weißen Blüten, Gräsern, Zitrone. Schon bald weichen diese frischen Aromen jedoch dumpferen, würzigeren Tönen. Und wenn der Apfel nach ein paar Wochen ganz braun-schwarz ist, erinnert sein Geruch an Erde, Moder, Verwesung.

Das gleiche passiert einem Wein in der Flasche, nur dass sich dieser Prozess im Schneckentempo vollzieht. Ein jugendlicher Wein riecht nach Früchten und Blumen, den so genannten primären Aromen. Auf diese opulente, laute Pubertätsphase folgt die Zeit sekundärer Aromen wie Tee, Schokolade, Nelke oder anderer Gewürze. Häufig sind auch Anklänge von Preiselbeer, Heidelbeer oder Kirsche darunter, und wenn der Wein im Barrique gereift ist, mischt sich zuweilen Vanille hinein. Die letzte Phase eines Weinlebens ist dann den tertiären Aromen vorbehalten, das sind die Aromen des Bodens, also Waldboden, Sherrytöne, Maggikraut, Madeira oder Holztöne. Wie schnell ein Wein von einer in die andere Phase wechselt, hängt von seiner Komposition, seinem Ausbau und der Lagerung ab. Wie unterschiedlich solche Entwicklungen von Wein zu Wein verlaufen, kann jeder selbst nachprüfen, indem er einen Pinot noir aus der Bourgogne, eine Bordelaiser Château-Abfüllung mit hohem Cabernet Sauvignon-Anteil und einen Barolo desselben Jahrgangs miteinander vergleicht (empfehlen würde ich für dieses Experiment vier bis fünf Jahre alte Weine). Während der Pinot Noir nach drei Jahren schon ziemlich reif schmecken dürfte, verträgt der Cabernet Sauvignon wahrscheinlich noch ein paar Jahre auf der Flasche. Und der Barolo wird der Härteste und Unreifste, das enfant terrible der drei Kandidaten sein.

nicht nur noch gut, er war großartig! Ich schmeckte Briochenoten, rosinige Töne, das Aroma getrockneter Aprikosen heraus. Zum Gänseleberparfait war er ein wahrer Genuss. Als wir später beglückt gingen, händigte mir unser Gastgeber zum Abschied das Etikett aus. Es hängt noch heute in meinem Arbeitszimmer.

🦢 Ich finde, die Bewahrung wertvoller Weine sollte für jeden Weinliebhaber eine Verpflichtung sein – schließlich könnten wir heute, hätten frühere Generationen alles selbst ausgetrunken, keine großen alten Weine mehr genießen. Irgendwer hat sie vor langer Zeit vor dem Korkenzieher gerettet und eingelagert, aus welchen Motiven auch immer. Und wir profitieren davon.
Genauso gefällt mir die Vorstellung, dass eines Tages, wenn ich meinen Keller längst weitervererbt habe, irgendjemand irgendwo eine meiner besten Bouteillen öffnet, die Augen schließt, das unvergleichlich samtige Bukett eines 50 Jahre alten Bordeaux, Burgunders oder Spaniers einatmet, den ersten Schluck im Gaumen explodieren und den Abgang langsam abklingen lässt, schließlich selig seufzt: Klasse, dass es den noch gibt. 🦢

Gut gelagert

So komplex Weine im Ausbau sind, so anspruchslos sind sie in ihrer Pflege. Wein liebt Dunkelheit, Luftfeuchtigkeit zwischen 50 und 70 Prozent und recht kühle, vor allem aber gleichbleibende Temperatur (optimal sind 10 bis 16 Grad Celsius). Was er nicht mag, sind Fremdgerüche und Erschütterungen. Das ist alles.
Aus diesen Bedingungen erklärt sich auch, warum die Menschheit eines Tages dazu übergegangen ist, Wein in Kellern zu lagern. Die Helligkeit der Tagesoberfläche würde den Wein zersetzen (daran ändern auch farbige Flaschen nichts), Luft mit wenig Feuchtigkeit würde seinen Korken austrocknen und zu viel Luft in die Flasche gelangen lassen. Erschütterungen und Temperaturschwankungen schadeten seiner Struktur, weil er sich ständig ausdehnen und zusammenziehen würde. Außerdem muss er vor Gerüchen geschützt werden: Gerüche von Zwiebeln, Kartoffeln oder Heizöl würden früher oder später auch auf den Wein übergehen. Zu Weinen, die unterm Küchenspülbecken, im Heizungskeller oder im Wohnzimmerregal gelagert werden, kann man deshalb nur sagen: Dort liegen sie falsch.
Auch ohne Keller braucht man jedoch nicht auf einen persönlichen Weinvorrat zu verzichten. Wer kein Gewölbe zur Verfügung hat, dem empfehle ich einen Blechspind, der an einer Wohnungsaußenwand mit kühler, konstanter Temperatur (also vornehmlich Norden oder Osten) postiert wird. Unten hinein würde ich eine wassergefüllte Wanne stellen, die für permanente Feuchtigkeit sorgt. In einem solchen gleichmäßigen, kontrollierbaren Mikroklima fühlen sich auch Kellerkinder – wie Weine es nun einmal sind – einige Zeit wohl.
In Neubaukellern ist eine vernünftige Isolation von Warmwasserleitungen, Heizungsrohren und ähnlichen Wärmequellen unerlässlich. Die Fenster sollten verdunkelt,

die Wände (wenn möglich) isoliert werden. All das ist meist noch billiger als eine Klimatür oder Klimazelle. Auch ein kleines, am Fensterrahmen angebrachtes Kühlaggregat kann helfen. Gegen zu trockene Luft im Keller (d.h. bei einem Feuchtigkeitsgehalt von weniger als 40 Prozent) kann man ganz einfach unter den Regalen Backbleche aufstellen und diese wie ein Blumenbeet regelmäßig mit der Gießkanne wässern. Mit einem Hydrometer lässt sich die korrekte Feuchtigkeit zuverlässig kontrollieren. Um einen zu feuchten Keller hingegen braucht man sich keine Gedanken zu machen. Er schadet keinem Wein, sondern lediglich den Etiketten, deren Klebstoff er aufweicht. Um das zu verhindern, kann man die Etiketten mit Klarlack besprühen oder die ganze Flasche in Klarsichtfolie einwickeln.

Wein-Basics

➤ Wein ist zum Trinken da, genauer: zum zügigen Genuss. Einfache Qualitäten werden durch lange Lagerzeit nur schlechter.

➤ Für die kleine, feine Gruppe großer Ausnahmeweine gilt: Die gerbstoffreicheren brauchen länger zur Trinkreife als die gerbstoffarmen. Leichte Rotweine sind früher reif als schwere.

➤ Vergeht mehr als eine Stunde, bevor sich ein Wein öffnet, kann man ihm ruhig noch ein paar Jahre in der Flasche gönnen.

➤ Es gibt nur ganz, ganz wenige Weißweine, die sich lagern lassen (Ausnahme: Süßweine). Äußerste Vorsicht auch bei Schaumweinen und Champagner!

➤ Ein Wein, der mit dem Alter besser wird, ist ein höherwertiger, weil komplexer Wein. Aber: Nicht alle guten Weine werden mit dem Alter besser. Auch robuste Alltagsweine (in der Preisklasse bis etwa zehn Euro) langen bereits wenige Monate nach der Abfüllung auf ihrem Höhepunkt an.

➤ Große Weine sind in jeder Entwicklungsstufe groß.

➤ Die Frage der Trinkreife ist vor allem eine Frage des persönlichen Geschmacks.

➤ Um diesen Moment nicht zu verpassen, hilft nur eines: probieren, probieren, probieren. Oder: Man sucht sich eine Vertrauensperson (zum Beispiel einen Weinhändler), der einem zuverlässig Bescheid gibt, wenn ein Wein sich seinem Höhepunkt nähert. Hinweise liefern auch Weinführer wie »Bordeaux total«, Johnson und Parker, die jeweils anmerken, in welchem Stadium sich ein Jahrgang ihrer Meinung nach gerade befindet. Ob sie recht haben, muss man allerdings selber herausfinden.

➤ Weißweine haben auf lange Zeit nichts im Kühlschrank zu suchen, weil sie dort unter trockener Luft und Vibration leiden.

➤ Es geht nichts über einen guten Weinkeller. Zu den Alternativen: Siehe unter »Gut gelagert«.

➤ Weinkühlschränke taugen nur etwas, wenn sie vibrationsfrei arbeiten und Feuchtigkeit wie Luftaustausch zuverlässig regeln.

➤ Einzelne Weinflaschen sollte man statt in Kartons in Holzkisten lagern. Feuchte Pappkartons sondern schnell Gerüche ab.

Übrigens ...

wird ja immer wieder behauptet, »Neue Welt«-Weine unterschieden sich von jenen der guten alten auch dadurch, dass sie sich nicht lagern ließen. Das ist natürlich Blödsinn. Lagern lassen sich alle komplexen Weine, die wirklich Großen verbessern sich sogar im Laufe der Zeit – ganz egal, aus welcher Welt sie stammen.

Kennen Sie den Film »Sneakers«? Mit Robert Redford und Sidney Poitier? Nun, in diesem Hollywood-Streifen gibt Redford seinem Kollegen Poitier einen ziemlich smarten Tipp. Wenn Du einen neuen Klienten kennen lernst, lass' Dich nie davon täuschen, wie elegant er sich gibt, wie edel seine Anzüge, wie teuer seine Uhr oder wie perfekt sein Haarstyling wirkt – schau auf seine Schuhe! Die Schuhe verraten alles.

Ein guter Verräter

Was uns der Korken über die Liebe des Winzers erzählt

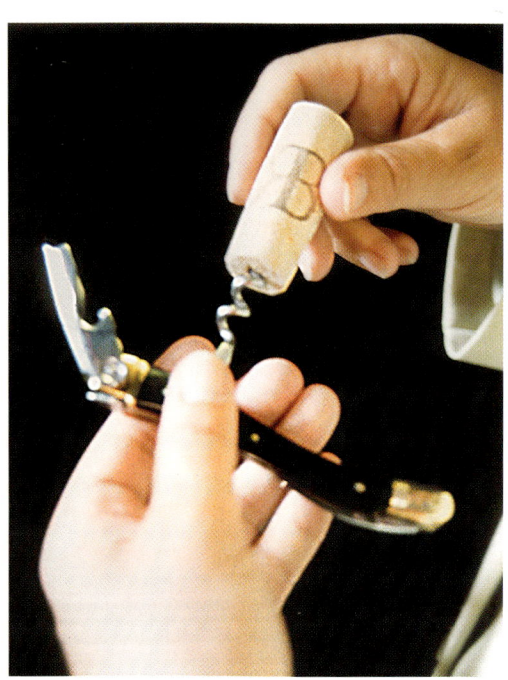

Bei Wein gibt es ein ähnlich verräterisches Element, und das ist der Korken. So erhaben der Name eines Weines klingen, so viel versprechend sein Etikett und so extravagant die Flasche auch erscheinen mag – ein Korken lügt nie. Er ist ein unbestechlicher Zeuge. Der Korken gibt uns zum Beispiel wertvolle Hinweise, wie stark ein Wein gealtert und ob er möglicherweise korkig ist. Er verrät uns, ob die Flasche richtig gelagert wurde. Und, vielleicht das Wichtigste: An ihm können wir einiges über das Verhältnis des Weinmachers zu seinem Wein ablesen.

Stellen Sie sich zum Beispiel vor, Sie wären ein ordentlicher Winzer – also jemand, der sich draußen im Weinberg über Monate hinweg anstrengt, dass etwas Gescheites in die Fässer kommt; der weitere Monate im Keller zubringt, um diese Ernte zu einem richtig guten Wein auszubauen, und der diese wirklich harte Arbeit eines Tages abschließt, indem er einen Korken in einen Flaschenhals drückt. Würden Sie all Ihre Mühe riskieren, allein, um ein paar Pfennige zu sparen? Natürlich nicht. Genau dies aber tun Winzer, die auf Presskork und ähnlich mindere Qualitäten setzen. Presskork ist nämlich ein drittklassiger Flaschenverschluss, der aus minderen Rohqualitäten oder Produktionsrückständen zusammengedrückt und zumeist für knallhart kalkulierte Massenweine verwendet wird, also eher von industriellen Weinproduzenten, die selbst kaum mehr in den Keller steigen, geschweige denn im Weinberg schwitzen. Man erkennt Presskork ganz leicht, weil er aussieht wie jene Fußbodenplatten, die in den späten siebziger Jahren en vogue waren. Presskork hat eigentlich nur einen einzigen Vorteil: Er ist billig.

Für einen ordentlichen Stopfen hingegen muss der Winzer mehr als das Doppelte

investieren. Ein solcher Korken besteht aus einem einzigen, langen Stück Korkeichenrinde mit möglichst wenig Lentizellen (das sind die dunklen Rinnen im Kork). Wenn Sie ein solches Exemplar zwischen Daumen und Mittelfinger nehmen und zusammendrücken, merken Sie: Er ist leicht elastisch. Richtig gute Korken, für die Winzer bis zu einen Euro pro Stück bezahlen, bewahren sich diese Elastizität über Jahre, manchmal Jahrzehnte – und das ist wichtig, denn ein Wein atmet nicht durch den Kork, sondern an ihm vorbei. Wie kräftig manche Weine Luft holen, können Sie an älteren Flaschen ablesen, bei denen der Weinpegel schon an der so genannten »unteren Schulter«, d.h. unterhalb der Flaschenrundung, steht. (Dann ist es übrigens höchste Zeit, dass er getrunken wird; ein Wein mit niedrigerem »Pegelstand« dürfte bereits schwer gelitten haben.) Damit der Korken beständig benetzt und elastisch bleibt, sollten Flaschen immer liegend gelagert werden.

Gleich einem Ventil in einer Luftröhre entscheidet der Korken also mit darüber, wie schnell und wie gut der Wein unter ihm altert. Deshalb ist seine Güte so wichtig, und da gibt es in der Tat enorme Unterschiede. Ich habe schon fünfzig Jahre alte Korken gezogen, die noch über erstaunliche Spannkraft verfügten. Wenngleich sie in diesem hohen Alter schon vollständig durchnässt waren, ließen sie sich immer noch in einem Stück aus der Flasche ziehen.

🦋 Presskork ist das genaue Gegenteil solcher Glücksfälle. Außer allzu geschäftstüchtigen Winzern lockt diese Billigvariante deshalb eigentlich nur einen Zeitgenossen an: Die Korkmotte. Der mikroskopisch kleine Parasit (der auch unter dem Namen Wein- oder Kellermotte berühmt-berüchtigt ist) gilt als Schrecken aller Kellermeister. Korkmotten legen ihre Eier bevorzugt in Weinkorken ab und haben auf diese Art schon ganze Jahrgänge verdorben. Zehn Tage nach ihrem Besuch im Weinkeller schlüpft aus den abgelegten Eiern der Korkwurm, der sich dann vier bis fünf Monate lang seelenruhig durch den Korken frisst. Ein Kellermeister bemerkt diesen Vernichtungsfeldzug schlimmstenfalls erst dann, wenn er feines Korkmehl zwischen

Kork besteht aus den abgestorbenen Zellen des Holzgewebes und ist absolut luft- und wasserdicht. Guter Kork birgt nur wenige Lentizellen, wie die verholzten, dunklen Kanäle im Kork genannt werden. Schlechter Korken kann bis zu 50 verschiedene, flüchtige Substanzen enthalten, die mit dem Wein interagieren und ihn schlimmstenfalls verderben. Winzer wie Korklieferanten denken daher seit längerem über Alternativen nach. Eine viel versprechende haben sie

bereits gefunden: Stopfen aus Silikon (siehe rechte Seite, links oben). Ob sich diese Weinverschlüsse in jenen langen Zeiträumen, in denen Winzer denken, bewähren, muss sich erst noch zeigen.

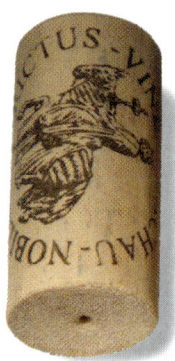

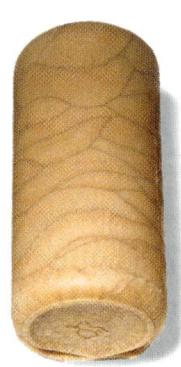

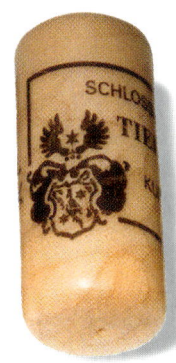

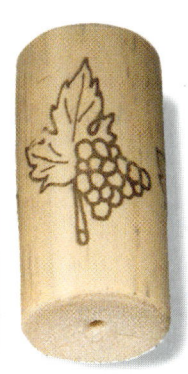

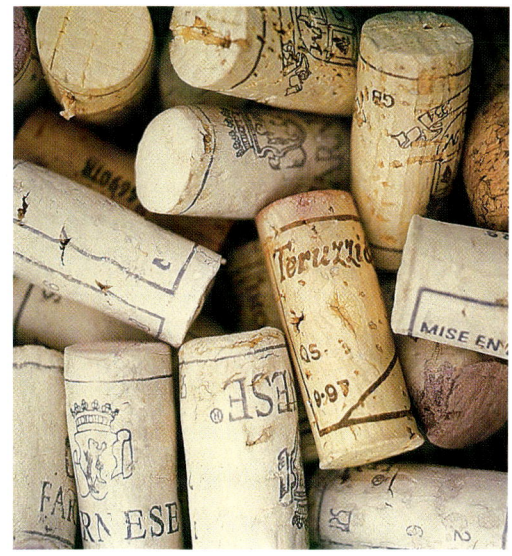

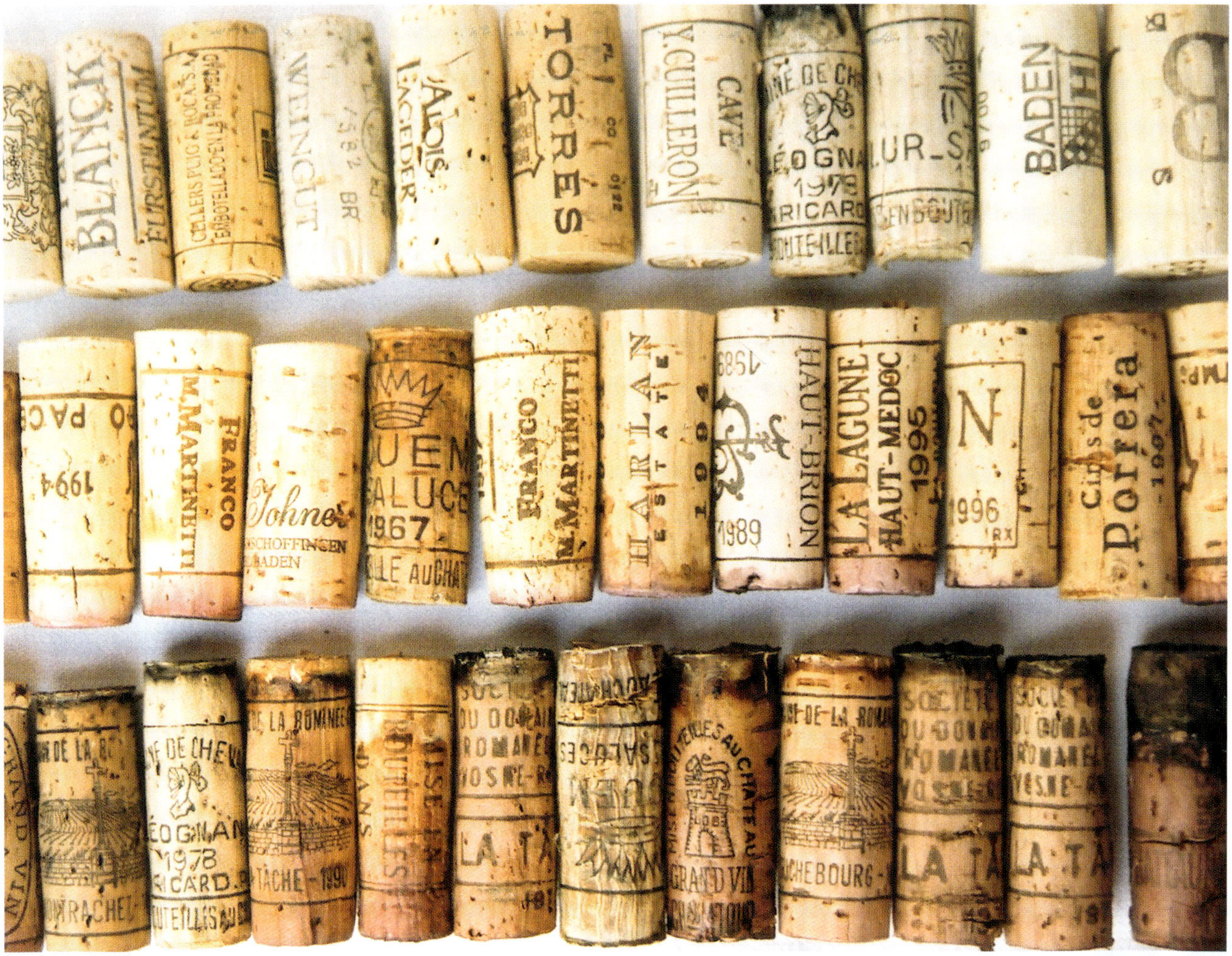
BLANCK
WEINGUT
TORRES
CAVE
BADEN
FRANCO
M.MARTINETTI
1967
HARLAN
ESTATE
1994
1989
HAUT-BRION
LA LAGUNE
HAUT-MEDOC
1995
1996
Porrera

Kork wird aus der Rinde der Korkeiche (Quercus suber) gewonnen, die vor allem im warmen Mittelmeerraum wächst. Als Folge des Weinbooms werden die wirklich guten Korkqualitäten mittlerweile leider knapp.

Kork und Kapsel findet – also, wenn er die Flasche öffnet.

In beiden Fällen ist es zu spät: Entweder ist der Korken undicht, oder die Mottenexkremente haben den Wein ungenießbar gemacht.

Presskorken sind für solche Attacken besonders anfällig, weil ihre Oberfläche der Korkmotte eine viel größere Angriffsfläche bietet. Manchmal werden die mikroskopisch kleinen Schädlinge auch bereits bei der Produktion regelrecht mit »eingebacken«. Während bei einem ordentlichen Stöpsel nur drei bis fünf Prozent eines Jahrgangs der Korkmotte zum Opfer fallen, dürfte die Ausfallrate von Presskork beim Vielfachen liegen.

🐛 Weinmacher wissen das natürlich. Ein Produzent, der einen Billigstöpsel in seine Flasche propft, nimmt also bewusst das erhöhte Risiko in Kauf, dass sein Wein früher oder später über den Jordan geht. Und das wird kein Winzer tun, der auch nur ein bisschen stolz auf die Früchte seiner Arbeit ist. Wohlgemerkt: Korkmotten und andere Weinfehler kommen in den besten Häusern vor (und, leider, auch bei den besten Korken), und das ist einer der guten Gründe, warum Ihnen der Sommelier im Restaurant einen Wein nachdem er ihn selbst probiert hat, zunächst zum Verkosten anbietet. Leider gibt es immer wieder Gäste, die ihrem Geschmackssinn nicht trauen und lieber einen schadhaften Wein herunterschlucken, als einen Weinfehler zu reklamieren. Für mich als Sommelière zählt das zu den traurigsten Erfahrungen, denn ein verkorkster Wein bedeutet häufig auch einen verkorksten Abend, in jedem Fall aber einen Genuss-Verlust. Wenn Sie also wegen der Qualität Ihres Weines unsicher sind, bitten Sie den Sommelier beziehungsweise Restaurantchef, den Wein mit Ihnen zu verkosten. Ob ein Wein tatsächlich korkig ist, lässt sich immer dann schwer entscheiden, wenn man den Wein nicht kennt. Im Zweifelsfall muss deshalb zum Vergleich eine zweite Flasche entkorkt werden – auf Kosten des Hauses, versteht sich. Lassen Sie sich auch ruhig den Korken Ihres Weines zeigen und schnüffeln Sie an ihm – wenn er schon mottig, muffig oder faulig riecht, ist die Wahrscheinlichkeit hoch, dass

1 In Portugal, dem größten Korkproduzenten der Welt, wird die Rinde nach wie vor per Hand vom Stamm der Korkeiche geschält.
2,3 Mindestens ein halbes Jahr lang trocknet die Rinde unter freiem Himmel.
4,5 Die Korkplatten werden quer zur Wuchsrichtung des Baumes in Streifen geschnitten und präpariert. Aus diesen Streifen stanzt man die Korken aus.

Der todsichere Korktest

Wenn Sie unsicher sind, ob ihr Wein wirklich Kork hat oder nur seltsam schmeckt, gießen Sie ein paar Schlucke in ein leeres Glas ab. Füllen Sie das Glas mit der gleichen Menge Tafel- oder Leitungswasser auf. Was passiert? Der Wein wird verdünnt – der (wasserunlösliche) Korkgeruch und -geschmack aber nicht. Er schmeckt daher dementsprechend intensiver. Probieren Sie erneut. Wenn Sie jetzt keinen Kork schmecken, ist Ihr Wein einwandfrei.

Ihr Wein auch danach schmeckt. Sollte sich die Gelegenheit bieten, können Sie mit dem Korktest (wie der funktioniert, steht links) ja noch einmal nachprüfen, ob der Tropfen tatsächlich fehlerhaft ist.

Elio Altare, ein namhafter Winzer aus La Morra im Piemont, hat bei einer ähnlichen Gelegenheit kürzlich einen Riesenschreck erlebt. Von 36 Flaschen seines großen 1997er Jahrgangs, die er für eine Verkostung zur Verfügung gestellt hatte, waren lediglich vier einwandfrei, acht rochen leicht muffig, 24 waren völlig ungenießbar. Seine 1997er Ernte hatte Altare erst drei Monate zuvor auf Flaschen gezogen, insgesamt 33 000 Flaschen mit einem Marktwert von je 40 Euro und mehr. Wie sich herausstellte, sind 28 000 von ihnen so stark mit Korkgeschmack belastet, dass Altare sie nicht in Verkehr bringen wird. Zwei Labors, die der fassungslose Winzer mit Gutachten beauftragte, bestätigten: Korkschimmel hatte die Fehltöne hervorgerufen. »Ich habe die teuersten Korken verwendet und meinem Lieferanten vertraut«, klagte der Winzer einem Reporter des *Wein-Gourmet* sein Leid, »aber die Korkbranche als Ganzes muss lernen, professioneller zu arbeiten.« Denn die Causa Altare ist beileibe kein Einzelfall. Trotz massiv steigender Preise lässt die Qualität der Stopfen in alarmierendem Ausmaß nach. Insider vermuten, dass in den Herkunftsgebieten die Reserven gut abgelagerten Korks einfach erschöpft sind.

Warum dann überhaupt Kork? mag man sich fragen. Wieso der ganze Ärger mit Weinen, auf die man sich manchmal jahrelang gefreut, für die man viel Geld bezahlt hat – um sie dann enttäuscht in den Ausguß schütten zu müssen?

Die Frage ist berechtigt, schließlich gibt es längst Alternativen wie Drehverschlüsse, Kronkorken, oder – die neueste Entwicklung – Silikonstopfen. Experten gehen davon aus, dass diese Neuentwicklungen in den nächsten Jahren Presskorken sowie die einfacheren Korkqualitäten verdrängen werden.

Für mich bieten Drehverschluss und Kronkorken allerdings keine akzeptable Alternative, weil durch sie der Wein nicht atmen kann – er erstickt. (Das gilt jedenfalls für Weine, die gelagert werden.) Außerdem zählt das Entkorken einer Flasche einfach zur Weinzeremonie. Oder können Sie sich einen Sommelier vorstellen, der Ihnen eine Flasche Château Latour wie eine Bierflasche öffnet?

Bleiben also Silikonstopfen, die man teilweise mit einer korkenähnlichen Oberfläche sogar ihren natürlichen Verwandten anzupassen versucht hat. Ihr Nachteil: Sie sind nicht so ausdehnungsfähig wie Naturkork. (Wenngleich in den Labors kräftig daran gearbeitet wird, und wer weiß, vielleicht ist es eines Tages so weit...) Viel gravierender aber scheint mir, dass niemand zu sagen vermag, ob Kunststoff über die Jahre nicht doch Gerüche oder Geschmack an den Wein abgibt oder etwa anderweitig mutiert. Silikonstopfen gehören deshalb für mich allenfalls auf einfache Konsumweine, die bald nach ihrer Abfüllung getrunken werden. Und weil das so ist, werden wir bis auf Weiteres mit Naturkork und seinen unliebsamen Begleiterscheinungen leben müssen. Im Tantris habe ich jeden Tag mit Korkproblemen zu tun – und zwar gleichermaßen bei den guten wie bei den herausragenden Qualitäten. Mit Kork ist es eben wie mit missratenen Sprösslingen: Selbst die besten Familien sind nicht vor ihnen gefeit. In den Ausguss schütten muss man einen korkigen Wein deshalb übrigens noch lange nicht: Er lässt sich immer noch zu einer schmackhaften Suppe, einem Gelee oder köstlichem Parfait aufkochen. Und ein erstklassiger Sauternes als Grundlage – das ist wohl das Beste, was einem Parfait passieren kann. ❧

Champagnerkorken werden – aus Kostengründen – ebenfalls aus Presskork hergestellt, an ihrer Unterseite jedoch mit Korkplättchen bester Qualität verschlossen.

Sonderfall: Champagnerkorken

So wie der Champagner eine Sonderstellung unter den Schaumweinen einnimmt, tun es auch seine Korken. Diese werden unter enormem Druck in die Flasche gepresst und erhalten ihre Pilzform dadurch, dass sie sich oberhalb des Flaschenhalses wieder zu ihrer natürlichen Weite ausdehnen können, im Hals selbst aber nicht. Mit einem Drahtkörbchen, der so genannten Agraffe, wird der Korken dann vor dem Heraustreiben gesichert. Ein solches Verfahren ist natürlich sehr teuer, und es wäre noch teurer, würde man Champagnerkorken wie gute Weinkorken aus einem einzigen Stück Korkeichenrinde schnitzen. Die Champagnerhersteller sind deshalb zu Presskorken

übergegangen, die man an ihrer Unterseite durch zwei Korkplättchen bester Qualität abschließt. Die üblichen Nachteile des Presskorkens werden damit aufgewogen. Ganz ähnlich ist es übrigens beim Prosecco. Wenn Sie einen Prosecco entdecken, der mit einem verknoteten Bändchen statt einer Agraffe gesichert ist und dessen Korken fast vollständig in den Flaschenhals hineingetrieben wurde, haben Sie es gerade mit einem besonders findigen Fall von (völlig legaler) Steuerhinterziehung zu tun. Die deutsche Sektsteuer wird nämlich nur für Schaumweine fällig, deren Korken aus der Flasche herausschaut – so hat es der Gesetzgeber mal definiert und dabei übersehen, dass es auch andere Verschlussmöglichkeiten gibt. Wie Bändchen zum Beispiel. Wenn es also noch eines Beweises bedurfte, wie kreativ Winzer sein können: Bitte, hier ist er.

Was verraten die Aufschriften auf dem Kork?

Für Korken gilt das gleiche wie für Etiketten einer Weinflasche: Je informativer die Aufschrift, umso größer die Wahrscheinlichkeit, dass wir es mit einem guten Tropfen zu tun haben. Das liegt zum einen vermutlich an der Tatsache, dass man sich, je stolzer man auf eine Sache ist, umso klarer zu ihr bekennt. (Da unterscheiden sich Winzer in nichts von uns allen.) Zum anderen wird mit unverwechselbaren Korken auch den Fälschern das Leben erschwert – und diese Herrschaften geben sich nun

einmal ausschließlich mit den kostspieligen Qualitäten ab. Hersteller hochklassiger Weine legen deshalb eigentlich immer Wert darauf, ihre Originalkorken (sowie -etiketten und -flaschen) als solche zu kennzeichnen. Deshalb lassen sie ihre Korken häufig kunstvoll gestalten, mit Familienwappen drauf, manchmal auch mit Jahrgang. Vielfach setzt sogar der Hersteller des Korkens seine Initialen auf den Stopfen. Weniger aufschlussreich sind die Korkaufdrucke bei mittleren und

günstigen Qualitäten. Die Aufschrift »Mis en bouteille en château« ist schon mal ein erstes Qualitätsmerkmal, denn sie sagt uns, dass dieser Wein von seinem Hersteller abgefüllt wurde (was nicht heißen muss, dass Händlerabfüllungen per se von geringerer Qualität sind, aber das ist eine andere Geschichte). »Mis en bouteille dans nos caves« hingegen kann sowohl Händler- als auch Erzeugerabfüllung heißen, verrät also nicht sonderlich viel.

Wein-Basics

➤ *Presskork im Flaschenhals ist ein sicherer Indikator für minderwertigen Wein.*
➤ *Wein atmet nicht durch den Kork, sondern am Kork vorbei. Ein weicher Korken kann also ein Hinweis sein, dass sich ihr Wein schon überraschend weit entwickelt hat. Meist ist ein solcher Korken auch nasser als ein normaler.*
➤ *Korkender Wein kommt in den besten Restaurants vor. Wenn Sie im Zweifel sind, ob Sie es mit einem Weinfehler zu tun haben – sprechen Sie mit dem Sommelier!*
➤ *Neben der Korkmotte gibt es noch eine Reihe weiterer Korkfehler, die den Wein verderben können (z.B. durch die Chemikalien, mit denen Korken behandelt werden). Sollte Ihr Wein definitiv korkig sein – lassen Sie ihn zurückgehen!*
➤ *Sollten Sie sich unsicher sein, machen Sie den Korktest (siehe links).*
➤ *Verkorkten Wein kann man immer noch gut zu einem Parfait, einer Sauce oder Suppe aufkochen (er muss aber zum Kochen gebracht werden – sonst verschwindet der Korkgeruch nicht!)*

Der letzte Meter

Wie man einen Wein behutsam auf seinen größten Moment vorbereitet

🏊 Man muss sich das so vorstellen: Da verbringt ein Wein Monate oder Jahre in dunklen Tanks und Fässern, danach noch einmal Jahre, manchmal sogar Jahrzehnte in stillen Kellern. In dieser ganzen Zeit wird er kaum bewegt, selten berührt, meist sogar ganz in Ruhe gelassen. Man könnte sagen: Der Wein verfällt in einen tiefen, schweren Winterschlaf.

Und dann, plötzlich, kommt der Tag, an dem er getrunken werden soll. Frühlingserwachen. Was nun passiert, kann man sich ausmalen wie einen Spaziergang nach langem, hartem, dunklem Winter, den man frös-telnd und noch mit blinzelnden Augen absolviert. Für den Wein beginnt in diesem Moment das Leben, und wer viel Freude an ihm haben will, tut gut daran, ihn sachte in dieses Leben zu schubsen. Ihn sanft dem Licht auszusetzen. Ihn nicht zu heftig zu bewegen. Ihm nur mäßig Luft zuzuführen. Schließlich ist er nichts von alledem gewohnt.

Wer beispielsweise schnell noch zum Weinhändler läuft, weil sich für den Abend ein paar Freunde angekündigt haben, sollte seinen Einkauf möglichst ruhig und aufrecht nach Hause transportieren – andernfalls werden Ausfällungen, die sich am Flaschenboden gesammelt haben können, nochmal so richtig durchgeschüttelt. Beim Trinken legen sie sich dann wie feiner Sand auf die Zunge, verschließen die Poren – und der Weingenuss ist keiner mehr.

🏊 Ein solches Sediment hat übrigens nichts mit mangelnder Qualität zu tun, im Gegenteil: Depots finden sich in erster Linie in hochqualitativen Weinen. Hochwertige Vintage Ports beispielsweise oder traditionell vinifizierte Barolos (deren Produzenten zu den erbitterten Widerstandskämpfern gegen den vermeintlichen Zeitgeist zählen) tragen häufig esslöffelweise schlammiges Sediment mit sich. Manchmal erinnern diese Ablagerungen an feinkörnigen Meeressand, manchmal an mikroskopisch kleinen Hausstaub. Konsumweine hingegen sind gewöhnlich depotfrei, da sie vor ihrer Abfüllung noch einmal gefiltert werden (eine Folge des bedauerlichen Trends zu leicht konsumierbaren Weinen).

Wenngleich ein Depot also durchaus ein Zeichen von Güte sein kann, hat es doch im Glas nichts zu suchen. Eine Flasche, die demnächst geleert werden soll, sollte deshalb in einem Flaschenkorb stehend nach Hause

transportiert werden. Wird sie aus dem Keller geholt, trägt man sie am Besten in einem Dekantierkorb oder -gestell und so, wie sie gelagert wurde: Mit dem Etikett nach oben.

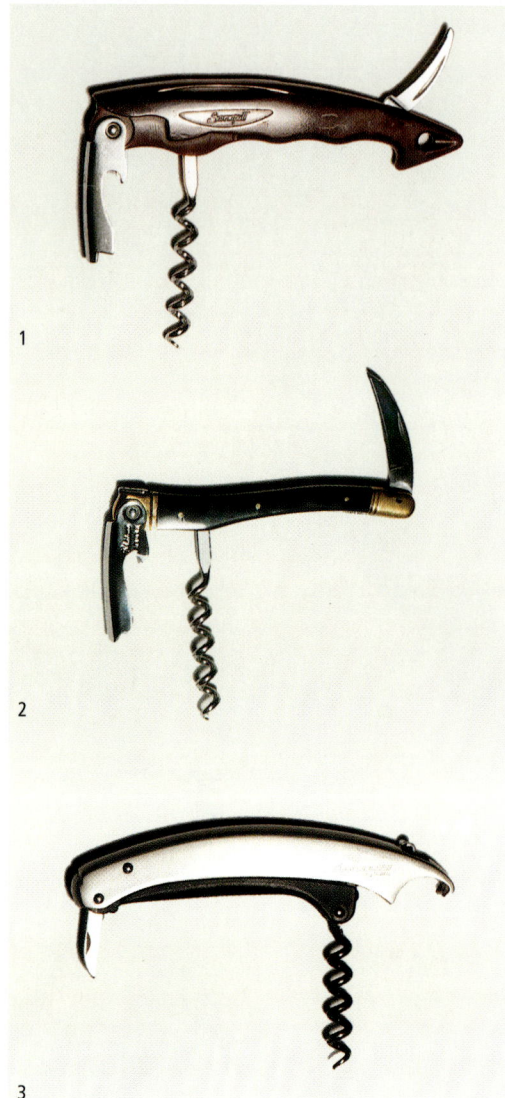

1

2

3

🏃 Die Bouteille wird dann vorsichtig geöffnet, indem man ihre Kapsel unterhalb der Verdickung des Flaschenhalses abschneidet und eventuelle Verunreinigungen mit einer befeuchteten Serviette abtupft. Sie haben bestimmt schon Kellner gesehen, die die Kapsel an ihrer Oberkante kappen und dafür einen so genannten Kapselschneider verwenden. Beides ist falsch. Eine knapp gekappte Kapsel kann beim Einschenken mit dem Wein in Berührung kommen (und das birgt die Gefahr einer geschmacklichen, möglicherweise sogar hygienischen Beeinträchtigung). Und Kapselschneider reichen nun einmal nicht über den Glaswulst hinaus. Außerdem sind ihre Metallmesser spätestens nach drei Dutzend Kapselschnitten stumpf. Benutzen Sie also besser ein Küchen- oder Taschenmesser oder jenes ihres Korkenziehers zum Kappen der Kapsel: Das leistet die gleichen Dienste und lässt sich problemlos nachschleifen.

Für das, was nun folgt, verwende ich seit Jahren ein und dasselbe Modell: Einen »Screwpull« aus dem gleichnamigen Hause (oder, wenn gleich eine ganze Batterie von Flaschen zu öffnen ist, seinen großen Bruder »Leverpull«). Dieser beste aller Korkenzieher verfügt über eine gedrehte Metallspirale mit scharfen Kanten und sieben bis zehn Umdrehungen, die auch lange Korken in Gänze erfassen. Seine Spirale ist mit Teflon ummantelt, weshalb er – im Gegensatz zu vielen Konkurrenzmodellen, die den Korken durchfräsen und dabei zerbröseln – einen Stopfen durchdringt wie ein scharfes Messer einen Apfel. Er greift ihn sich förmlich. Ein Screwpull ist deshalb die sauberste, sicherste, müheloseste Lösung und nebenbei mit etwa 20 Euro auch eine durchaus erschwingliche. Einziger Nachteil: Nach 300 bis 400 Flaschenöffnungen ist seine Teflonschicht perdu, dann muss ein neuer her.

Viele Kellner und Sommeliers verwenden bei ihrer Prüfung trotzdem ein so genanntes Kellnerbesteck – besonders beliebt ist ein Kellnerbesteck Marke »Château Laguiole«, das als Mercedes unter den Flaschenöffnern gilt, ob-

Nicht totzukriegen: Der Kapsel-Mythos

Entgegen landläufiger Meinung sagt die Beschaffenheit einer Kapsel nichts über die Qualität eines Weines aus. Man kann höchstens davon ausgehen, dass eine mit Siegellack verschlossene Flasche für längere Lagerung gedacht war, d.h. dass der Winzer seinem Wein eine nachhaltige Karriere zutraute. Ansonsten ist das Material – Blei, Plastik oder Wachs – nur eine Frage des Geldes. Auch dass ein Wein, dessen Kapsel sich mit der Hand abziehen lässt, minderwertig sei, ist reiner Aberglaube.

wohl es beim Herausziehen manchmal zu lustigsten Verrenkungen führt. Der Grund: Die Länge eines Screwpull-Gewindes ist so bemessen, dass es einen normalen Korken in seiner vollen Länge erfasst und ihn vollständig aus dem Flaschenhals zieht. Bei kurzen Korken aber durchstößt seine Spirale den Korken, und es kann passieren, dass sich ein Korkkrümel löst und in den Wein fällt. Und das ist für Kellner-Prüfungskommissionen mindestens so schlimm wie ein Daumen in der Suppe.

Der Rest der Welt hingegen löst das Problem einfach, indem der Korkkrümel mit dem

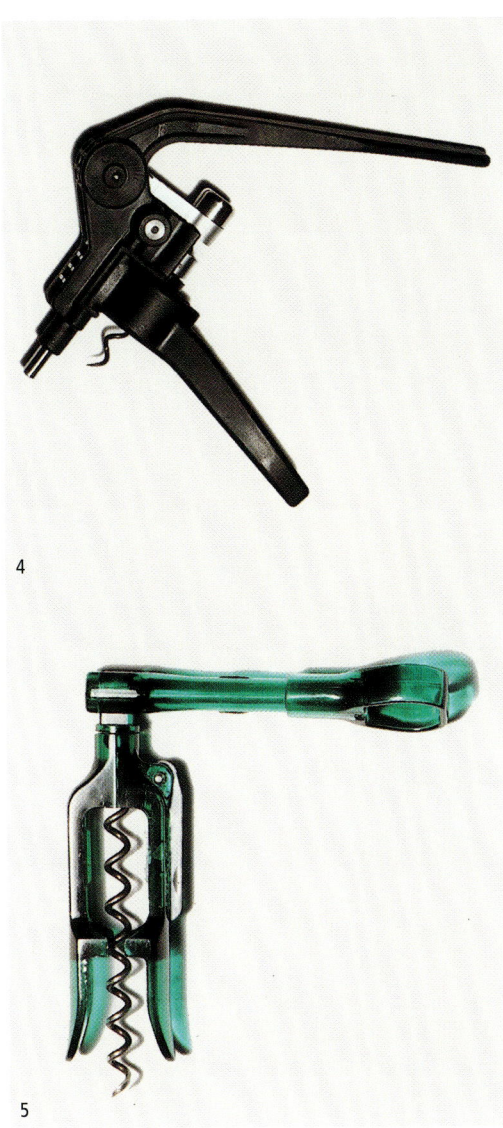

4

5

kantieren zu Leibe. Diese auch Karaffieren genannte Methode wird zwar von vielen als überflüssiges Ritual missverstanden, hat aber einen entscheidenden Vorteil: Wein und Depot lassen sich auf diese Weise sauber trennen. Dabei gießt man den Wein ganz langsam aus seiner Flasche in eine Glaskaraffe, wobei die Flasche mit dem Etikett nach oben und mit dem Flaschenhals über einer Kerze gehalten wird. Der Abstand zwischen Flamme und Flaschenhals sollte in etwa zehn Zentimeter betragen. Diese gemächliche, fast meditative Art des Gießens hat übrigens durchaus ihren Sinn: Schüttet man den Wein nämlich wie Mineralwasser mit Schwung in die Karaffe, würde er matt. Aber das wissen nur wenige. Sobald sich dann im kerzendurchleuchteten Flaschenhals das Depot als feiner Faden zeigt, setzt man ab und belässt Depot plus Weinrest in der Flasche.

Sofern es sich dabei um einen Wein handelt, der sich schon weit entwickelt hat und nicht mehr viel Luft verträgt, wähle ich eine Karaffe mit schmalem Hals und kleinem Bauch. Damit verhindere ich, dass mir der Wein unter den Händen wegstirbt, das heißt: oxidiert. Und toter Wein schmeckt säuerlich, dumpf, langweilig, überreif wie alte Rosinen. Anders liegt der Fall bei tanninreichen, jungen Weinen – wobei »jung« relativ zu verstehen ist, denn auch sechs Jahre alte Prioratos, Piemonteser oder Dueros höherer Qualitätsstufen fallen durchaus noch in die Kategorie jung/sperrig/ungestüm. Diese Jungspunde brauchen noch viel Sauerstoff für ihre Entfaltung. Auf sie wirkt das Karaffieren wie ein Alterungsprozess im Zeitraffer. Gleiches gilt übrigens für Weißweine aus dem Barrique, deren Gerbstoffe sich dank der Sauerstoffzufuhr angenehm entspannen. Für solche Weine verwende ich dickbauchige Karaffen mit einem weiten Hals und großer Oberfläche, die dem Wein kräftig Luft zuführen.

Fassen wir also zusammen: Dekantiert werden Weine, die ein Depot entwickelt haben oder deren Gerbstoffe noch zu kantig erscheinen. Ein guter Grund fürs Karaffieren sind auch Schönheitsfehler von Weinen – Fehlgerüche, die sich beim Dekantieren verflüchtigen. Jede Karaffe wird vor dem Dekantieren viniert, d.h. mit einem Schluck Wein ausgeschwenkt. Dabei lösen sich Restpartikel Chlor

Fünf Modelle, eine Aufgabe:
1 Ein Taschenmodell Marke »Screwpull«.
2 Ein Kellnermesser von »Château Laguiole«.
3 Ein »Puig Pull«, der nach dem Prinzip des Wagenhebers funktioniert.
4 Ein kräftiger »Leverpull«.
5 Ein weiteres »Screwpull«-Modell mit abnehmbarem Handgriff.

ersten Schluck ins Glas gegossen und weggeschüttet wird. Schwieriger ist es, wenn der Korken komplett zerfällt oder im Hals stekkenbleibt (zu den in diesem Fall unverzüglich einzuleitenden Rettungsmaßnahmen erzähle ich gegen Ende des Kapitels etwas). Schauen Sie also Ihrem Ober beim Flaschen-Aerobic mit seinem Kellnerbesteck zu und verwenden Sie selbst einen Screwpull, dann haben Sie's einfacher.

🌿 Eine ähnlich einfache Lösung gibt es auch für unser zweites Problem, das Weindepot: Ihm rücken wir mit dem so genannten De-

Eine Karaffe wählt man danach
aus, wie viel Sauerstoff der
Wein verträgt. Für alte Weine,
die lediglich von ihrem Depot
getrennt werden sollen, nimmt
man schlanke Karaffen mit ge-
ringer Oberfläche und schmalem Hals. Kantige, junge Rotweine brauchen viel Sauerstoff und deshalb bauchige
Karaffen. Weißweine aus dem
Barrique hingegen, die im
Weinkühler serviert werden,
gehören in entsprechend
schmale Karaffen.

peratur für junge Rotweine). Nach einiger Zeit holt man ihn dann wieder hervor und probiert erneut. Dabei wird man feststellen, dass er nun viel weicher schmeckt und intensiver duftet. Er »öffnet sich«, wie wir Sommeliers sagen.

Mit dem Dekantieren startet jedes Mal ein Countdown, in dessen Verlauf sich der Wein öffnet, atmet, seinem Höhepunkt nähert, und sich schließlich – je nach Reifegrad und Tanningehalt – wieder verschließt. Für mich ist diese Entwicklung immer wieder spannend zu beobachten. Nehmen Sie sich zum Beispiel einmal einen 1996er Bordeaux, dekantieren und probieren Sie ihn. Probieren Sie dann nach einer, nach zwei und nach fünf Stunden noch einmal: Sie werden eine verblüffende Veränderung feststellen. Grundsätzlich sparen kann man sich die Prozedur des Dekantierens bei Beaujolais, Lembergern, Spätburgundern, Bordeaux génériques, einfachen Riojas sowie sämtlichen Alltagsweinen – wo immer sie auch herkommen mögen. Solch schlichten Weinen fehlen die Duftstoffe sowie die Härte der Tannine, sodass sie nicht dekantiert werden müssen. Gleiches gilt für die meisten Weißweine, und zwar insbesondere jene, die nicht im Barrique ausgereift wurden.

🐾 Bevor man eine Flasche öffnet, gilt es jedoch, sie auf die optimale Temperatur zu bringen. Die Grundregel dabei lautet: Je schwerer und alkoholreicher ein Wein, desto höher seine Trinktemperatur. Sonderregel Nummer eins: Auch Rotweine mit hohem Gerbstoffgehalt werden relativ warm genossen – ein kräftiger, kantiger Premier Grand Cru beispielsweise kann bei bis zu 20 Grad getrunken werden. Sonderregel Nummer zwei: Übersee-Chardonnays, die zumeist aus dem Barrique kommen, vertragen ebenfalls ein paar Grad mehr als ihre »holzfreien« Verwandten. Auch Sauternes, Grüne Veltliner (Smaragd), Rhône-Weißweine und große weiße Burgunder wie Puligny-Montrachet oder Meursault dürfen etwas wärmer serviert werden.

Das sind aber auch die seltenen Ausnahmen. Dem Großteil aller Weine tut man keinen Gefallen, wenn man sie bei 20 Grad oder gar Zimmertemperatur konsumiert – im Gegenteil, sie verlieren dabei einen Teil ihrer Aromen und schmecken alkoholisch. Vorsicht

1 Eine solche »Ente« mit Verschluss eignet sich für Weine, die zwar dekantiert werden, aber möglichst wenig Luft holen sollen.

2,3 In voluminöse Karaffen wie diese gehören Weine wie Barolos und Barbarescos, die viel Sauerstoff vertragen.

und Spülmittel vom Karaffenrand, die dann mit dem Wein weggegossen werden.

Wie lange aber muss ich einen Wein in sein gläsernes »Sauerstoffzelt« schicken? Wann kippt heilsames »Luft holen« um in unerwünschtes »Altern«? Nun, diese Frage lässt sich nur individuell beantworten, weil der Reifeprozess von Weinen ganz unterschiedlich verläuft. Da hilft nur Öffnen und Probieren, und zwar einige Stunden vor dem Genuss. Präsentiert sich der Wein im Ganzen noch als rau, sperrig und mit beschränkten Duftnoten, dekantiert man ihn und stellt ihn bei 16 Grad kühl (das ist die ideale Trinktem-

also bei Padroni, die Ihnen eine gut abgelagerte Flasche Vino da tavola aus dem Regal herunterangeln und diese, nachdem sie eilig die Staubschicht abgefeudelt haben, freudestrahlend mit »Eccola, la bottiglia!« präsentieren! Der einzige, der hier einen Grund zur Freude hat, ist der Padrone, schließlich dreht er Ihnen gerade einen Ladenhüter an. Hoch oben im Regal dürfte sein Wein nämlich nicht nur eine kräftige Prise Nikotin, Küchenfett sowie andere restaurantübliche Ausdünstungen eingeatmet, sondern auch unter dem Licht gelitten haben. (Und sei es noch so schummrig – Wein ist definitiv ein Nachtschattengewächs!) Unter der Zimmerdecke ist es außerdem für jeden Wein zu warm. Warum das so ist, kann jeder nachvollziehen, der einmal aufmerksam seine Haut beobachtet hat: Bei Kälte zieht sie sich zusammen, in der Sonne öffnet sie sich. Und wenn es ihr zu heiß wird, schwitzt sie. Genauso verschließt sich ein Wein bei sinkenden Temperaturen und transpiriert, sobald es ihm zu warm wird – was wir daran merken, dass uns ein scharfer Alkoholgeruch in die Nase steigt. Alle anderen Geschmacksstoffe werden dann unangenehm überlagert und die Aromastruktur des Weines verändert sich.

🐾 Generell ist für Rotweine eine Trinktemperatur von 14 (für einfache Rotweine, Vins de Pays, Lambrusco) bis maximal 20 Grad Celsius (für tanninreiche Tropfen aus Südfrankreich, von der Rhône, aus dem Piemont oder Portugal) zu empfehlen. Hervorragende Bordeaux sollten zwei bis drei Grad kühler serviert werden. Bei Weißweinen gelten 6 (junge Schaumweine, süße Weißweine) bis 12 Grad (für schwere, trockene Weißweine und Champagner aus alten Jahrgängen) als optimal. Hier lässt sich schon Grundregel Nummer zwei des Weintemperierens ablesen: Je leichter ein Wein, umso kühler will er getrunken werden. Portugiesische Vinho Verdes, Soaves, Muscadets und Pinot Grigios beispielsweise lassen sich nur gut gekühlt genießen. Auch Rieslinge in der Kabinettstufe, Grüner Veltliner in der Qualitätsstufe, Federspiele, Steinfedern, Sauvignon Blancs, Chardonnays und Chablis ohne Barrique schmekken bei 8 bis 10 Grad Celsius am besten.
Das klingt etwas kompliziert und ist es auch

– dafür sind die Methoden, mit denen sich ein Wein auf optimale Temperatur kühlen lässt, relativ simpel. Wer über keinen guten Weinkühlschrank verfügt, bei dem sich die gewünschte Temperatur regulieren lässt wie die Wärme eines Backofens, deponiert seine Weinflasche einfach für ein paar Stunden im Kühlschrank oder kurze Zeit im Gefrierfach (danach klebt man sich am besten sofort einen Erinnerungszettel an eine unübersehbare Stelle – mir sind schon diverse Bouteillen, die ich im Eisfach vergessen hatte, geplatzt). Eine erprobte Instantlösung ist auch ein mit Eiswürfeln und kaltem Wasser gefüllter Wein- oder Sektkühler, in den die Flasche aufrecht gestellt wird. Wenn es ganz schnell gehen muss, gibt es noch den Trick mit dem Salz (siehe nächste Seite). Umgekehrt lässt sich ein zu kühler Wein ganz einfach in einem mit warmem Wasser gefüllten Weinkühler oder kleinen Eimer auf die richtige Temperatur bringen. Ich habe mir für solche Zwecke vor einigen Jahren ein Weinthermometer zugelegt, das man wie einen Kugelschreiber in den Flaschenhals stecken soll. Benutzt habe ich es selten. Oben im Flaschenhals herrschen ja andere Temperaturen als im Flaschenbauch, und schon stimmt das ganze Temperaturgefüge nicht mehr. Außerdem dauert es gar nicht lange, bis man selbst ein Gefühl dafür gewinnt, welche Temperatur einem Wein am besten bekommt. Bevor ich eine Flasche öffne, lege ich daher einfach beide Hände um ihren Bauch und deponiere sie dann je nach

Sonderfall Portwein

Wie ich kürzlich auf einer Weinreise durch Portugal gelernt habe, erhält ein Portwein nach dem Öffnen umso länger seine Frische (bis zu vier Wochen), je länger er im Fass und umso kürzer er in der Flasche war. Vintage Ports, die lange in der Flasche waren, sind nach dem Öffnen binnen kürzester Frist dahin. (Bei Colheita beispielsweise steht das Abfülldatum auf der Flasche.)

Sublime Sedimente

Ein Depot im Wein ist kein Fehler, sondern eher ein Zeichen feinen Weines. Bei Depot in Rotweinen handelt es sich um ein heterogenes Gemisch aus toten Hefezellen und unlöslichen Fruchtfleischpartikeln von Traubenschale, -kern und -stiel, die im Laufe der Jahre wie Sandkörner in ruhiger See auf den Grund sinken und dort sedimentieren.
Bei Weißweinen rührt ein Depot meist daher, dass der Wein über längere Zeit bei niedrigen Temperaturen gelagert wurde und sich seine Weinsäuren auskristallisiert haben (ein solches Depot wird auch als Weinstein bezeichnet). Weißweindepots finde ich häufiger bei deutschen Weinen, bei Côtes-du-Rhône-Gewächsen oder bei Bordeaux' höherer Appellationen z.B. Sauternes. Konsumweine hingegen verfügen dank des üblichen Filterdurchgangs meist über kein Depot. Beim Filtern gehen allerdings auch viele Stoffe verloren, die dem Wein Charakter verleihen. Das wissen auch die Erzeuger. In letzter Zeit habe ich daher auf den Etiketten kalifornischer Weine häufiger den Qualitätshinweis »unfiltered« gefunden.

Kork-Check

Nach dem Entkorken einer Flasche überprüfe ich grundsätzlich ihren Korken: Stimmt der Korkbrand (der Aufdruck auf dem Korken) mit dem Weinproduzenten überein? Wie verlaufen Maserung und Faser? Wie ist es mit seiner Elastizität? Riecht er unangenehm (ein erster Hinweis auf korkigen Wein)? Weist sein Körper viele dunkle Stellen auf (das können Einstiegsöffnungen der Korkmotte sein)? Und, ganz wichtig: Passt der Zustand des Korkens zum Alter des Weines? Bei einem zwanzig Jahre alten Wein, dessen Korken wie nagelneu ausschaut, stimmt ganz sicher etwas nicht.

Schrecksekunde: Korkenbruch

Früher bin ich jedes Mal, wenn mir ein Korken auf halbem Wege abbrach und im Flaschenhals steckenblieb, heftig ins Schwitzen geraten. Heute weiß ich: 90 Prozent der Fälle lassen sich retten. Dafür wähle ich zunächst einmal einen anderen Korkenzieher als den Versager, und zwar von Fall zu Fall einen mit dickerer oder dünnerer Spirale. Diesen setze ich schräg auf dem verbliebenen Korkenrest an und schraube ihn ganz langsam in den Korken hinein. Bei Härtefällen habe ich zuvor mit der feinsten Klinge meines Schweizer Offiziersmes-

sers die Verkrustungen zwischen Korken und Flaschenhals gelockert. Wenn der Korken trotzdem bricht und in die Flasche plumpst, kommt die sogenannte »Hebamme« oder »Weinhexe« zum Einsatz, mit deren dürren Drahtarmen sich die auf dem Weinspiegel dümpelnden Korkreste bergen lassen. Ist ein solches Gerät nicht zur Hand, kann man den Wein notfalls auch durch ein mit einem Kaffeefilterpapier ausgekleidetes Sieb dekantieren. Profis nehmen für solche Operationen spezielle Metallfilter, die auf die Dekantierkaraffe aufgesetzt werden.

Befund noch eine Weile im Weinkühlschrank oder an einem warmen Ort. Es macht sowieso keinen Sinn, alle drei Minuten penibel das Thermometer in die Weinflasche zu tunken – später im Glas hält sich die Temperatur ohnehin nicht. Temperaturangaben sind Richtwerte, auf die man einen Wein vor dem Öffnen bringen sollte. Und dann sollte man einfach entspannen und genießen.

🐝 Was aber, werden Sie vielleicht fragen, wenn man bei der halben Flasche aufhören möchte? Wenn es spät geworden ist und die Freunde gegangen sind, auf dem Tisch aber noch eine halbe Flasche guter Wein steht? Nun, Helena Rubinstein, Elizabeth Arden & Co. werden es Ihnen bestätigen: Einen einmal in Gang gesetzten Alterungsprozess kann man allenfalls retardieren – stoppen kann ihn niemand mehr. Das ist beim Wein nicht anders, der – einmal geöffnet – seine Jugend binnen weniger Stunden einbüßt. Schuld daran ist der Sauerstoff, der, wie schon erwähnt, auf Wein eine ähnliche Wirkung hat wie zu viele zu kräftige Sonnenbäder auf die menschliche Haut. Sobald wir also einen Wein aus seinem Winterschlaf geweckt und ihn einmal an die frische Luft gesetzt haben, altert er kräftig vor sich hin – da nützt auch kein hastig hineingestöpselter Korken mehr etwas.
Etwas verlangsamen lässt sich dieser Prozess mit einer Vakuumpumpe, die den Sauerstoff weitgehend wieder aus der Flasche entfernt. Spätestens am folgenden Tag muss man sie dann trotzdem leeren. Aber seien wir ehrlich: Es gibt unerfreulichere Pflichten. 🐝

1 Für einfaches Karaffieren: Dekantiertrichter mit Sieb für Kork- und Depotreste.
2 Für alle, die es ganz genau wissen wollen: Weinthermometer.

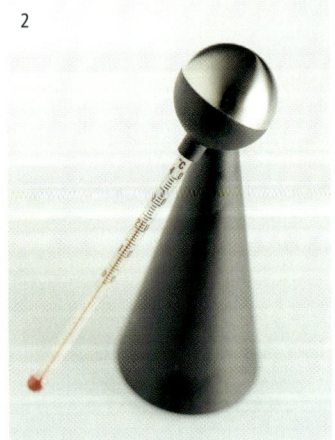

2

Coole Weine

Die schnellste Methode, um einen Wein runterzukühlen (frappieren, wie die Fachleute sagen) geht so: Stellen Sie die Flasche in einen Sektkühler, geben Sie reichlich Eiswürfel sowie drei Hand voll Kochsalz hinzu. Füllen Sie das Ganze mit viel kaltem Wasser auf und drehen Sie die Flasche ein paar Minuten im Salzbad. Wetten, dass Sie damit jedes Tiefkühlfach überholen?

1 Für coolen Genuss: Sekt- und Weinkühler.

2 Für minimale Verluste: Professionelles »Vinojet«-System, mit dem sich Sauerstoff aus geöffneten Weinflaschen entfernen, und Champagner mit notwendiger Kohlensäure nachbetanken lässt.

Wein-Basics

→ Die besten Korkenzieher stammen aus dem Hause Screwpull, heißen »Leverpull« und »Screwpull« und kosten 150 bzw. 20 Euro.

→ Eine gute Alternative für die Hosentasche ist der so genannte »Puig Pull«, der nach dem Prinzip des Wagenhebers funktioniert. Mit ihm lassen sich Korken ganz ohne Kraftanstrengung herausheben. Sein Preis: 25 Euro.

→ Ein rissiger, durchlässiger Korken kann Ihren Wein in Geruch und Geschmack beeinträchtigt haben. Überzeugen Sie sich deshalb grundsätzlich von seinem Zustand.

→ Je schwerer und alkoholischer ein Wein, umso wärmer wird er serviert. Weißweine sollten nie wärmer als 14 Grad, Rotweine bei maximal 20 Grad Celsius serviert werden. Solche Faustregeln sind aber auch nur Faustregeln: Jeder Wein hat seine individuelle, optimale Temperatur, die herausgeschmeckt werden will.

→ Dekantiert werden Weißweine, die sechs Monate oder länger im Barrique gelagert wurden, reife Rotweine mit Depot sowie junge, tanninreiche Rotweine, die Duft und Geschmack erst an der frischen Luft entfalten.

→ Eine Faustregel lautet: Eine Stunde in der Karaffe entspricht einem Jahr Alterung auf der Flasche.

→ Wenn Sie eine Flasche nur halb leer getrunken haben und den Rest ohne Qualitätseinbuße genießen wollen, gibt es eigentlich nur eins: Verwenden sie den Wein zum Kochen. Schon einen Tag nach Öffnung haben sich mindestens 50 Prozent seiner Aromen verflüchtigt.

→ Falls Sie ihn partout später weitertrinken wollen, verschließen Sie die Flasche mit einer Vakuumpumpe. Die zweitbeste Lösung: Ein Kunststoffstopfen oder ein frischer, konisch zugeschnittener Korken (gibt's in Haushaltswarenabteilungen von Kaufhäusern). Die Profivariante: Ein Vinojet, der den Sauerstoff maschinell aus der Flasche zieht (siehe rechtes Bild). Ein solcher Apparat kostet mindestens 2500 Euro, derart wieder verschlossener Wein hält ohne wesentlichen Qualitätsverlust drei Wochen.

→ Bevor Sie gar keinen oder den alten Korken umgekehrt in den Flaschenhals drücken (der beste Weg, den Wein mit Bakterien und unangenehmen Aromen Ihres Kellers zusammenzubringen) schütten Sie ihn lieber gleich in den Ausguss.

→ Wird ein Wein in Restaurants »offen« serviert, besteht die Gefahr, dass seine Qualität gelitten hat. Das muss nicht so sein – aber Sie sollten sich im Klaren sein, dass Sie ein Risiko eingehen.

2

»Wine by glass«, diese Art des Weinausschanks, ist in Deutschland ganz im Gegensatz zu England oder der Schweiz leider so gut wie unbekannt. Wein wird wie an einem Bierhahn gezapft, mehr als ein Dutzend Flaschen bleiben durch das Vakuumsystem über viele Tage hinweg wie original verschlossen.

Form follows function

Warum das richtige Weinglas fast genau so wichtig ist wie die Auswahl eines guten Weines

🐾 Er war ein Meister der Reduktion und ein Verächter allen Tands: Der Architekt Louis Henry Sullivan, geboren 1856 in Boston, gestorben 1924 in Chicago, schuf um die Jahrhundertwende zusammen mit seinem Partner Dankmar Adler über 100 Bauten, von denen einige noch heute als vorbildlich gelten. Im Gedächtnis geblieben sind sie vor allem dank ihrer konsequenten Einfachheit. Sullivan vertrat nämlich die – eigentlich banale und dennoch höchst umstrittene – Auffassung, eine Bank habe wie eine Bank auszusehen: Es sei lächerlich, Geldinstitute zu bauen, die wie griechische Tempel anmuteten, schließlich

säßen die Angestellten ja auch nicht in Tunikas hinterm Schalter. So postulierte der Architekt. Und entsprechend baute er seine Geld-, Geschäfts- und Bürohäuser.

Was all das mit Weingläsern zu tun hat? Eine ganze Menge. Seine Haltung fasste Sullivan nämlich in seiner berühmten Formel »form follows function« zusammen, und diese Formel bringt uns direkt zum Thema Weingläser. »Form follows function« – die Gestaltung sollte sich nach der Funktion richten – ist eigentlich alles, was zum Thema Weingläser zu sagen wäre. Würden alle Glasmanufaturen ihre Gläser gemäß Sullivans Credo produzieren (also sich überlegen, was ein Weinglas leisten muss, und es entsprechend designen), wäre das Kapitel Weingläser an dieser Stelle beendet, jedes weitere Wort überflüssig.

Leider tun das die wenigsten. Und leider wissen auch längst nicht alle Weingenießer zu schätzen, wie wichtig ein gutes Glas ist. Viel zu viele Weine werden von viel zu dicken, zu kleinen, zu großen, unförmigen oder schlichtweg unmöglichen Gläsern geradezu kastriert. Das soll nicht heißen, dass man Wein zur Not nicht aus einem Saftglas trinken könnte, und beim Picknick mit Freunden oder ähnlichen Gelegenheiten tue ich das zuweilen auch. Ein guter Wein aus einem billigen Glas ist jedoch, als würde man einen Ferrari mit Diesel betanken, weil einem Super Benzin zu teuer erscheint. Absurd? Richtig. Und deshalb wenden wir uns jetzt doch etwas ausführlicher der Frage zu, was denn ein gutes Weinglas ausmacht.

🐾 Dabei müssen wir zunächst einmal definieren, worin die Funktion eines Weinglases besteht. Mein Vorschlag dabei lautet, erstens:

Die besten Weingläser werden immer noch per Mund geblasen. Maschinell lässt sich solche Feinheit einfach nicht hinkriegen.

Ein Weinglas ist das Werkzeug, mit dem der Wein von der Flasche zur Nase und zur Zunge transportiert wird. Zweitens: Ein Weinglas sollte während des Transports den Charakter des Weines optimal zur Geltung bringen. Und das ist auch schon alles.

🦁 Bunte Farben, schweres Glas, Säurespoiler, Gravuren, Verzierungen oder Goldränder sind deshalb beim Weinglas so überflüssig wie Heckspoiler, Breitreifen und Fuchsschwanz beim Auto. Ein Weinglas sollte so schlicht und zweckmäßig wie möglich sein. Könnte es hören, was versierte Weingenießer von ihm erwarten, würde es sich bald fühlen wie ein Kind, dessen strenge Eltern ihm jeden Spaß verbieten:

➤ Du sollst keinen eigenen Duft verströmen, vor allem nicht den von Spülmittel oder Chlor.
➤ Du sollst zart, dünnwandig, aber nicht zu zerbrechlich sein.
➤ Du sollst rundum klar und durchsichtig sein.
➤ Du sollst dafür sorgen, dass die Temperatur des Weines möglichst konstant bleibt. (Dein

In diese sechs Gläser meiner bevorzugten Riedel-Serie, Sommelier, lässt sich die gesamte Weinwelt abfüllen:
1 Weißweinglas.
2 Montrachet-Glas für im Barrique ausgebaute Weißweine.
3 Rotweinglas für Syrah, Dornfelder, Lemberger im Barrique.
4 Burgunderglas für Pinot noir und Nebbiolo.
5 Bordeauxglas für alle Cabernets dieser Welt, außerdem geeignet für Merlot und Sangiovese.
6 Champagnerglas.

Stiel muss also mindestens so lang sein, wie eine Hand breit ist, weil sie sonst den Kelch berühren und erwärmen. Je länger ein Stiel ist, umso weniger mischt sich das Bouquet des Weines mit den Gerüchen der Hand).

➤ Du sollst Dich weder mit Verzierungen noch überflüssigen Farben schmücken. (Das Auge trinkt schließlich mit; außerdem liefert uns die Farbe Informationen über den Zustand eines Weines.)

➤ Du sollst perfekt, aber unauffällig sein.

🐾 Aus dieser recht simplen Funktion eines Weinglases ergibt sich ganz automatisch seine Form, also seine Beschaffenheit. Dabei sind vier Aspekte entscheidend, nämlich Größe, Kontur, Material und Wandstärke.

🐾 Mit der Größe eines Weinglases ist das wie mit Konfektionsgrößen in der Mode: Nicht alles passt jedem, Luciano Pavarotti beispielsweise sähe in einem Minirock wohl ziemlich lächerlich aus (vorausgesetzt, man bekäme ihn überhaupt hinein). Laetitia Castas schlanker, weiblicher Körper hingegen käme im kurzen Knappen erst richtig zur Geltung. Angela Merkel wiederum stehen dunkle, gerade ge-

schnittene Businesskostüme am besten. Und so weiter.

Genau so ist es mit Weinen: Auch unter ihnen gibt es Pavarottis, Castas und Merkels. Und für jeden von ihnen gibt es eine Hülle, die seinen Körper und Charakter optimal zum Ausdruck bringt. Dicke, volumenreiche Weine beispielsweise vertragen auch bauchige, große Kelche. Schwere, füllige Burgunder mit wenig Tannin verlangen nach voluminöseren Gläsern mit ausreichend Verdunstungsoberfläche, damit ihre Duftnoten zur Entfaltung kommen. Diese Verdunstungsoberfläche sollte nicht zu weit von der Nase entfernt sein, weshalb sich Burgundergläser durch eine Ballonform auszeichnen. Bei Bordeaux oder Shiraz ist es genau umgekehrt.

Kleine Weine hingegen würden sich in großen Gläsern einfach verlieren. Und für Weißwein empfehlen sich auch deshalb kleinere Gläser, weil sich durch häufiges Nachschenken ihre Trinktemperatur einigermaßen konstant halten lässt.

🐾 Ganz ähnlich ist es mit der Kontur, also der Form eines Weinglases: Von ihr hängt es vor allem ab, ob sich das Aroma des Weines voll

Sonderfall Champagner

Champagner fühlt sich in sanft geschlossenen Kelchen mit nicht zu kleinem Durchmesser am wohlsten, weil in offenen Kelchen seine Kohlensäure zu schnell abperlt. (Was auch die Frage beantwortet, warum Sektschalen generell in den Altglascontainer gehören). Auch Champagnergläser, deren Kelche sich bis zum Fuß öffnen, sind unsinnig. Hält man eine solche Flöte in der Hand, erwärmt sich der Champagner binnen kürzester Zeit. Da hilft nur eines: Nicht nippen – kippen!

3   4   5   6

Less is more

Für jede Rebsorte ein eigenes Glas zu benützen (von den unterschiedlichen Rebsorten-Cuvées ganz zu schweigen) ist genauso unsinnig, wie ein separates für jeden Jahrgang oder jedes Land. Fünf verschiedene Gläser (von links nach rechts): ein Champagner-, ein Wasser-, ein Weißwein-, ein Cabernet/Bordeaux- sowie ein Pinot-noir/Syrah-Typ-Glas reichen völlig aus. Selbst das Wasserglas kann man sich, wenn man mag, noch schenken, und stattdessen das Weißweinglas einsetzen.

Für mich derzeit das Nonplus ultra am Gläsermarkt: die Willsberger Collection von Spiegelau.

Saubere Sache

Selbst wenn man häufig etwas anderes liest: Ohne Spülmittel kriegt man kein Weinglas richtig sauber. Nicht, weil Wein irgendwelche hartnäckigen Schmutzpartikel oder Fette enthielte – das Problem ist vielmehr das Fett unserer Hände und Lippen. Zuhause reinige ich meine Gläser deshalb ganz klassisch mit Spülmittel, spüle mit klarem, heißem Wasser nach und poliere sie mit einem fusselfreien Geschirrtuch. Vorsichtig bei harten, rauen Leinentüchern: Sie verletzen die Glasoberfläche binnen kürzester Zeit. Notfalls kann man Weingläser auch in der Geschirrspülmaschine reinigen – aber bitte nicht zusammen mit fettigem Geschirr oder Tellern voller Lebensmittelrückstände.

Weil aber auch nach dem hingebungsvollsten Polieren noch feinste Partikel Chlor und Spülmitteln in den Glasporen hängenbleiben, sollte man seine Weingläser grundsätzlich vor dem Befüllen vinieren. Dazu wird ein Schluck Wein ins Glas gegossen und sorgfältig geschwenkt, wobei die Glaswand rundum benetzt wird. Mit dem gleichen Schluck Wein kann man sämtliche Gläser vinieren, der letzte Tropfen wird dann weggegossen – fertig!

entfalten kann. Im besten Falle bildet es vom Weinspiegel aufsteigend einen so genannten Duftkamin, dessen Duftfahne wir genießerisch durch die Nase inhalieren. Im schlechtesten Fall hält es das Bouquet gefangen wie eine Legebatterie die Henne. Ein einleuchtendes Beispiel dafür sind kleine Gläser mit kurzem Stiel, wie man sie häufig in einfachen französischen Bistros sieht: Sie machen jeden Wein kurz und sauer.

Vor allem aber bestimmt die Form (und insbesondere ihr so genannter Mundranddurchmesser), an welcher Stelle der Zunge Wein und Geschmacksknospen aufeinandertreffen. Die wissenschaftlichen Details dieses Aspekts können wir uns sparen, wichtig ist nur, sich ins Gedächtnis zu rufen, dass wir an jeder Stelle unserer Zunge anders schmecken. Entsprechend werden wir einen Wein auch anders wahrnehmen, je nachdem, mit welchen Geschmacksknospen wir ihn willkommen heißen. Auf der Zungenspitze beispielsweise schmecken wir süß. Wird ein säurereicher Wein auf die Zun-

genspitze gelenkt, schmeckt er weniger sauer – das heißt, sein Geschmack wird verfälscht. Deshalb ist also auch der Glasrand als eine Art »Geschmacksverteiler« entscheidend.

🦎 In Sachen Material habe ich die Erfahrung gemacht, dass Wein aus Bleikristallgläsern einfach besser schmeckt. Warum, weiß ich beim besten Willen nicht zu sagen. Aber es ist so. Leider verfügt dieses hochglänzende Material, das zu etwa einem Viertel aus Bleioxid besteht, über zwei entscheidende Nachteile: Es legt den meisten Gläsern nach einiger Zeit einen regelrechten Blauschleier um – und zwar umso eher, je größer der Anteil des Bleioxids ist. Außerdem ist Bleikristall teuer.

🦎 Last but not least: Ein gutes Weinglas erkennt man an seiner geringen Wandstärke. Dickwandiges Glas ist aufdringlich, zwingt dem Wein seine Temperatur auf und zwängt sich zwischen Wein und Zunge. (Statt aus Whisky- oder Saftgläsern könnte man Wein, finde ich, genauso gut gleich aus der Flasche trinken). Das ideale Weinglas hingegen ist so dünn, als wäre es gar nicht da. Denn je dünnwandiger ein Glas, umso einfacher ist es, mit dem Wein in Kontakt zu treten. Leider ist dünnes, feines Glas häufig auch teurer und geht schneller zu Bruch. Bei uns im Tantris beispielsweise verwandelt sich jeden Tag im Schnitt ein knappes Dutzend Riedel-Gläser in Scherben, und die haben bislang noch niemandem Glück gebracht. Mich erinnern »Riedel«-Gläser der ersten Wahl ein bisschen an ein Diamantcollier, dass man gerne im Safe bewundert, sich ob seines Wertes aber kaum zu tragen traut.

🦎 Trotzdem kann ich die hauchzarten Preziosen dieser Glasbläserfamilie aus Kufstein, Tirol, nur empfehlen. Urherr dieser Dynastie war ein gewisser Johann Christoph Riedel aus Neuschloss bei Böhmisch Leipa, der im 17. Jahrhundert in ganz Europa und sogar bis nach Übersee böhmisches Glas verkaufte. Auf einer dieser Reisen wurde er ermordet – ein Ereignis, das in Böhmen lange Zeit Stoff für Sagen und Legenden lieferte.

Die Riedels unserer Tage (Georg, Jahrgang 1949 und 10. Generation, sowie Maximilian, Jahrgang 1977, 11. Generation) leben weitaus ungefährlicher, aber ähnlich umtriebig wie ihr berühmter Vorfahr: Im Windschatten des Weinbooms sind auch die Riedels weltweit groß herausgekommen. Riedel-Gläser, die mittlerweile als das High End der Weingläser gelten, werden unter anderem von Tiffany's in New Yorks Fifth Avenue gehandelt.

Den Grundstock für diesen Welterfolg hat Claus Riedel (9. Generation) gelegt, indem er in den fünfziger Jahren Form und Funktion von Weingläsern einmal grundlegend auf den Prüfstand stellte. Das klingt heute selbstverständlich, damals war Riedel senior mit seiner Forscherneugier jedoch tatsächlich eine Art Pionier. Claus kam schnell zu dem Schluss, dass jene rustikal-üppigen Kelche, aus denen damals noch landauf, landab Wein ausgeschenkt wurde, dem Genuss ziemlich abträglich waren. Also begann er, langstielige, hauchdünne und zerbrechlich wirkende Glaskreationen zu entwerfen und zu produzieren, die sich langsam, aber sicher in der Weinwelt durchzusetzen begannen.

Leider wissen heute auch die Riedels, wie gut ihre Erzeugnisse sind und verlangen entsprechende Preise für sie: Ein Glas aus ihrer »Sommelier«-Serie kostet heute mehr als 30 Euro. Ein perfektes, aber preiswerteres Äquivalent sind die Gläser der »Willsberger Collection« aus der Glashütte Spiegelau, die vom »Gourmet«-Herausgeber Johann Willsberger entworfen wurden. Willsberger hatte sich lange mit Form und Funktion von Weingläsern beschäftigt und schließlich zum Entwurf einer eigenen Collection entschlossen. Sein Ziel: Wein so im Glas zu präsentieren, wie er wirklich ist. Dabei hat Willsberger sich gleich auf fünf Gläsertypen (einschließlich Wasserglas) beschränkt, die meines Erachtens für einen umfassenden Weinservice völlig ausreichen. Seine Idee, Weine möglichst »objektiv« darzustellen, lässt sich mit diesen fünf Gläsern jedenfalls mühelos erreichen. Sollten Sie jetzt immer noch zweifeln, ob sich die Investition für gute Weingläser lohnt, probieren Sie einmal ein und denselben Wein aus fünf verschiedenen Gläsern unterschiedlicher Form und Qualität – und Sie werden tatsächlich glauben, fünf verschiedene Weine vor sich zu haben.

Wein-Basics

➞ *Guter Wein schmeckt besser aus guten Gläsern.*

➞ *Über die Qualität eines Weinglases entscheiden seine Größe, Form, sein Material und seine Wandstärke.*

➞ *Ein Weinglas hat nur eine Aufgabe: den Wein optimal zu Nase und Zunge zu befördern. Optimal heißt, dass dabei sein Charakter unverfälscht zur Geltung kommt.*

➞ *Am besten sind darin nach meiner Erfahrung die Gläser der »Sommelier«-Serie von Riedel (leider zählen sie auch zu den teuersten) sowie die neue »Willsberger«-Serie von Spiegelau, die dank ihrer Form mit dem Knick den Kick beim Weingenuss bietet.*

➞ *Wenn Sie nicht so viel ausgeben wollen, können Sie sowohl bei Riedel als auch bei Spiegelau zu Gläsern der zweiten oder dritten Wahl greifen. Für die niedrigere Qualitätsstufe sind kleine Macken entscheidend, die den Weingenuss nicht nachhaltig schmälern. Eine preiswerte Alternative bieten auch die Gläser der »Grand Palais«-Serie von Spiegelau.*

➞ *Kräftige Weine brauchen ein größeres Glas zur Entfaltung, schlanke Weine ein schlankes Behältnis.*

➞ *Ein kleiner, leichter Wein verliert sich in einem großen Glas.*

➞ *Fünf verschiedene Gläser reichen für die verschiedenen Weinfa-*

milien völlig aus (mehr dazu unter »Less is more«).

➞ *Ein Glas fasst man am Stiel an, ohne den Kelch zu berühren. Nur Snobs halten es am Fuß fest. Supersnobs spreizen dabei auch noch den kleinen Finger ab.*

Übrigens...

keine Flasche Wein schmeckt wie die andere, deshalb sollte man aus einer neuen Flasche desselben Weines erst nachschenken, wenn die Gläser wirklich leer getrunken sind. Ansonsten gilt die Regel: Neuer Wein – neue Gläser.

Ein verrücktes Paar

Warum Rotwein sehr wohl zu Fisch, aber Sauternes nicht zu Spargel passt. Und wie man herausfindet, welche Speisen und Weine harmonieren

Die Gästeliste steht, im Kühlschrank lagert der Champagner, der Einkauf ist erledigt und die Musik für den Abend ausgewählt. Das Einzige, was nun noch fehlt, ist die Tischordnung. Wen setze ich zu wem? Wer könnte sich gut mit wem unterhalten? Wie bringe ich die ganze Gesellschaft zum Schwingen? Das fragt sich wohl jeder Gastgeber von Zeit zu Zeit, und ohne es zu wissen, stellt er damit die gleiche Frage, die ich mir jeden Abend einige Dutzend Male stelle. Was zu was? Wer zu wem? Genauer: Welchen Wein empfehle ich zu welchem Gericht? Und wie wird der Gast dazu stehen? Das ist mein Job. Als Sommelière muss ich in kurzen Dialogen mit den Gästen herausfinden, was sie mögen, beziehungsweise nicht mögen und sie gleichzeitig auf den Weg zu idealen Wein-Speisen-Kombinationen führen. Die höchste Befriedigung bedeutet es für mich dann, zu sehen, wie ein Wein mit den Ingredenzien eines Gerichts eine gute Verbindung eingeht. Wie Wein und Essen sich austauschen, ergänzen, miteinander harmonieren. Und das ist es, worauf es mir ankommt: Harmonie.

In der Frage der Wein-Speise-Kombination gibt es ja, grob gesagt, zwei Schulen: Die der Kontrast-Verfechter und die der Harmoniesüchtigen. Was sie grundlegend unterscheidet, ist die Rolle, die sie einem Wein beim Essen zubilligen. Soll er eher unterstützend wirken – oder einen Gegenpart zum Essen spielen? Kontrast oder Komplementär? Anders gefragt: Ziehen Gegensätze sich an? Oder sorgen Sie eher für Verstimmung?

Um es gleich vorweg zu sagen: Ich bin eindeutiger Anhänger der Harmonielehre. Ich möchte ein Gericht und seinen Begleiter nicht zum Stepptanz zwingen, sondern möglichst zu einem eleganten Walzer bewegen. Das bedeutet nicht, dass es zwischen den Partnern nicht leichte Spannungen geben darf, im Gegenteil: Schon als Kind habe ich liebend gern Laugenbrezeln, dick mit Butter und Marmelade bestrichen, gegessen. Manche nannten das pervers, ich nenne es einen fantastischen Kontrast. Genauso geht es mir mit süßem Wein und Schimmelkäse – das ist ein ganz feiner Gegensatz, der den Gaumen reizt und die Sinne weckt. Das hochkonzentrierte Salz, dazu die Cremigkeit des Käses ... und dann ein süßer Wein, dick fließend wie Öl, das den Gaumen auskleidet. Einfach himmlisch.

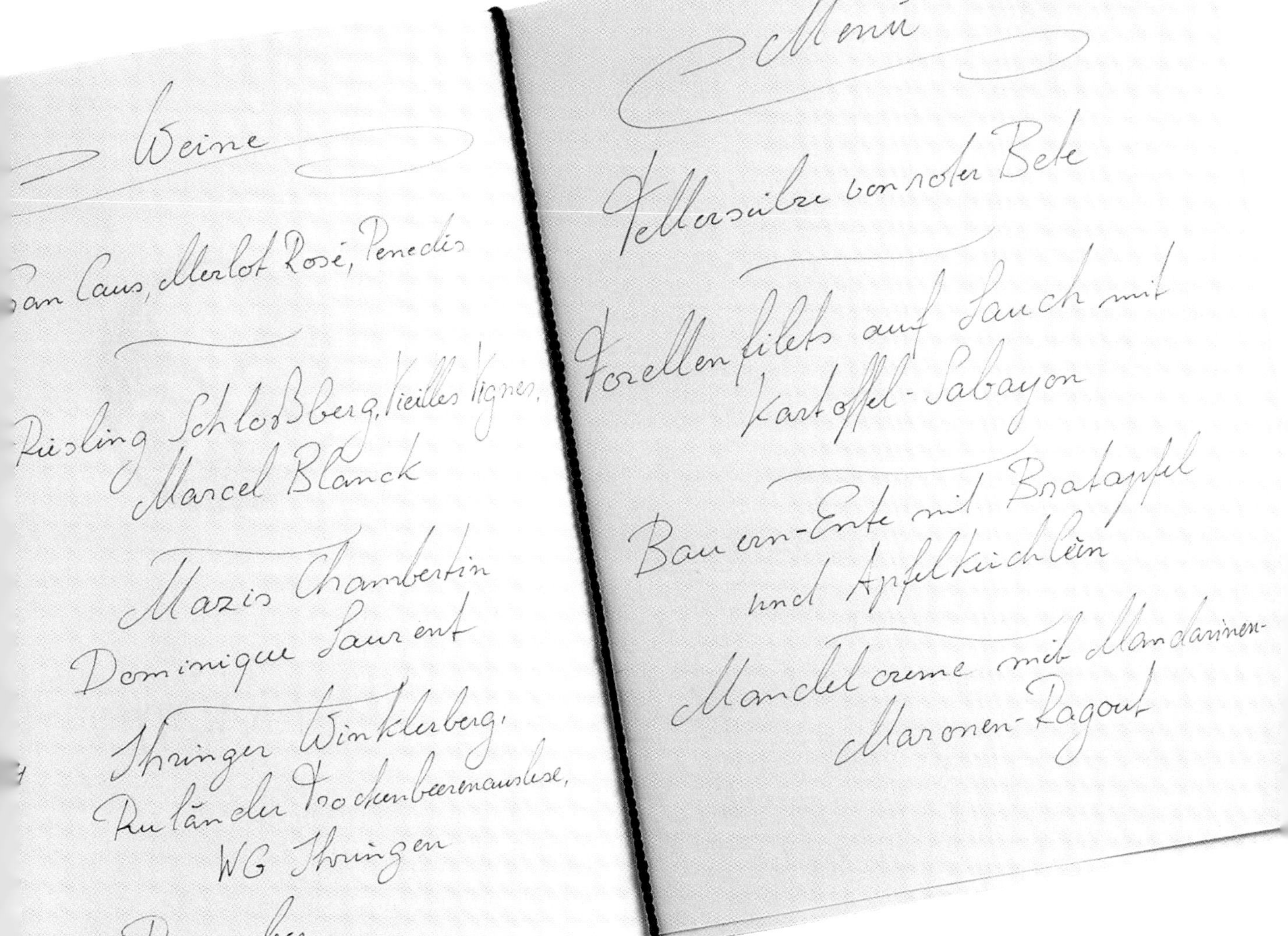

Weine

...an Caus, Merlot Rosé, Penedès

Riesling Schloßberg, Vieilles Vignes, Marcel Blanck

Mazis Chambertin Dominique Laurent

Thuringer Winklerberg, Ruländer Trockenbeerenauslese, WG Thuringen

24. Dezember

Menü

Tellersülze von roter Bete

Forellenfilets auf Lauch mit Kartoffel-Sabayon

Bauern-Ente mit Bratapfel und Apfelküchlein

Mandelcreme mit Mandarinen-Maronen-Ragout

Die große Kunst der Kombination von Speisen und Wein besteht darin, beide zu einem harmonischen Walzer zu vereinen. Hier ein Weihnachtsmenü von Hans Haas mit Weinvorschlägen von mir.

Mit solch sanften Gegensätzen ist es wie im richtigen Leben: Sie machen eine Beziehung erst richtig interessant. Aber Kontrast um jeden Preis? Nein. Ich bin glücklich, wenn meine Kombination im Mund einen runden Geschmack erzeugt. Das ist meine wichtigste Aufgabe als Sommelière.

🐟 Ziemlich schwierig wird sie bei asiatischen und indischen Gerichten, weil diese meist scharf und von dominantem Gewürzton geprägt sind; aber auch hier wird man nach einigem Suchen fündig werden (mein Tipp: Versuchen Sie es mal mit restsüßen Rieslingen). Und wenn ich es mir genau überlege, gibt es eigentlich kaum ein Gericht, zu dem sich nicht ein zumindest passabler Weinbegleiter ausfindig machen ließe. Selbst zum klassischen »Hamburger« mit Tomaten, Ketchup und Salat habe ich im *SZ-Magazin* einmal einen passenden Wein vorgestellt, und zwar »Agramont« von Navarra, einen roten Spanier aus Tempranillo-Trauben mit tomatigem Charakter. Ein Leser schrieb mir daraufhin einen Brief, in dem er fragte, warum ich denn nicht mal eine Cola oder ein gekühltes Bier empfehlen würde? »Hab' ich bereits«, lautete meine Antwort, und zwar ein möglichst bitteres Pils zum Heringssalat. Zu diesem Katerrezept von Eckart Witzigmann war mir beim besten Willen nichts anderes eingefallen. (Natürlich passen zum »Hamburger« auch Cola und Bier ganz prima, aber meine Aufgabenstellung lautet nun einmal, passende Weine zu empfehlen.)

🐟 Woher aber weiß man, welche Partner harmonieren – und welche nicht? Nun, das herauszufinden ist ganz einfach: Indem Sie es ausprobieren. Trial and error ist der einzige Weg, auf dem man es zwischen Küche und Weinkeller zu etwas bringen kann. Nichts anderes tue ich Tag für Tag, Abend für Abend, beim Ausprobieren anhand der Menüs von Hans Haas und im Gespräch mit den Gästen. Also: Sammeln Sie Erfahrungen! Um eine Tischrunde zusammenstellen zu können, müssen Sie ja auch etwas über Ihre Gäste wissen, und je mehr Sie wissen, um so versierter können Sie kombinieren. Genauso müssen Sie den Charakter von Weinen und die Anmutung Ihrer Speisen kennen (lernen), wenn Sie

das Zusammenspiel (oder den Kontrast) einschätzen wollen. Wahre Meisterschaft bedeutet, sich eines Tages in beidem gleich gut auszukennen.

Von den gängigen Regeln zum Thema Wein und Speisen sollten Sie sich dabei übrigens möglichst wenig irritieren lassen. Sie sind vor Jahrzehnten entstanden, als Weine noch ganz anders gemacht wurden und ganz anders schmeckten als heute. Sieht man einmal von ein paar Hardcore-Traditionalisten ab, die ihre Weine heute genauso wie vor hundert Jahren keltern (wogegen nichts zu sagen ist, ganz im Gegenteil; aber es sind heute einfach Außenseiter), haben sich mit veränderter Vinifikation auch die entsprechenden Regeln erledigt.

➤ *»Weißwein zu Fisch«, beispielsweise: Dieser Grundsatz stimmt so einfach nicht mehr. Selbstverständlich gehört zum Fisch mit Weißweinsauce ein Weißwein. Zu einem Fisch aber, der gebraten oder gar gegrillt worden ist, passt ein gerbsäurearmer Rotwein, jung getrunken und mit viel frischer Frucht, möglicherweise besser. Ein paar Beispiele für köstliche Fisch-Rotwein-Kombinationen stelle ich Ihnen weiter hinten im Kapitel vor.*

➤ *»Rotwein zu dunklem Fleisch und Wildgeflügel«: ist in dieser Form ebenfalls veraltet. Weißweine mit exotischen Fruchtnuancen, möglicherweise mit einem Hauch Restsüße und im Barrique ausgebaut, munden manchmal vorzüglich – vorausgesetzt, sie sind reif und haben wenig Säure. Vor allem aber: Wichtiger als die Hauptspeise (also in diesem Fall: Fleisch) sind für die Auswahl des Weines deren Begleiter (Saucen, Gemüse, Gewürze, Art der Zubereitung). Sie bestimmen den Charakter des Ganzen und daher auch den Weintyp.*

➤ *»Süßwein zum Dessert«: Bingo! An diese Regel können Sie sich auch heute noch getrost halten. Süße, liebliche Weine ergänzen süße Desserts ganz ausgezeichnet. Vorsicht hingegen bei Champagner, der einem immer wieder zum Nachtisch angeboten wird: Er ist in den meisten Fällen wegen seines trocken ausgebauten Charakters fehl am Platz.*

➤ *»Zu mild schmeckenden Speisen eignen sich säurebetonte oder gerbstoffreiche Weine«: Diesen Unsinn habe ich neulich erst wieder gelesen. Richtig ist: Milde Speisen sollten durch milde Weine ergänzt werden. Säurebetonte Weine wiederum passen sehr* *gut zu säurebetonten Gerichten, wie Blattsalaten mit sanften Dressings aus Sherryessig, Aceto-Balsamico oder Verjus (ein Essig, der aus unvergorenem roten oder weißen Traubensaft gemacht wird).*

🐟 Am Besten vergessen Sie also vieles von dem, was Sie bislang gehört haben. Versuchen Sie es lieber einmal mit diesen Hinweisen:
1. Ganz wichtig: Das »Wie« ist entscheidender als das »Was«. Also: Wie ist eine Speise zubereitet, welche Geschmacksnoten wirken dominant? Danach wähle ich den passenden Wein aus.
2. Je einfacher das Gericht, umso größer (komplexer) kann der Wein sein. Umgekehrt funktioniert die Regel genauso: Je komplizierter das Gericht, umso eindeutiger (klarer) sollte der Wein sein.
3. Leichtere Weine sollten vor schwereren serviert werden, weiße vor roten.
4. Je schwerer das Essen, desto kräftiger der Wein. Leichte Gerichte hingegen schmecken am besten mit zarten Weinen – die beiden Partner sollen sich schließlich ergänzen, nicht erdrücken.
5. Nicht zu unterschätzen ist der Zeitpunkt, was wann wozu getrunken wird. Ein leichter, säurereicher, kühl servierter Moselriesling, der bei 28 Grad im Hochsommer Ihren Durst auf angenehmste Weise gelöscht hatte, kommt Ihnen im Winter möglicherweise schlank und säuerlich vor.
6. Was beliebt und schmeckt, ist auch erlaubt. Lassen Sie auch andere Meinungen gelten. Geschmack ist bekanntlich Geschmackssache. Nach meiner Erfahrung reichen diese sechs Grundregeln völlig aus, um beim Ausprobieren gute Ergebnisse zu erzielen. All die Feinheiten, Sonderfälle und Ausnahmen finden Sie im Laufe Ihrer Experimente ganz von selbst heraus.
Die wertvollste Hilfe dabei ist etwas, auf das wir an anderer Stelle schon zu sprechen gekommen sind: Ihre Erfahrung. Sie wissen, wie Gänseleber schmeckt. Sie wissen auch von der Wucht kalifornischer Syrahs. Sie kennen die fruchtige Säure eines jungen Cabernet Sauvignons. Und sie ahnen zumindest, dass ein roter Bordeaux zum Kaviar oder ein junger, wilder spanischer Rotwein aus dem Priorato zur Forelle Blau keine gute Idee sein dürfte.

1 Kabeljau in Rucolabutter.
2 Rehschulter und -karree mit Kräuterdampfnudeln.
3 Zitronen-Crêpes mit Walderdbeeren.

Es gibt aber ein paar Dinge, die Sie heute vielleicht noch nicht wissen. Zum Beispiel, dass man Schokolade hervorragend mit kräftig-fruchtigen Rotweinen paaren kann. Dass sich auch zu Salat elegante Wein-Begleiter anbieten. Dass man die Regel »kein Wein zur Suppe« wirklich vergessen kann. Dass man also einige Hochgenüsse versäumt, wenn man immer nur nach Schema F kombiniert. Denken Sie also ruhig mal über außergewöhnliche Paarungen nach! Häufig sind es gerade die schrägeren Gäste, die einen Abend zum Ereignis machen. Ein paar Anregungen, wen Sie mal zu Tisch bitten könnten, gebe ich Ihnen in den folgenden Abschnitten.

1 Chicoréesalat mit Radieschensprossen.

2 Bärlauchsuppe.

... zum Salat

Klar, auch zu Salaten passen Weine, und zwar je nach Typ sogar ganz ausgezeichnet. Entscheidend ist dabei nicht der Typ Salat (also Feld- oder Kopfsalat, Portulak, Löwenzahn- oder Spinatsalat), sondern die Beschaffenheit des Dressings. Welches Dressing mit welchem Wein harmoniert, konnte ich bei einer ausführlichen Verkostung mit Hans Haas in der Tantris-Küche klären. Dafür hatte unser Chef de cuisine verschiedene Salatsaucen vorbereitet, die wir mit unzähligen Weinen unterschiedlicher Herkunft, Rebsorte und Farbe ausprobierten. Eines vorweg: Der sparsame Umgang mit Essig, Zitronen, Salz und scharfen Gewürzen erschien uns als das A und O der Dressingkunst. Weniger ist mehr! Frische Kräuter wie Kresse, Estragon, Kerbel, Melisse, Dill und Schnittlauch veredeln einen Salat und unterstützen den Geschmack der Weine.

→ *Ein leichtes, einfaches Dressing aus Verjus weiß und rot (anstatt Essig), Olivenöl, etwas Tomatenconsommé, Zitronensaft, Schalotten, Salz, Pfeffer und Zucker verlangt nach einem spritzigen, saftigen Wein, mit duftigem Bouquet und allenfalls zarten Barriquetönen. Zu nennen wären hier Sauvignon blanc und Chardonnay, Typ Steirische Klassik, rassiger Riesling Kabinett trocken aus Deutschland, ebenso leichter Weißburgunder mit viel Frucht und anregender Säure und von erstklassigen Produzenten. Aber auch der 2000er Vinho Verde, Evel, aus dem Douro-Tal ließ alle gängigen Vorurteile gegen diesen leichtfüßigen Portugiesen sofort vergessen. Überraschend gut schmeckte zudem die Kombination mit einer '97er Cuvée aus Cabernet Sauvignon, Zweigelt und Merlot, die im Barrique gereift war. Sogar ein '89er Nuits-Saint-Georges Premier Cru passte. Übrigens: Wird das Dressing mit etwas Walnussöl verfeinert, öffnet sich ein großes Spielfeld für viele Barriquevariationen aus Europa oder Übersee.*
→ *Kartoffeldressing mit Essig aus der Champagne, Kartoffelfond, Salz, Pfeffer, Zitronensaft und Keimöl und einem Hauch Knoblauch verträgt kräftige Weine. Am besten sind solche, die in neuem Holz ausgebaut wurden, wie ein '89er Champagne Krug. Total verrückt erschien mir zunächst die Wahl eines roten Bordeaux '97er Château Poujeaux, Moulis en Médoc, der uns dennoch auf voller Linie überzeugte. Enttäuschend hingegen war der Clos Floridène, ein Bordeaux blanc, der als Muster-*

beispiel für bezahlbare weiße Bordeaux gilt. Dagegen glänzte die weiße '98er Barrique-Version von Aldinger aus Fellbach in Württemberg. Mit Rosé aus der Provence und Sancerre erreichten wir die goldene Mitte, und der junge ('98er), fruchtbetonte Pinot noir von Dugat aus Burgund machte richtig Spaß. Sogar ein Elsässer Pinot noir von Rolly Gassmann schmeckte sowohl Herrn Haas als auch mir. Der '97er Lagrein Dunkel von Tiefenbrunner dagegen lieferte sich mit dem Dressing ein grausiges Duell, das mit einer haushohen Niederlage des Weines endete. Der Wein war zu diesem Zeitpunkt noch viel zu kompakt und tanninlastig. Auch ganz leichte, schlanke, frische Weißweintypen erschienen uns farblos, matt, ganz und gar langweilig. Fazit: Optimal zum Kartoffeldressing sind fruchtige Rote mit wenig Säure und viel Stoff.

➤ Die Mayonnaise mit Meerrettich, Limetten- und Zitronensaft, Salz, Cayennepfeffer, Tomatenconsommé und Paprikawürfelchen machte uns ziemlich ratlos. Hier waren wir fast geneigt, doch auf Mineralwasser umzusteigen, wäre da nicht ein frecher Portugiese namens Covela Branco 1998 aufgetaucht. Eine erfreuliche Überraschung! Auch ein Chardonnay mit Gewürztraminer, der im neuen Holzfass ausgebaut worden war, hielt sich tapfer. Ein dicker '98er Morillon aus der Steiermark machte eine sehr gute Figur und ging schließlich als Sieger aus unserer Verkostung hervor.

... zur Suppe

Wer viel in Fachbüchern blättert, stößt häufig auf die Regel: zur Suppe kein Wein! Gnade finden einzig klare Suppen wie Oxtail oder Wildkraftbrühen oder Essenzen, zu denen meist Sherry oder Madeira – bei Zimmertemperatur getrunken – empfohlen wird. Das alte Vorurteil, dass heiße Suppe und kalter Wein die Geschmacksnerven störten, wird jedoch mit jeder warm zubereiteten Speise, zu der kühler Weißwein serviert wird, widerlegt. Es behauptet ja auch niemand, dass kalt servierte Weißweine nicht zu einem warm zubereiteten Fischgericht passen würden. Werfen Sie also die Flinte nicht gleich in den Suppentopf, sondern probieren Sie einfach mal aus, welche Weine zu welchem Suppentyp passen könnten. Mit vier ganz unterschiedlichen, von Hans Haas zubereiten Suppen möchte ich Ihnen dabei ein bisschen Appetit machen.

Consommé von Wildgeflügel

Die klare Brühe wird mit einem Fleisch nach Wahl hergestellt. (Für eine Essenz kann es auch vom Rind oder Kalb sein.) Angesetzt wird sie mit Gemüsen, dann mit Eiweiß geklärt und mit Salz, Pfefferkörnern und Wacholderbeeren abgeschmeckt. Eine Wildkraftbrühe kann außerdem mit Sherry, Madeira oder Marsala abgerundet werden.

Hierzu passte ein Vecchio Samperi 20 anni, Marsala, Marco de Bartoli fantastisch. Dieser längst vergessene Klassiker anstelle von gereiftem Sherry oder Madeira gab der Suppe einen orientalischen Touch. Geradezu köstlich war auch ein reifer, von der Firne getragener '88er Riesling, Spätlese trocken, aus der Lage Erbacher Marcobrunn, Weingut Schloss Schönborn. Überrascht hat uns der '89er Chardonnay aus dem Hause Au Bon Climat, Santa Barbara, Kalifornien. Die Flasche hatte ich in meinem Keller vergessen, dann aus reiner Neugier zur Suppe geöffnet. Die fette, würzige Art des Chardonnay und sein nussiger Einschlag präsentierten sich ganz prima zur Consommé.

Cremesuppen

Für unser Beispiel, eine Spargelcremesuppe, werden zunächst die Spargelabschnitte und Schalotten in Butter angeschwenkt, mit Noilly Prad und trockenem Weißwein abgelöscht, reduziert, schließlich mit Geflügelfond aufgefüllt und mit Sahne reduziert, dann mit Salz, Pfeffer und Zucker abgeschmeckt. Bei der Blindprobe hatten wir dann ein Erlebnis der besonderen Art: Ein '77er Sauvignon blanc, Spätlese, Ried Altmühle von Anton Kollwentz entpuppte sich als Volltreffer. Seine noch jugendliche Frische war verblüffend. Der Duft nach frischen und gekochten Spargeln präsentierte sich einmalig. Ein Hauch Restsüße erwies sich als ideale Parallele zur Süße des Spargels. Der gleiche Wein aus neuerem Jahrgang (1999) passte ebenfalls, war aber nicht ganz so berauschend. Anders der superfrische '99er Moscato Gialla, Vogelmaier, von Alois Lageder aus Südtirol. Trockener Muskateller zu einfach zubereiteten Spargelgerichten ist einfach ein Hit. Außerdem entpuppten sich reifere Sauvignon von der Loire, etwa der '91er Sancerre, Cotat, oder der '93er Pouilly-Fumé, Silex, Dagueneaud als Überraschungserfolge. Auch die '94er Reserve von Rochioli, Russian River, Sonoma County: Ein Hochgenuss. Der '99er Iphöfer Julius Echter Berg, Scheurebe, Spätlese, trocken von Johann Ruck ist mit seinen Kräuter- und Paprikatönen ein bereits erprobter Begleiter für unsere Spargelgerichte im Tantris.

Fischsuppe

Für unsere Fischsuppe vom Typ Bouillabaisse braten wir Krustentierkarkassen in Butter an, ergänzen sie durch Gemüse (Tomaten, Fenchel, Zwiebeln, Knoblauch) und flambieren tutto completto mit Cognac. Danach füllen wir mit Tomatenconsommé oder Fischfond auf. Ganz wichtig sind hier Kräuter und Gewürze wie Safran, Dill, Petersilie, Thymian und Rosmarin, Salz und Pfeffer.

Leichte, extraktarme Weine haben gegen dieses Kraftpaket keine Chance. Ein leichter Mosel beispielsweise ging völlig unter, ebenso Rieslinge mit spürbarer Restsüße. Besser wirken im Barrique gereifte Weiße. Mit Rotweinen (mit oder ohne Barrique) waren wir besonders erfolgreich. Der '96er Pinot noir »S« von Philippi, Pfalz, beispielsweise machte uns richtig Freude, ebenso der rote Spanier von Raimat, Costers del Segre. Grüner Veltliner von Josef Schmidt, Jahrgang 2000, ein wirklich trockener Wein, wie man ihn sich von Herzen wünscht, war eine gute Wahl. Mit frischem Champagner hingegen gab es Probleme. Die gereifte Version des '85er Dom Pérignon wiederum war ein Fest. Auch Roséweine schmeckten ganz wunderbar: 1999 Rosa del Golfo von Giuseppe Calò, Apulien – für mich Italiens bester Rosé. Delikat auch der 1999 Côtes de Provence, Domaine Ott.

Kalte Suppe – Gazpacho

Zum Ansatz werden frische Paprika, Gurken, Knoblauch und Zwiebeln kleingeschnitten, mit Essig, Zitronensaft, und Ofentomaten (angetrocknet) ergänzt. Auffüllen mit Tomatenconsommé, mit Salz, Pfeffer und Zucker würzen. Etwa fünf Stunden durchziehen lassen, auf Eis stellen, danach mixen und eisgekühlt servieren.

Hierzu gefielen uns trockene Weine mit vegetalen Noten besonders gut. Sancerre und Pouilly-Fumé konnten sich durchsetzen, Vinho Verde aus Portugal war ganz prima, mittelkräftige Grüner Veltliner aus dem Kamptal, Donauland und der Wachau machten ebenfalls eine gut Figur. Mit aromatischen, leicht gekühlten Rotweinen hatten wir viel Spaß, sogar der zwischenzeitlich abgeschriebene Typ Beaujolais feierte zur kühlen Suppe ein Comeback.

... zum Spargel

Glaubt man der Fachliteratur, dann ist die Kombination von Spargel und Wein schlicht unmöglich. Heute lässt sich nicht mehr feststellen, wer diese Regel eigentlich aufgestellt hat. Zum Glück, denn tatsächlich ist sie längst überholt. Schwierig ist es nur mit harten, tanninreichen Rotweinen: Sie lassen keine erfreulichen Geschmackserlebnisse zu. Zur Vorsicht mahne ich auch bei Angeboten speziell als »Spargelwein« etikettierter Massenprodukte. Ansonsten bin ich bei meinen Proben mit Hans Haas' Spargelrezepten auf einige interessante Arrangements gestoßen. Eindeutige Sieger zum Spargel waren Sauvignon und Grüne Veltliner, und – extravagant – gelbe Muskateller.

Spargel in Zuckerschoten-Vinaigrette mit Thunfisch

Die Spargelstangen werden ganz klassisch in gewürztem Wasser gekocht und noch in warmem Zustand mit der Vinaigrette aus Weißweinessig, Spargelfond, Maiskeim- und Olivenöl, sehr fein gewürfelten Zuckerschoten, Salz und Pfeffer mariniert. Dann werden frische, hauchdünn geklopfte Thunfischscheiben am unteren Ende um die Spargelstangen gerollt – fertig!

Dieses leichte Frühlingsgericht verlangt nach frischen, spritzigen Weißweinen mit saftigem Charakter. Dazu zählen Sauvignon blancs des Typs Steirische Klassik, wie jene von Albert Neumeister, Alois Gross und Klassiker wie Tement oder Polz. Auch die '99er Reserve von Gerald Malat (Kremstal) konnte mich begeistern.

Mit leichten, nicht ganz trockenen Rieslingen, Spätlesen von der Mosel oder Ruwer (wir versuchten Haag und Tyrell) können Rieslingfans glücklich werden. Auch ein trockener Weißburgunder Kabinett von Bernhard Huber war ein taktvoller Begleiter. Ähnlich gelungene Beispiele lassen sich in Baden zuhauf ausmachen.

Spargel in der Folie oder Cocotte mit brauner Butter, Petersilienkartoffeln

Dies ist ein echter Spargel à la Hans Haas: Ganz natur und mit optimalem Eigengeschmack, da der Spargel nicht wie üblich im Wasser, sondern im eigenen Saft und Alufolie im Backofen oder in gebutterter Form unter der Klarsichtfolie langsam gegart wird. Optimales Geschmackserlebnis dazu: 1996

Puligny-Montrachet, Les Pucelles von der Domaine Leflaive. Er öffnete ungeahnte, einfach gute geschmackliche Dimensionen.

Preiswerter geht es mit mächtigen Grünen Veltlinern wie F. X. Pichlers '95er Kellerberg oder Emmerich Knolls Riede Schütt. Bernhard Otts Rosenberg, Reserve 2000 verblüffte mit seiner klaren Frucht und delikaten Linie. 2000er Feldmarschall, Tiefenbrunner, Alto Adige, ein Müller-Thurgau mit Charakter oder ein '98er Auxerrois, Spätlese, trocken, Schloss Rheinburg vom Bodensee harmonierten durch ihre sanfte Säure und vegetalen Noten ebenfalls sehr gut.

Spargel mit Spinat-Crêpes

Für dieses Rezept wird der Spargel unter Klarsichtfolie gelegt und in einer feuerfesten Form etwa 90 Minuten bei 80 Grad Hitze gegart. Crêpes hauchdünn in Öl backen, den frischen Blattspinat mit Lauchzwiebeln in Butter dünsten. Sahne dazugießen, aufkochen lassen. Muskat, Salz, Pfeffer zum Würzen. Die heißen Spargel locker mit den Crêpes garnieren, Spinat dazu geben und die Sauce dazwischen verteilen. Wachsweich gekochtes, gehacktes Ei dazu geben.

Dazu eine Überraschung: '98er Château Smith-Haut-Lafitte, ein weißer Bordeaux der Extraklasse, vanillig, nussig, exotisch. Alternative: Der '96er Château Tour des Gendres, Anthologia – ein weißer Bergerac, eine Essence aus Sauvignon und Semillon. Wenig Freude hatte ich mit Pinot noir und Gamay. Von den sanften, gerbstoffmilden Roten hatte ich erwartet, dass sie wegen des Spinats gut passen würden, dabei aber übersehen, dass sie sich nicht mit dem Spargel vertragen.

Spargel mit Morchel-Ragout

Die gegarten, heißen Spargelstangen werden mit einer Morchelsauce überzogen serviert. Zutaten: Schalotten würfeln, frische Morcheln, trockener Fino Sherry, Sahne, Butterstückchen, Salz, weißer Pfeffer, Cayennepfeffer. Dank der Morcheln und des Sherry haben wir es mit einem sehr aromatischen Gericht zu tun, das nach gehaltvollen, am besten sogar im Barrique ausgebauten Weinen verlangt. Mein Vorschlag: '96er Uccellanda, Bellavista, Franciacorta, oder Exoten wie Condrieu (Viognier) von Yves Gangloff Rhône. Auch der Merlot Rosé von Gran Caus, Penedés passte mit seiner fruchtigen Variante und satten Struktur sehr gut. Mutige trinken dazu einen Sherry des Typs Fino aus gutem Haus, zum Beispiel von E. Lusteau.

1 Spargel in der Folie.
2 Spargel mit Spinat-Crêpes.
3 Spargel-Morchel-Ragout.

2

3

195

1 Hummer im Fenchelblatt.
2 Gebratene Coquilles mit Trevisiano.
3 Gepfefferter Thunfisch.

... zum Fisch

Die alte Regel »Rotwein und Fisch vertragen sich nicht« stammt noch aus der Zeit, als Rotweine sehr viel rustikaler ausgebaut wurden als heute und sich häufig durch unreife Gerbstoffe hervortaten. Weine dieses Charakters versehen Fisch mit einem unangenehmen, metallischen, bitteren Geschmack. Übrigens schmeckt auch die klassische Luxus-Kombination Kaviar-Champagner unangenehm metallisch – jedenfalls dann, wenn es sich um einfache Champagner aus unteren Qualitätsstufen handelt.

Wer heute ein ausgewogenes Verhältnis in der Verbindung Rotwein zum Fisch sucht, muss sich glücklicherweise auf keine Experimente mehr einlassen, sondern kann nach einfachen Faustregeln vorgehen. Basis für eine ideale Partnerschaft Rotwein – Fisch sind Garmethoden, Sauce, Gewürze, Beilagen. Wird der Fisch beispielsweise pochiert oder gedünstet (also lediglich leicht gegart), und ohne oder mit ganz leichten Soßen serviert, sollte der Wein jung, frisch, tanninarm und mäßig im Alkohol sein. Das können Spätburgunder, Lemberger, Zweigelt, Dornfelder, Sangiovese, Tempranillo, Garnacha, Gamay, Merlot oder Syrah sein – alle möglichst mit wenig, oder noch besser: ohne Barrique.

Wird der Fisch gegrillt und von kräftigen Saucen und Beilagen begleitet, braucht er einen tiefroten, kräftigen, würzigen und alkoholreicheren Gefährten mit gezähmten Tanninen. Ideal sind Pinot noirs von Premier-Cru-Lagen aus dem Burgund oder den USA. Zum Beispiel: Châteauneuf-du-Pape, Côte Rôtie, Überseeweine aus Merlot, Shiraz, Zinfandel, Grenache, Malbec oder Cabernet franc. Dabei sollte man unbedingt auf die kühlere Trinktemperatur von 14 bis 16 Grad achten.

Auf diese Weise Fischgerichte von Hans Haas zu begleiten, ist eine ständige Herausforderung, die ich mit einer Riesenfreude annehme. Meine derzeit bevorzugten Kombinationen sind:

Rotbarbenfilet auf Blattspinat mit Rucola-Butter
➤ '98er Spätburgunder, trocken, Barrique, Bernhard Huber, Malterdingen, Baden.

Die kalifornische Reife mit lieblichen Duftvarian-
ten, Kräuternoten und Nusstönen dürfte Gegner
deutschen Rotweins überraschen. Burgundische
Fülle, Tiefe und Länge. Der saftige Schmelz am
Gaumen zur in Butter gebratenen Rotbarbe ist
wunderbar.

Klare Suppe von geräucherten Forellen mit
Briocheknödeln
➤ *'99er Rubin Carnuntum, Gerhard Markowitsch,*
Göttlesbrunn, Carnuntum, Österreich
Die leichten Rauchnoten mit exotischen Hölzern,
Wacholder, Pfefferkörnern und Muskatnuss sind gut
in den doch gehaltvollen Körper integriert und über-
zeugen selbst Suppenkasper.

Gepfefferter, lauwarmer Thunfisch mit
Schnittlauch auf Couscous
➤ *'94er Château Musar Red, Libanon*
Der inzwischen etwas fruchtiger vinifizierte Exote
besteht aus einer Cuvée mit Cabernet Sauvignon
und Cinsault. Seine Stärke ist die würzige Linie in
Duft und Geschmack. Pfeffer, Paprika, Tomaten so-
wie süße Frucht mit süffiger Art lassen diesen
Hauch Orient mit Couscous und Thunfisch ver-
schmelzen. (siehe Foto S. 196)

Hummer mit Fenchelblatt und Tempurateig
gebacken, Limetten-Sahnedipp mit Koriander
➤ *'97er Merlot Shafer Vineyards, Stags Leap,*
Napa Valley
Kontrastprogramm? Ja, aber ganz wie Amerika.
Der gebackene Hummer hat durch den Fenchel
und die in Öl ausgebackene Variante ausgeprägte
buttrig-süßliche Anis- und Nussnoten. Dazu passt
der üppige, eindrucksvolle Merlot mit einem Cock-
tail roter Früchte in Duft und Geschmack. Die
reifen Tannine verbinden sich wunderbar mit dem
kräftigen, leicht öligen Tempurateig.

Gebratene Coquilles mit Trevisiano
Radicchio, Rotwein-Portweindressing
➤ *'97er Marqués de Borba, Reserva Tinto Alen-*
tejo, Portugal
Ein seidiges Kraftpaket mit Finesse, Frische und
Feinheit zugleich. Feinste rote Früchte, portoähnli-
che, weiche Struktur mit einem Hang zur Lieblich-
keit, die besonders gut zu Coquilles passt. Ein Touch
Bitterton mit würzigem Holz, Lakritze. Selbst
unterschiedliche Rezepturen mit gebratenem Fisch
stellten für diesen Wein kein Problem dar. Er passte
sich fast jedem Gericht an.

Bouchot-Muschel-Ragout im Tomaten-
Gemüsefond
➤ *'97er Domino de Valdepusa, Petit Verdot,*
Marqués de Griñon, Vino de Mesa de Toledo,
Spanien
Ein außergewöhnlicher, würziger Wein mit eigen-
ständigem Geschmacksprofil, das wohl auf die Reb-
sorte zurückzuführen ist. Reife Tomaten, Erdbeeren,
rote Paprika. Orientalischer Duft, der an einen Ge-
würzmarkt erinnert. Zum Gemüsefond mit seinem
Hauch Knoblauch und Safran unwiderstehlich.

Hummer oder Langustinen mit feinen
Nudeln in weißer Trüffelsauce
➤ *'95er Il Caberlot, Podere Il Carnasciale, Toskana*
Weine gibt es, die trinkt man am liebsten selbst.
Und doch erzählt man diese kleinen, großen
Geheimnisse, weil sie zu einmalig erscheinen, um sie
für sich zu behalten. Für mich ist der Caberlot in
allen mir bekannten Jahrgängen ein solches
Geheimnis. Ein geradezu geschmeidiger Wein voller
Frucht, Saft und Fülle mit hoher Konzentration
und Tiefe. Keine Ecken und Kanten, anschmiegsam
wie eine schnurrende Katze. Eine Kreuzung aus
Samt und Seide, die nach einem einzigen Schluck
keiner Erklärung mehr bedarf. (siehe Foto S. 198)

... zu Trüffeln

Schwarz oder weiß ist bei Trüffeln eher eine
Frage des persönlichen Geschmacks als eine
Frage der Qualität. Die Mehrzahl der Feinschmecker bevorzugte in den letzten Jahren
den italienischen weißen Trüffel, der in wesentlich kleineren Mengen gefunden wird als
der Schwarze aus Frankreich. Konsequenz:
Die Ernte im Piemont kann mit der Nachfrage nicht mehr Schritt halten, die Preise
sind in die Höhe geschnellt. Nicht so bei
den schwarzen Diamanten aus dem Perigord:
Hier bewegen sich die Preise schon lange Zeit
auf konstant hohem Niveau. Das schwarze
Gold zählt in Rezepten von berühmten Köchen nach wie vor zu den beliebtesten Luxus-
ingredenzien und ist zudem noch vergleichsweise bezahlbar.
Welche Weine Sie zu Gerichten mit weißen
und schwarzen Trüffeln reichen können, ver-
rate ich Ihnen zu Rezepten von Hans Haas.

1 Feine Nudeln mit Hummer in Trüffelsauce.
2 Pasta mit Trüffel.
3 Gebackenes Ei auf Rahmspinat.

Kartoffel-Spinat-Maultaschen mit weißen Trüffeln

Zu dieser Köstlichkeit gibt es eine leichte Sauce aus Geflügelfond, Weißwein, Trüffelöl und geschlagener Sahne, über die nach Belieben weißer Trüffel gehobelt wird. Der 2000er Arneis von Vietti, ein leichter Weißwein aus dem Piemont, ergänzte das Gericht mit feinblumigem Duft, sanfter Trockenheit und Frische. '99er Cherubino von Morgassi, ein Viognier aus dem Piemont, überraschte mit seiner weichen Fülle und pflanzlichen Noten. 2000er Gavi »Terrarossa« von La Zerba wirkte durch seine freche Säure eher als kleiner Kontrapunkt.
Auch Barrique-Chardonnays von Lageder, Bründelmayer und Bellavista waren sehr erfolgreich im Duell. Mit roten, kleineren Gewächsen aus Burgund und Rhône hingegen hatten wir hingegen genausowenig Glück wie mit frischen Weinen aus Syrahtrauben.

Hausgemachte feine Nudeln in weißer Trüffelsauce

Dieses recht einfache Gericht haben wir einmal mit und ohne Hummer zubereitet und gegen verschiedene Kandidaten aus der Weinwelt antreten lassen. Ohne Hummer harmonierten fruchtige Merlots aus Kalifornien sowie fruchtige, modern gestylte Barberas und Dolcettos aus dem Piemont am Besten. Der Dolcetto 1998 Siri D'Yerum von Pecchenino strotzte vor Saft, satter Frucht und geschmeidiger Tannine. Barbera D'Asti Bricco della Bigotta 1997 von Giacomo Bologna wirkte mit seiner samtigen Fülle und Textur berauschend. Barbaresco »Rabaja« 1998 von Bruno Rocca schmeckte zauberhaft, sein imposanter Körper und seine jugendliche Frische waren allerdings etwas vordergründig.
Variante Nummer zwei, mit Hummer: Hier gefielen uns die weißen Weine besser. Châteauneuf-du-Pape 1998 in weiß von Saint-Cosme passte mit seiner Kraft und Wucht ebenso gut wie der weiße Hautes Côtes de Nuits, 1998 von Jayer Gilles, der mit seinen vordergründigen Holznoten, Vanilletönen und Nussaromen den Hummer ideal begleitete.

Gebackenes Ei auf Rahmspinat mit weißen Trüffeln

Dies ist eine Liebeserklärung, und zwar an Hans Haas' pochiertes, paniertes und dann gebackenes Ei – es ist schlichtweg zum Niederknien. Ich habe es schon häufig genossen und längst zu meiner heimlichen Lieblingsspeise erklärt. Deshalb kenne ich unglaublich viele Weine, die hierzu hervorragend schmecken; unglücklicherweise hinterlassen einige davon aber riesige Löcher in der Haushaltskasse. Im letzten Jahr tranken wir einmal Cheval Blanc und Pétrus 1990 dazu – ein Freudenfest für die Gaumen aller anwesenden Feinschmecker. Aber auch ein '95er Sul Bric, Monferrato Rosso, von Franco Martinetti aus dem Piemont hatte Schmiss und Klasse. Diese Cuvée aus Barbera und Cabernet Sauvignon gefiel mir mit ihrer schwelgerischen Süße am Gaumen. Der '90er rote Hermitage von Jean-Louis Chave, Rhône, begeisterte mit seinem wilden Charakter und pflaumig reifen Noten. Empfohlen seien auch ein '90er Cor Römigberg von Alois Lageder, für mich einer der besten Roten aus Südtirol oder ein 1994 Caberlot, VdT, Toskana Rosso von B. Rogosky, der zur Rotwein-Elite Italiens zählt.

Geschmorter Chicorée gefüllt mit Perigord-Trüffeln

Der ganze Chicorée wird gegart, dann Schicht für Schicht von außen nach innen heruntergeklappt, mit Trüffelfarce eingestrichen und mit Trüffelscheiben belegt. Zurück in seiner ursprünglichen Form brät man ihn an und serviert ihn mit einer dunklen Sauce aus Kalbsjus, Trüffelsaft und Madeira. Zu ihm schmeckten uns Rotweine aus Bordeaux, Madiran, Cahors und Languedoc am besten. Mit reifen Pauillacs, Pomerols und Saint-Emilions, die häufig nach schwarzen Trüffeln duften, kann eigentlich ebenfalls nichts schief gehen. Auch eine Flasche '97er Griotte-Chambertin von Dugat ist dazu ein sehr schönes Erlebnis – vorausgesetzt man ergattert irgendwo noch eine. Der Puech-Haut, 1998, Cuvée Prestige, von Gérard Bru, Côteaux du Languedoc, konnte mit dem ersten Schluck schon überzeugen. Ein modern gemachter Wein, tief und vielschichtig, mit Trüffelnuancen und voller Kraft.

... zur Schokolade

Für viele ist sie ein echtes Rauschmittel, die exotische Mischung aus Kakaomasse, Kakaobutter und Zucker. Ob als zartbittere Täfelchen, als Milchschokolade, Pralinen, Kuchen oder raffinierte Dessertvariation – Fans auf der ganzen Welt riskieren ihr zuliebe überflüssige Pfunde, verlieren sich im puren Genuss, schwelgen im Geschmack. Kaum jemand denkt darüber nach, mit welchem Getränk man diesen Genuss noch steigern könn-

te. Dabei gibt eine Vielzahl von Weinen, die uns in der Kombination mit Schokoladendesserts oder einfach nur mit ein paar Stückchen dahinschmelzen lassen. Allerdings sind Qualität und Herkunft der Schokolade von höchster Bedeutung. Meine Empfehlung: Edelbitter »Caraibe« und Bitterschokolade »Guanaja« von Valrhona. Diese Chocolaterie nennt ihre Erzeugnisse »Les Grands Crus de Chocolat« – und dass sie es sind, ist unter Kennern unbestritten. Valrhona ist einer der wenigen Chocolatiers in Frankreich, die ihre Schokoladenmasse selbst herstellen. Das langsame Rösten der Kakaobohnen erfolgt bei Valrhona noch in Anlagen, die bereits seit 1920 in Betrieb sind.
Mit solch hochwertigen Schokoladen also und dem richtigen Wein ergeben sich, wie ich festgestellt habe, regelrecht schwindelerregende Arrangements.

Dunkle Mousse au chocolat aus Vollmilch und Zartbitterschokolade *war mit dem Porto Fine Tawny der Quinta da Romaneira und Valpolicella »Vigneti di Torbe« von Domini Veneti ganz gut. Mit einem Kirschragout verziert, begeisterte die Verbindung von Romano dal Fornos Recioto »Monte Lodoletta«. Ein junger Banyuls, Cuvée Léon Parcé der Domaine de la Rectoire war mit seiner vordergründigen Kirschfrucht genial, ersetzte sogar das Fruchtragout. Die helle Mousse au chocolat konnte mit Liquore al Caffè der Mrs Rose genauso viel Freude machen wie mit dem köstlichen Moscato Rosa von Schloss Sallegg oder von Castell Schwanburg.*

Schokoladentorte (Sacher) mit Cabernet Sauvignon *erledigte Vorurteile wie »Rotwein passt nicht zu Schokolade« im Handumdrehen. Diese mutige Variante habe ich im Napa Valley kennen und lieben gelernt. Die kräftigen, molligen Cabernets mit weniger Tannin und trockenem, weichen Geschmack nach dunklen Beeren krönte die Torte der österreichischen Patisserie. Unsere Beispiele waren von Caymus, Shafer, Newton, Silver Oak, Pahlmeyer. Natürlich kann dazu auch Vintage Port, ein alter Madeira oder Oloroso Sherry serviert werden.*

Ein Mohr im Hemd (Soufflé) mit dunkler Schokoladensauce *hingegen passte weniger gut. Hier bietet sich eher Maury der 1995er Vintage von Mas Amiel an. Bei edelsüßen Weinen ist Vorsicht*

1 Sachertorte.
2 Diverse Hartkäse.
3 Vacherin Mont d'Or, Roquefort von Papillon, Ziegenkäse.

geboten, weil ihre häufig sehr hohe Säure den Schokoladengenuss empfindlich stört. Ältere, karamellbetonte Trockenbeerenauslesen von Ruländertrauben oder Sauternes haben eine gute Chance, sofern der rosinierte Charakter bei ihnen im Vordergrund steht.

Unvergessliche Kombinationen waren für mich die kleinen Schokoladenverrücktheiten des spanischen Meisterkochs Ferran Adrià vom Restaurant El Bulli in Roses. Dazu reichte sein Geschäftspartner und Sommelier Juli Soler einen tiefdunklen Oloroso, Asunción Alvear aus der D.O. Montilla Moriles. Das Schokoladeneispulver mit Limettenschaum und Wasabi krönte Soler mit P.X. Sacristia Romante, einem uralten Sherry der D.O. Jerez.
Im Restaurant Le Pyramide in Vienne an der Rhône, Wirkungsstätte des legendären Meisters Fernand Point, überraschte mich der Sommelier zu einem Dutzend Valrhona-Variationen mit einem älteren, weißen Hermitage 1983 von Jean-Louis Chave. Für mich eine völlig neue Variante, aber einfach köstlich.
Natürlich gibt es Schokolade auch in ihrer einfachsten Form. Nutella auf Toast zum Beispiel schmeckte sehr gut zu Château Fontenil, Fronsac; Merlot von Canoe Ridge, Columbia Valley; Black Muscat von Rosenblum, Kalifornien; Zweigelt TBA von Alois Kracher, Burgenland. Snobby – aber dennoch sehr gut!

So einfach kann genussvolles Schoki-Essen sein. Das Problem mit den Pfunden aber bleibt. Leider.

... und, zum guten Schluss: Käse

Käse ist eines der ältesten von Menschen hergestellten Lebensmittel. Die ersten Beweise für seine Existenz wurden in Schriften um 3000 v. Chr. entdeckt. In Frankreich gilt die Synthese Käse/Wein zum Brot seit Menschengedenken als die genussvollste Verbindung, die man sich vorstellen kann. Meist denkt man dabei an Rotweine, doch unter den Feinschmeckern hat sich längst die Erkenntnis breitgemacht, dass auch Weißweine höchsten Genuss erzeugen können. Grundsätzlich ist Käse eines der kompliziertesten Nahrungsmittel, was die Weinwahl angeht. Je nach Herkunft und Produzent schmeckt er unterschiedlich kräftig, salzig, fetthaltig, mild, würzig oder scharf. Diese Eigenart haben Käse und Wein gemeinsam, wir haben es also hier mit zwei Variablen zu tun. Und das macht die Sache schwierig.

Ich empfehle daher: Haben Sie Mut zur Lücke. Experimentieren Sie. Kaufen Sie unterschiedliche Käse und versuchen Sie es zunächst mit einem Weißen, dann mit einem Roten. Wenn beide schmecken, rufen Sie zur Not ihre Nachbarn. Wollen Sie schnell ans Ziel gelangen, kaufen Sie Käse und Wein aus derselben Region – häufig passen die ganz gut. Und, bitte, beachten Sie ein paar Hinweise:

➤ *Salz verstärkt die Bitterkeit tanninreicher Weine.*
➤ *Süße harmoniert mit Salzigem. Komplexe Käse brauchen komplexe Weine.*
➤ *Gereifter Käse harmoniert mit gereiften Weinen. Achten sie jedoch darauf, dass der Käse nicht zu reif ist. Ein überreifer Camembert oder Epoisses ist eine Zumutung für jeden Wein.*
➤ *Tanninreiche Rotsporne passen gut zu Hartkäse, sofern dieser nicht zu salzig ist (Vorsicht also bei Parmesan oder Peccorino).*
➤ *Sahnige, fetthaltige Käse brauchen säurereiche Weine, am besten Weißwein.*
➤ *Je mehr Säure im Käse, desto mehr Säure braucht der Wein.*
➤ *Zu einer großen Käseauswahl gibt es keinen hundertprozentig passenden Wein, aber ein junger Pinot noir mit Klasse oder ein Top-Beaujolais überraschen sicher.*
➤ *Probieren Sie es im Sommer mal mit Champagner (zum Beispiel zu Chaource, einem Käseklassiker aus der Champagne).*

Wenn Sie mögen, testen Sie ein paar dieser Käse-Wein-Kombinationen, die mir sehr gut gefallen:

➤ *Junger Roquefort (ab drei Monaten Reife) mit Muscat de Beaumes de Venise von Domaine de Coyeux; Muscat de Rivesaltes von Dom Brial; Botrys, eine Malvasia und Moscatocuveé von Mastrojanni, Montalcino; alternativ ein reifer Roter aus Bandol wie Château de Pibarnon 1990.*
➤ *Gereifter Roquefort (mindestens sechs Monate alt), Stilton, Bleu des Causses, Bleu D'Auvergne mit Sauternes oder Barsac bester Herkunft wie Château Rieussec, Climens, Doisy-Daëne, Gilette, Suduiraut oder dem Highlight Château d'Yquem. Ein frischer Portwein, z.B. »1996 LBV« von Dirk*

van der Niepoort macht eine ebenso gute Figur wie ein reifer Banyuls 1981 von Dr. Marc Parce.
➤ *Gorgonzola Dolce (aus Süßrahm) und Recioto della Valpolicella, Romano dal Forno, dito, als Geheimtipp (eine Einzelflasche, leider) von der Cantina Tramanal in Montecchio versprechen ein großes Genusserlebnis. Ein hochklassiger Montepulciano D'Abruzzo »Villa Gemma« von Masciarelli hebt diesen Käse in ungeahnte Höhen.*
➤ *Hartkäse wie Cantal, Comté, Parmesan, Manchego, reifer Gouda, Gruyère, Sbrinz und Cheddar, die mäßig gesalzen sind, vertragen tanninlastige Rotweine wie Barolo vom Altmeister Bruno Giacosa oder Aldo Conterno. Außerdem Monteveterano aus Kampanien; Cims de Porrera und Mas Martinet aus dem Priorato; Mauro's Vendemia Seleccionada, Castilla y Léon; Montus XL, Madiran, Syrah von Simon Maye im Tessin sowie erschwingliche Bordeaux der Jahrgänge 1995/96/98 wie Pape-Clément; Beau-Séjour-Bécot; Canon-La-Gaffelière, Clinet; Léoville-Les Cases; Sociando-Mallet, Poujeaux oder Tertre-Roteboeuf, um nur ein paar Beispiele zu nennen.*
➤ *Ziegenkäse ohne Asche wie Crottin de Chavignol, Picodon, Cabécou, Rocamadour, Pavé, Coeur de Berry, St. Mure, Valencay (mit Asche): Zu diesen Käsen empfehle ich säurebetonte Weine von der Loire, also Sancerre oder Pouilly-Fumé von Bourgois, Crochet und Cotat über Dagueneaud, Chatelain und Ladoucette bis Reverdy. Aus Irouléguy stammt der köstliche Cuvée Hegoxuri der Domaine Arretxea; aus Bergerac der Moulin des Dames, ein Blanc sec von Château Tour des Gendres. Beides sind unbekannte Weiße mit Frische und Körper, die jeden Ziegenkäse veredeln. Neuseeländische Sauvignons beispielsweise von Coopers Creek oder Cloudy Bay passen ebenso wie klasse Sauvignon blancs aus Südafrika. Bei den geaschten Käsen ist Rosé eine interessante Variante.*
➤ *Weichkäse wie Brie oder Camembert sind schwierige Kombinationen, vor allem wenn sie reif sind. Die schönsten Erlebnisse hatte ich hier mit weißen Burgundern aus Meursault und Puligny-Montrachet. Mit den roten Burgundern aus Gevrey-Chambertin und Vosne-Romanée vertrugen sich ein L'Ami du Chambertin und ein Epoisses sehr gut. Wer gerne Bordeaux trinkt, hat mit alten Saint-Emilion und reifen Pomerol viel Erfolg. Je nach Hersteller kommen die unterschiedlichen Geschmacksrichtungen einzelner Châteaux oder Produzenten mehr oder weniger zur Geltung. Generell gilt auch hier: Probieren geht über studieren.* 🪻

Die Sommeliers

Was Sie in exquisiten Restaurants vom Sommelier erwarten dürfen – und was nicht

❧ Könnte es sein, dass Ihnen gerade ein wenig der Kopf schwirrt? Dass die vielen Möglichkeiten, Regeln und Empfehlungen zum Thema Speisen und Wein Sie verwirren? Dass Sie erst einmal eine Pause brauchen? Nun, dafür gibt es Abhilfe: Gönnen Sie sich zur Entspannung ein Essen in einem sehr guten Restaurant. Wenn Sie Glück haben, gibt es dort einen Experten, der Ihnen in einem netten Gespräch die ganze Arbeit abnimmt. Und zwar gern. Es ist sein Beruf.

❧ Der Sommelier (wörtlich übersetzt bedeutet das: Wirtschafter, Kellermeister) war ursprünglich eine Art Diener, der seinem Herrn vom Stall bis in den Salon zur Hand ging. Er verkostete alles, was sein Arbeitgeber zu sich zu nehmen gedachte, darunter natürlich auch den Wein. Im Laufe der Jahrzehnte haben er und seine Kollegen sich dann schließlich ganz auf den Wein kapriziert. (Keine üble Karriere, wie ich finde.)
Der Sommelier als reiner Restaurant-Weinkellner indes ist eine Erfindung unseres Jahrhunderts. In Frankreich und Italien gibt es heute einige hundert, in Deutschland und Österreich einige Dutzens Sommeliers. Manchmal muss ich allerdings lachen, wer sich heutzutage so alles unter dem Deckmäntelchen »Sommelier« versteckt: Selbstständige Veranstalter von Weinseminaren und Wein-Verkaufsveranstaltungen, Weinhändler, selbst ernannte Weinjournalisten, ja sogar Vertreter von Weinfirmen heften sich diese traditionsreiche Berufsbezeichnung wie einen Orden

ans Revers. Oft verbergen sich dahinter Aufsteiger, die irgendwann einmal einen Job als Sommelier in einem guten Restaurant als Sprungbrett in die Selbstständigkeit genutzt haben.
Waschechter Sommelier ist für mich jedoch nur, wer sich um die Beratung der Gäste sowie Auswahl, Einkauf und Pflege des gesamten Getränkeprogramms eines Restaurants kümmert. Sommelier wird man durch

Dreißig Jahre ist es mittlerweile her, dass der Bauunternehmer und passionierte Feinschmecker Fritz Eichbauer in München das Tantris kreierte und mit Eckart Witzigmann das deutsche Küchenwunder einleitete. Auch ich verdanke Herrn Eichbauer eine Menge, genauer: eine Bühne, auf der ich heute tanzen kann.

Arbeitsalltag eines Sommeliers:
1 Das Präsentieren des Weines am Tisch.
2 Mit Hans Haas.
3 Als Jurymitglied bei der Kür des »Meilleur Sommelier du Monde« in Rio de Janeiro.
4 Beim Überprüfen meiner Notizen auf der Vinitaly in Verona.
5 Bei der Kellerarbeit.
6 Mit einer 15 Liter schweren Nebukadnezar-Flasche beim Start ins neue Jahrtausend.
(Links meine Sommelierauszubildende Julia Irl, rechts Dominique Metzger, unser Restaurantchef.)

eine zweijährige Ausbildung beispielsweise an der Heidelberger Hotelfachschule (der eine abgeschlossene Lehre in der Gastronomie oder Weinbranche vorausgehen muss) oder durch Kurse an der Industrie- und Handelskammer Koblenz. Oder indem man sich, wie ich es getan habe, Weinwissen durch jahrelanges Learning by doing selbst aneignet.

🦅 Die Besten der Besten beweisen sich bei der alle vier Jahre stattfindenden Sommelier-Weltmeisterschaft um den Titel des »Meilleur Sommelier du Monde« oder bei nationalen Wettbewerben wie der »Trophée Ruinart« (ausgerichtet vom gleichnamigen Champagnerhaus) oder Moët&Chandons »Team Trophy«, der ich seit ein paar Jahren als Juryvorsitzende angehöre. Auf jene drei Teams, die bis zur Endausscheidung der »Team Trophy« vordringen, wartet eine mehrstündige Tour de force: Sie müssen ein Dutzend Weine und Spirituosen blind verkosten und beschreiben, eine Weinkarte auf Fehler korrigieren und zu einem fiktiven, komplizierten Menü eine Weinempfehlung aussprechen, die einen bestimmten Betrag nicht überschreiten darf. Das Ganze vollzieht sich unter extremem Zeitdruck. Im vergangenen Jahr habe ich den Teilnehmern außerdem fünf verschiedene Käse aus der Loire-Region vorgesetzt, die sie identifizieren und mit einem Wein paaren mussten. Und schließlich haben wir sie mit einer fiktiven Gästerunde, bestehend aus dem japanischen Kaiserpaar, einem Geistlichen und zwei »normalen« Gästen an einem Tisch konfrontiert. Wer wird zuerst bedient? Und wie? Darüber haben sich die Kandidaten ziemlich den Kopf zerbrochen.
Eines lässt sich in solchen Wettbewerben jedoch nicht prüfen: Die Verantwortung, die ein Sommelier zu tragen imstande ist. Denn je umfangreicher eine Weinkarte und je tiefer der Keller eines Restaurants, umso höher sind ja auch die Summen, die er bewegt.
Bei uns im Tantris beispielsweise verwalte ich einen Bestand von etwa 80 000 Bouteillen aus Deutschland, Österreich, Spanien, Portugal, Italien, Frankreich und Übersee. Neben großen Klassikern gebe ich auf meiner Weinkarte immer auch totgesagten Kindern und unentdeckten Jungstars eine Chance. Ich finde, in einem Restaurant unserer Klasse sollte

man einfach immer wieder Entdeckungen erwarten dürfen. Natürlich würde ich sie einem Gast niemals aufdrängen. Meine Aufgabe ist es, ihn zu beraten und dafür zu sorgen, dass er sich wohlverstanden fühlt, dass er das Mahl genießt und gerne wiederkommt. Dafür muss ich mir binnen kürzester Zeit am Tisch ein Bild von ihm machen. Sobald er seine Speisenbestellung aufgegeben hat, läuft für mich der Countdown. Was trinkt er normalerweise gern? Was möchte er heute abend trinken? Was für ein Typ ist er? Ist er experimentierfreudig oder eher ein Mensch, der seinen Gewohnheiten treu bleibt? Von wem wird er begleitet: Von Freunden, der Familie oder Gästen aus dem Ausland? Und: Wie viel möchte er heute Abend ausgeben?
All das muss ich möglichst schnell mit präzisen Fragen herausfinden und daraus meine Empfehlung ableiten: Unaufdringlich, überzeugend unter Berücksichtigung seiner Präferenzen und seines preislichen Niveaus. Das ist das A und O in meinem Beruf. Ein Sommelier ist ja jemand, der routinemäßig Menages à trois einfädelt. Ein professioneller Kuppler zwischen Gast, Wein und Gericht, sozusagen. Läuft alles gut, dann haben die drei eine Menge Spaß miteinander und der Gast kommt wieder. Läuft es schlecht, dann haben der Sommelier und sein Restaurateur ein Problem.

🦅 Was braucht ein Weinkellner, der möglichst viele solcher glücklichen Dreiecksbeziehungen stiften will? Ich denke, er muss eine gute Nase und einen guten Gaumen, ein gutes Gedächtnis für die unterschiedlichen Düfte und Geschmacksbilder sowie ein glückliches Händchen (beim Einkauf) haben. Er sollte über perfekte Manieren und psychologisches Geschick verfügen, wenn er seine Gäste nicht überrumpeln, sondern überzeugen will. Zudem sollte er eine Liebe zum Produkt pflegen, also selber gerne essen und trinken. Und mit Trinken meine ich Wein-Trinken im Wortsinne. Das übliche Verkosten, bei dem ein Schluck Wein im Mund bewegt und dann ausgespuckt wird, liefert zwar einen passablen, aber zwangsläufig unvollständigen Eindruck. Zum Weingenuss gehört schließlich auch der Abgang des Weines, sein Geschmack im Rachen sowie der Nachhall, und den

Weniger ist mehr

Der Großteil unserer Gäste trinkt zwei Weine zum Menü: Einen Weißen vorweg, dann einen Roten, manchmal noch ein Glas Champagner als Apéritif und einen Dessertwein hinterher. Ich halte das für ein vernünftiges Maß. Man will sich mit den Weinen ja auseinandersetzen, und bei mehr als zwei Weinen kann das schon anstrengend werden. Nicht jedes gemütliche Essen muss gleich zu einer Weinprobe werden.

Ein Gutteil unserer Arbeit spielt sich unsichtbar für die Gäste und im Büro ab. Jeden Tag verbringe ich einige Stunden am Computer mit Nachbestellungen, dem Überprüfen der Bestände, der Zusammenstellung von Weinkarte und Menüvorschlägen.

(rechte Seite) Regelmäßig treffen sich bei uns im Tantris Weinfreunde zum Verkosten neuer Weine. Hier der »Club der Weinfreunde Château Latour«.

Heilendes Wasser

»I don't drink water, because fish fuck in it«, soll der britische Komiker W. C. Fields einmal gesagt haben. Nun bin ich ja auch ein klarer Verfechter von Wein als Menübegleiter – zum Wein aber kann ich Wasser nur empfehlen, und zwar vorzugsweise »Staatlich Fachingen«. Dieses Heilwasser verfügt über eine meines Wissens einzigartige Fähigkeit: Es neutralisiert Magensäure. Wer also Probleme mit dem Magen und/oder säurehaltigen Weinen hat, ist mit ihm bestens bedient.

spürt man nur, indem man einen Wein hinunterschluckt. Immer wieder habe ich bei Restaurantbesuchen erlebt, dass mir Sommeliers erzählten, sie tränken keinen Alkohol, also auch keinen Wein. In einem solchen Fall sollte man seinen Wein lieber selbst wählen.

❧ Neben einer gewissen Belastbarkeit braucht der Sommelier aber vor allem einen guten Draht zum Küchenchef. Denn ohne ihn ist er im Restaurant verloren. Umgekehrt ist eine perfekte Zusammenarbeit ebenfalls Voraussetzung dafür, dass Gäste nicht nur satt, sondern auch glücklich nach Hause gehen.
Das Verhältnis zwischen Sommelier und Chef de cuisine muss man sich vorstellen wie bei Jean-Paul Sartre und Simone de Beauvoir, dem Literatenpaar. Im Grunde geht es darum, dass Außergewöhnliches manchmal erst dadurch entsteht, dass zwei Talente zusammenwirken.
Ich zum Beispiel habe das Glück, mit einem Küchenchef zusammenzuarbeiten, dessen Kreationen mich von Anfang an begeistert haben. Wir arbeiten nun schon seit zehn Jahren zusammen und verstehen uns fast blind. Hans Haas weiß genau, mit welchen Zutaten er mir bei der Verbindung mit Wein wenig Freude bereitet. Rezepte mit sehr viel Essig, Zitronengras oder scharfen Gewürzen etwa vermeidet er. Kombinationen von Fisch und Fleisch, möglicherweise noch mit einer süßen Sauce dazu, sind ohnehin nicht sein Stil – sehr zum Vorteil des Weingenusses, wie ich meine.
Das Schönste an unserer Zusammenarbeit aber ist: Er überrascht mich immer wieder. »Ich hab' hier was Neues«, sagt er dann, gibt mir einen Wink, ihm in die Küche zu folgen.

Und dann probieren wir zusammen: Erst die Neukreation, dann vier, fünf Weine dazu, bis wir einen charmanten Begleiter gefunden haben, und fertig.
In solchen Momenten spüre ich, wie glücklich ich bin. Ich esse gerne und ich trinke für mein Leben gern Wein. Ich tue im Beruf also etwas, was mich auch privat fasziniert.
»Wähle einen Beruf, den du liebst«, hat *good old* Konfuzius einmal geschrieben, »und du brauchst niemals in deinem Leben zu arbeiten.«

❧ Dazu habe ich seit einigen Jahren einen hoch interessanten Nebenjob. Es war im Sommer 1996, als mich Veronika Crecelius, damals freie Autorin beim *Süddeutsche Zeitung Magazin* während eines Strandspaziergangs auf Sylt fragte, ob ich nicht Lust hätte, meine Weintipps einmal aufzuschreiben. Warum nicht? dachte ich mir. So entstanden meine zwei ersten Bücher mit dem Titel »500 Weine unter 20 DM«. Ihrem Erscheinen folgte eine Anfrage des *Süddeutsche Zeitung Magazins*, für das ich seit 1996 erst alleine, mittlerweile mit einer Rezeptbegleitung von Eckart Witzigmann Woche für Woche Weine empfehle.
Die Resonanz auf meine Kolumne ist, wie ich immer wieder geschmeichelt registriere, überaus erfreulich. Es dauerte einige Zeit, bis ich feststellte, welch hohen Stellenwert die Kolumne bei vielen Lesern genießt. Aber augenscheinlich sind sie auch nach Jahren noch nicht müde, mir auf meinen Pfaden durch die Weinwelt zu folgen.
Nach der Premiere im SZ-Magazin dauerte es wiederum nicht lange, bis meinem ersten medialen Engagement weitere folgten. Redaktionen fragten an, ich wurde von Zeitschriften zu Expertenrunden, vom Fernsehen zu Interviews und von Seminarveranstaltern aufs Podium gebeten. Jetzt schreibe ich bereits mein viertes Buch und muss sagen: Es hat mir wieder viel Spaß gemacht.
Vielleicht ist es Ihnen beim Lesen ja auch ein wenig so ergangen. ❧

Wein-Basics

> Auch wenn Sie sich selbst gut mit Weinen auskennen: Lassen Sie sich ruhig vom Sommelier oder Kellner beraten. Der Weinexperte des Hauses kann seine Weine und die Zubereitung der Speisen meist am besten einschätzen.

Außerdem weiß ein Sommelier, in welcher Phase der Entwicklung sich die Weine gerade befinden und ob sie eventuell dekantiert werden sollten.

> Geben Sie Ihrem Weinberater im Restaurant eine Chance: Sagen Sie ihm, was Sie üblicherweise gerne trinken und was Sie heute möglicherweise gerne trinken würden.

> Lassen Sie ihn auch wissen, was Sie ausgeben möchten – das ist schließlich ein entscheidendes Kriterium für die Weinwahl. Möchten Sie dies nicht vor Ihrer Begleitung tun, deuten Sie diskret auf Preise in der Weinkarte. Ein erfahrener Sommelier wird Ihnen dann ebenso diskret etwas Entsprechendes vorschlagen.

> Weinkarten, auf denen nur ein Weintyp (also Muskateller oder Pinot grigio), aber weder Erzeuger, Herkunft, noch Jahrgang verraten werden, sind verdäch-

tig. Seien Sie auf der Hut und erfragen Sie die fehlenden Angaben. Sie sind schließlich nicht nur wichtig für Ihre Auswahl, sondern sogar gesetzlich vorgeschrieben.

> Haben Sie keine Skrupel, den günstigsten Wein von der Karte zu bestellen. In einem guten Restaurant hat auch dieser Berechtigung und Klasse.

> Die Angabe »Preis auf Anfrage« auf einer Weinkarte halte ich in der heutigen Zeit, in der man dank Computer und Kopiergeräten Karten stets mühelos aktualisieren kann, für eine echte Zumutung.

> Ein Sommelier berät Sie nicht nur bei der Weinwahl, sondern auch bei Problemen mit Weinen. Sprechen Sie ihn an, wenn Ihnen Ihr Wein fehlerhaft erscheinen sollte. Für ihn ist das keine Beleidigung, sondern selbstverständlicher Bestandteil seiner Arbeit.

Übrigens...

Wenn Sie ein Restaurant mit mehreren Freunden besuchen, die alle etwas völlig Verschiedenartiges essen, sich aber unbedingt einen Wein teilen wollen, sollten Sie wissen: In diesem Fall muss selbst der versierteste Sommelier passen. Ein Kompromiss könnte so aussehen: Sie bestellen einen Wein, den Sie schon immer mal probieren wollten. Sollte er gar nicht zum Essen passen, trinken Sie ihn einfach davor und danach – dann haben Sie auf jeden Fall Ihren Spaß.

In diese Heiligen Hallen kommt
nicht jeder rein: Der Fasskeller
von Robert Mondavi.
Sein Opus One gehört zu den
Kultweinen aus Übersee.

Adressen

Weingüter

Australien

Bannockburn Vineyards
27 Settlement Road
Belmont
Geelong, VIC 3220
T: 0061 - 3 - 52 43 70 94
F: 0061 - 3 - 52 43 70 94
Önologe: Gary Farr

Jim Barry
Blyth Road
Clare, SA 5453
T: 0061 - 8 - 88 42 22 61
F: 0061 - 8 - 88 42 37 52
Verwalter: Peter Barry
Önologe: Mark Barry

Chapel Hill Winery
PO Box 194/Chapel Hill Road
McLaren Vale, SA 5171
T: 0061 - 8 - 83 23 84 29
F: 0061 - 8 - 83 23 92 45
www.chapelhillwine.com.au
Inhaber: Gerard Industries Pty Ltd
Önologin: Pam Dunsford

Clarendon Hills Winery
Brookman Road, Lot 11
Blewett Springs, SA 5157
Verwaltungssitz:
363 The Parade
Kensington Park, SA 5068
T: 0061 - 8 - 83 64 14 84
F: 0061 - 8 - 83 64 14 84
Önologe: Roman Bratasiuk

Coriole Vineyards
Chaffeys Road
McLaren Vale, SA 5171
T: 0061 - 8 - 83 23 83 05
F: 0061 - 8 - 83 23 91 36
coriole@senet.com.au
Inhaber: Familie Lloyd
Verwalter: Mark Lloyd
Önologe: Grant Harrison

C.A. Henschke & Co.
PO Box 100
Keyneton, SA 5353
T: 0061 - 8 - 85 64 82 23
F: 0061 - 8 - 85 64 82 94
www.henschke.com.au
info@henschke.com.au
Inhaber: Stephen & Prue Henschke

Hollick Wines Pty. Ltd.
PO Box 9B
Coonawarra, SA 5263
T: 0061 - 8 - 87 37 23 18

F: 0061 - 8 - 87 37 29 52
www.hollick.com
hollick@coonawarra.mtx.net.au
Önologen: Ian Hollick, David Norman

Leeuwin Estate
Margaret River, WA 6285
T: 0061 - 8 - 97 57 62 53
F: 0061 - 8 - 97 57 63 64
www.leeuwinestate.com.au
Önologe: Robert Cartwright

Mount Langi Ghiran
Warrak Road
Buangor 3375
T: 0061 - 53 - 54 32 07
F: 0061 - 53 - 54 32 77

Penfolds
Tanunda Road
Nuriootpa, SA 5355
T: 0061 - 85 - 62 03 89
F: 0061 - 85 - 62 16 69
www.penfolds.com.au

Petaluma
Spring Gully Road
Piccadilly, SA 5151
T: 0061 - 8 - 83 39 41 22
F: 0061 - 8 - 83 39 52 53
Önologe: Brian Croser

Rockford Wines
PO Box 142/Krondorf Road
Tanunda, SA 5352
T: 0061 - 8 - 85 63 27 20
F: 0061 - 8 - 85 63 37 87
Önologen: Robert O'Callahan,
Chris Ringland

Château Tahbilk
Goulburn Valley Highway
Tahbilk, VIC 3607
T: 0061 - 57 - 94 25 55
F: 0061 - 57 - 94 23 60

Taltarni Vineyards
Moonambel, VA 3478
T: 0061 - 3 - 54 67 22 18
F: 0061 - 3 - 54 67 23 06
www.taltarni.com
taltarni@netconnect.com.au

Wendouree
Clare, SA 5453
T: 0061 - 8 - 88 42 28 96

**Wynns Coonawarra
Estate Winery**
Memorial Drive
Coonawarra, SA 5263
T: 0061 - 8 - 87 36 32 66
F: 0061 - 8 - 87 36 32 02
www.wynns.com.au

Château Xanadu
PO Box 144/Terry Road
Margaret River, WA 6285
T: 0061 - 97 - 57 25 81
F: 0061 - 97 - 57 33 89
Önologe: Jurg Muggli

Chile

Viña Caliterra
Bandera 206, Oficina 601
Santiago
T: 0056 - 2 - 6 99 45 45
F: 0056 - 2 - 6 96 85 72
Inhaber: Familie Errázuriz
Önologe: Ernesto Jusian

Viña Concha y Toro
Fernando Lazcano 1220
Santiago
T: 0056 - 2 - 8 53 00 35
F: 0056 - 2 - 8 53 00 24

Errázuriz
Av. Tajamar 481,
Torre Sur Oficina 503
Providencia, Santiago
T: 0056 - 2 - 2 03 66 88
F: 0056 - 2 - 2 03 66 90

Casa Lapostolle
Benjamin 2935, Oficina 801
Las Condes
Santiago
T: 0056 - 2 - 2 42 97 75
F: 0056 - 2 - 2 34 45 36
lapostol@reune.cl
Inhaber: Jose Rabat,
Marnier-Lapostolle
Önologe: Michel Friou
Chefönologe: Michel Rolland

Viña MontGras
Av. Eliodoro Yañez 2962
P. 5 Providencia
Santiago
T: 0056 - 2 - 5 20 43 55
F: 0056 - 2 - 5 20 43 54
www.montgras.cl

Viña Santa Rita
Gertrudis Echenique
49/Apoquindo 3669 Of. 601
Las Condes
Santiago
T: 0056 - 2 - 3 62 20 00
F: 0056 - 2 - 2 28 63 35
www.santarita.cl
info@santarita.com
Inhaber: Pedro Jullian, Jan Ruge

Villard Fine Wines
Miravalle
Las Condes
Santiago
T: 0056 - 2 - 22 02 12
F: 0056 - 2 - 2 29 44 59
Inhaber: Thierry Villard

Deutschland

Weingut Gert Aldinger
Schmerstraße 25/
Ecke Lutherstraße
70734 Fellbach
T: 0049 - 711- 58 14 17
F: 0049 - 711 - 58 14 88
www.weingut-aldinger.de
gert.aldinger@weingut-aldinger.de
Inhaber: Gert Aldinger
Württemberg

Weingut Friedrich Becker
Hauptstraße 29
76889 Schweigen
T: 0049 - 63 42 - 290
F: 0049 - 63 42 - 61 48
www.weingut-friedrich-becker.de
verkauf@weingut-friedrich-
becker.de
Inhaber: Friedrich Becker
Kellermeister: Stefan Dorst
Pfalz

Weingut J. B. Becker
Rheinstraße 6
65396 Walluf
T: 0049 - 61 23 - 7 25 23
F: 0049 - 61 23 - 7 53 35
Inhaber: Maria &
Hans-Josef Becker
Betriebsleiter und Kellermeister:
Hans-Josef Becker
Rheingau

Weingut Bercher
Mittelstadt 13
79235 Vogtsburg-Burkheim
T: 0049 - 76 62 - 212/- 60 66
F: 0049 - 76 62 - 82 79
www.weingut-bercher.de
Weingut_Bercher@t-online.de
Inhaber: Eckhardt und
Rainer Bercher
Kellermeister: Stefan Beck
Baden

Weingut Bergdolt
Klostergut Sankt Lamprecht
67435 Duttweiler
T: 0049 - 63 27 - 50 27
F: 0049 - 63 27 - 17 84
www.weingut-bergdolt.de
weingut-bergdolt-st.lamprecht@

t-online.de
Inhaber: Rainer und Günther
Bergdolt
Kellermeister: Rainer Bergdolt
Pfalz

**Weingut Bürgerspital zum
Heiligen Geist**
Theaterstraße 19
97070 Würzburg
T: 0049 - 9 31 - 3 50 34 41
F: 0049 - 9 31 - 3 50 34 44
www.buergerspital.de
weinverkauf@
buergerspital.de
Inhaber: Stiftung des
öffentl. Rechts
Direktor: Sonja Höferlein,
Helmut Plunien
Kellermeister: Elmar Nun,
Helmut Plunien
Franken

Weingut Ernst Dautel
Lauerweg 55
74357 Bönnigheim
T: 0049 - 71 43 - 87 03 26
F: 0049 - 71 43 - 87 03 27
www.weingut-dautel.de
(im Aufbau)
weingut.dautel@t-online.de
Württemberg

Weingut Josef Deppisch
An der Röthe 2
97837 Erlenbach bei
Marktheidenfeld
T: 0049 - 93 91 - 98 27 - 0
F: 0049 - 93 91 - 51 58
www.weingut-deppisch.de
weingut@deppisch.com
Franken

Weingut Hermann Dönnhoff
Bahnhofstr. 11
55585 Oberhausen
T: 0049 - 67 55 - 263
F: 0049 - 67 55 - 10 67
www.weingut-doenhoff.de
(im Aufbau)
Inhaber: Helmut Dönnhoff
Nahe

Weingut Jürgen Ellwanger
Bachstraße 21
73650 Winterbach
T: 0049 - 71 81 - 4 45 25
F: 0049 - 71 81 - 4 61 28
www.weingut-ellwanger.de
Inhaber und Betriebsleiter:
Jürgen Ellwanger
Kellermeister:
Andreas Ellwanger
Württemberg

Weingut Rudolf Fürst
63927 Bürgstadt
Hohenlindenweg 46
T: 0049 - 93 71 - 86 42
F: 0049 - 93 71 - 6 92 30
www.weingut-rudolf-fuerst.de
weingut.rudolf.fuerst@
t-online.de
Inhaber: Paul und Monika Fürst
Franken

Weingut Dr. Heger
Bachenstraße 19
79241 Ihringen
T: 0049 - 76 68 - 205/- 78 33
F: 0049 - 76 68 - 93 00
weingutdr.heger@t-online.de
Inhaber: Joachim Heger
Kellermeister: Joachim Heger,
Ulrich Hamm
Baden

Weingut Dr. Loosen
St. Johannishof
54470 Bernkastel-Kues
T: 0049 - 65 31 - 34 26
F: 0049 - 65 31 - 42 48
www.drloosen.de
vertrieb@drloosen.de
Inhaber: Ernst Loosen
Mosel-Saar-Ruwer

Weingut Graf Adelmann
71711 Steinheim/Kleinbottwar
T: 0049 - 71 48 - 9 21 22 - 0
F: 0049 - 71 48 - 9 21 22 - 25
adelmann@wein.com
Württemberg

Weingut des
Grafen Neipperg
Im Schloss
74190 Schwaigern
T: 0049 - 71 38 - 94 14 00
F: 0049 - 71 38 - 40 07
neipperg@t-online.de
Inhaber: Karl Eugen Erbgraf
zu Neipperg
Kellermeister: Bernd Supp
Württemberg

Weingut Fritz Haag
Dusemonder Hof
Dusemonder Straße 44
54472 Brauneberg
T: 0049 - 65 34 - 4 10
F: 0049 - 65 34 - 13 47
www.weingut-haag.de
weingut-fritz-haag@t-online.de
Inhaber: Wilhelm Haag
Mosel-Saar-Ruwer

Weingut Karl Haidle
Hindenburgstr. 21
71394 Kerns-Stetten im Remstal
T: 0049 - 1 71 51 - 94 91 10
F: 0049 - 1 71 51 - 4 63 13
Inhaber: Hans Haidle
Württemberg

Weingut Georg Henninger IV
Weinstraße 93
67169 Kallstadt
T: 0049 - 63 22 - 22 77
F: 0049 - 63 22 - 6 28 61
Inhaber: Walter Henninger
Verwalter: Ulrich Meyer
Kellermeister: Axel Heinzmann
Pfalz

Weingut Heymann-Löwenstein
Bahnhofstraße 10
56333 Winningen
T: 0049 - 26 06 - 19 19
F: 0049 - 26 06 - 19 09
www.heymann-loewenstein.com
weingut@heymann-loewenstein
Inhaber:
Reinhard Löwenstein
Mosel-Saar-Ruwer

Weingut von Hövel
Agritiusstr. 5-6
54329 Konz
T: 0049 - 65 01 - 1 53 84
F: 0049 - 65 01 - 1 84 98
Inhaber:
Eberhard von Kunow
Saar

Weingut Bernhard Huber
Heimbacher Weg 19
79364 Malterdingen
T: 0049 - 76 44 - 12 00
F: 0049 - 76 44 - 82 22
Baden

Weingut Karl H. Johner
Gartenstraße 20
79235 Bischoffingen
T: 0049 - 76 62 - 60 41
F: 0049 - 76 62 - 83 80
www.johner.de
info@johner.de
Inhaber/Kellermeister:
Karl Heinz und Patrick Johner
Baden

Weingut Juliusspital
Klinikstraße 1
97070 Würzburg
T: 0049 - 9 31 - 3 93 14 00
F: 0049 - 9 31 - 3 93 14 14
www.juliusspital.de
info@juliusspital.de
Inhaber: Stiftung Juliusspital
Würzburg
Verwalter: Horst Kolesch
Kellermeister:
Benedikt Then
Franken

Weingut Kartäuserhof
54292 Trier-Eitelsbach
T: 0049 - 6 51 - 51 21
F: 0049 - 6 51 - 5 35 57
Inhaber: Christoph Tyrell
Verwalter: Ludwig Breiling
Mosel-Saar-Ruwer

Franz Keller
Gasthof Schwarzer Adler
Badbergstraße 23
79235 Oberbergen
T: 0049 - 76 62 - 9 33 00
F: 0049 - 76 62 - 7 19
www.franz-keller.de
keller@franz-keller.de
Inhaber: Franz Keller
Betriebsleiter: Fritz Keller
Kellermeister: Holger Koch
Baden

Weingut Keller
Bahnhofstraße 1
67592 Flörsheim-Dalsheim
T: 0049 - 62 43 - 4 56
F: 0049 - 62 43 - 66 86
Inhaber: Klaus Keller
Kellermeister:
Klaus und Klaus Peter Keller
Rheinhessen

Weingut Heribert Kerpen
Uferallee 6
54470 Bernkastel-Wehlen
T: 0049 - 65 31 - 68 68
F: 0049 - 65 31 - 34 64
www.weingut-kerpen.de
weingut-kerpen@t-online.de
Inhaber: Martin Kerpen
Mosel-Saar-Ruwer

Weingut Knipser
Johannishof
67229 Laumersheim
T: 0049 - 62 38 - 7 42/- 24 12
F: 0049 - 62 38 - 43 77
www.weingut-knipser.de
(im Aufbau)
Inhaber:
Werner und Volker Knipser
Pfalz

Weingut Koehler-Rupprecht
Weinstraße 84
67169 Kallstadt
T: 0049 - 63 22 - 18 29
F: 0049 - 63 22 - 86 40
Inhaber: Bernd Philippi
Betriebsleiter: Ulrich Meyer
Kellermeister: Axel Heinzmann
Pfalz

Weingut Peter Jakob Kühn
Mühlstraße 70
65375 Oestrich
T: 0049 - 67 23 - 22 99
F: 0049 - 67 23 - 8 77 88
www.weingut-kuehn.de
weingut.P.J.Kuehn@t-online.de
Rheingau

Weingut Franz Künstler
Freiherr-vom-Stein-Ring 3/
Kirchstr. 38
65239 Hochheim
T: 0049 - 61 46 - 8 25 70/- 8 38 60
F: 0049 - 61 46 - 57 67

www.weingut-kuenstler.de
info@weingut-kuenstler.de
Inhaber: Gunter Künstler
Kellermeister: Gunter Künstler,
Frank Fischer
Rheingau

Weingut Andreas Laible
Am Bühl 6
77770 Durbach
T: 0049 - 7 81 - 4 12 38
F: 0049 - 7 81 - 3 83 39
www.weingut-laible.de
info@weingut-laible.de
Inhaber: Andreas und Ingrid Laible
Kellermeister: Andreas Laible
Baden

Weingut Lützkendorf
Saalberge 31
06628 Bad Kösen
T: 0049 - 3 44 63 - 6 10 00
F: 0049 - 3 44 63 - 6 10 01
www.weingut-luetzkendorf.de
info@weingut-luetzkendorf.de
Inhaber: Uwe Lützkendorf
Saale-Unstrut

Weingut Reichsgraf und
Marquis zu Hoensbroech
Hermannsberg
74918 Angelbachtal-Michelfeld
T: 0049 - 72 65 - 91 10 34
F: 0049 - 72 65 - 91 10 35
Inhaber: Adrian Graf Hoensbroech
Baden

Weingüter Max Markgraf
von Baden
Schloß
88682 Salem
T: 0049 - 75 53 - 8 12 71
F: 0049 - 75 53 - 61 93
und
Schloss Staufenberg
77770 Durbach/Baden
T: 0049 - 781 - 4 27 78
F: 0049 - 781 - 44 05 78
Baden

Weingut Meyer-Näkel
Hardtbergstr. 20
53507 Dernau
T: 02643-1628
F: 02643-3363
www.meyer-naekel.de
weingut@meyer-naekel.de
Ahr

Weingut Georg Mosbacher
Weinstraße 27
67147 Forst
T: 0049 - 63 26 - 3 29
F: 0049 - 63 26 - 67 74
Mosbacher@t-online.de
Inhaber: Familie Mosbacher
Verwalter: Jürgen Düringer
Kellermeister: Richard Mosbacher
Pfalz

Weingut Egon Müller
Scharzhof
54459 Wiltingen
T: 0049 - 65 01 - 1 72 32
F: 0049 - 65 01 - 15 02 63
Kellermeister: Horst Frank
Mosel-Saar-Ruwer

Weingut Gebrüder Müller
Richard-Müller-Str. 5
79206 Breisach
T: 0049 - 76 67 - 5 11
F: 0049 - 76 67 - 65 45
www.netfit.de/weingut-mueller
weingut-mueller@netfit.de
Inhaber: Peter Bercher
Betriebsleiter: Joachim Lang
Baden

Weingut Müller-Catoir
67433 Haardt
Mandelring 25
T: 0049 - 63 21 - 28 15
F: 0049 - 63 21 - 48 00 14
Inhaber: Jakob Heinrich Catoir
Kellermeister:
Hans-Günther Schwarz
Pfalz

Weingut Joh. Jos. Prüm
Uferallee 19
54470 Bernkastel-Wehlen
T: 0049 - 65 31 - 30 91
F: 0049 - 65 31 - 60 71
www.weingut-pruem.de
Inhaber: Dr. Manfred und
Wolfgang Prüm
Betriebsleiter und Kellermeister:
Dr. Manfred Prüm
Mosel-Saar-Ruwer

Unternehmensgruppe A. Racke
Stefan-George-Str. 20
55411 Bingen
T: 0049 - 67 21 - 188 - 0
www.racke.de

Weingut Ökonomierat Rebholz
Weinstraße 54
76833 Siebeldingen
T: 0049 - 63 45 - 34 39
F: 0049 - 63 45 - 79 54
www.weingut-oekonomierat-
rebholz.de
wein@oekonomierat-rebholz.de
Inhaber: Hansjörg Rebholz
Pfalz

Weingut Johann Ruck
Marktplatz 19
97346 Iphofen
T: 0049 - 93 23 - 80 08 80
F: 0049 - 93 23 - 80 08 88
www.ruckwein.de
ruckwein@t-online.de
Inhaber: Johann Ruck
Betriebsleiter:
Johannes Ruck
Franken

Weingut Salwey
Hauptstr. 2
79235 Oberrotweil
T: 0049 - 7662 - 384
F: 0049 - 7662 - 6340
Inhaber: Wolf-Dietrich Salwey
Baden

Weingut Schloss Rheinburg
78262 Gailingen am Hochrhein
Büsinger Straße
T: 0049 - 77 34 - 60 66
F: 0049 - 77 34 - 21 18
Inhaber: O. P. Gross
Baden

Domäne Schloss Schönborn
Hauptstraße 53
65347 Hattenheim
T: 0049 - 67 23 - 9 18 10
F: 0049 - 67 23 - 91 81 91
www.schoenborn.de
schloss-schoenborn@t-online.de
Inhaber: Paul Graf von Schönborn
Kellermeister: Gerhard Kirsch
Rheingau

Weingut Schmitt's Kinder
Am Sonnenstuhl
97236 Randersacker
T: 0049 - 9 31 - 7 05 91 97
F: 0049 - 9 31 - 7 05 91 98
www.schmitts-kinder.de
schmitts-kinder-weingut@
t-online.de
Inhaber: Karl Martin Schmitt
Franken

**Gutsverwaltung von Schubert
– Grünhaus**
54318 Mertesdorf
T: 0049 - 651 - 51 11
F: 0049 - 651 - 52 22
www.vonschubert.com
info@vonschubert.com
Inhaber:
Dr. Carl-Friedrich von Schubert
Kellermeister: Alfons Heinrich
Mosel-Saar-Ruwer

Weingut am Stein
Mittlerer Steinbergweg 5
97080 Würzburg
T: 0049 - 931 - 2 58 08
F: 0049 - 931 - 2 58 80
www.weingut-am-stein.de
info@weingut.de
Inhaber: Ludwig Knoll
Franken

**Weingärtner-Genossenschaft
Grantschen**
Wimmentaler Straße 36
74189 Weinsberg-Grantschen
T: 0049 - 71 34 - 9 80 20
F: 0049 - 71 34 - 98 02 22
www.grantschen.de
Info@grantschen.de
Kellermeister: Fritz Herold
Württemberg

Staatsweingut Weinsberg
Traubenplatz 5
74189 Weinsberg
T: 0049 - 71 34 - 50 41 67
F: 0049 - 71 34 - 50 41 68
poststelle@lvwo.bwl.de
Inhaber: Land Baden-Württemberg
Kellermeister: Gerhard Wächter
Württemberg

Weingut Robert Weil
Mühlberg 5
65399 Kiedrich/Rheingau
T: 0049 - 61 23 - 23 08
F: 0049 - 61 23 - 15 46
www.weingut-robert-weil.com
info@weingut-robert-weil.com
Rheingau

**Winzergenossenschaft
Achkarren**
Schlossbergstraße 2
79235 Vogtsburg-Achkarren
T: 0049 - 76 62 - 93 04 - 0
F: 0049 - 76 62 - 93 04 - 93
www.achkarrer-wein.com
WG-Achkarren@t-online.de
Inhaber: Waldemar Isele
Kellermeister: Anton Kiefer
Baden

**Winzergenossenschaft
Ihringen eG**
Winzerstraße 6
79241 Ihringen/Kaiserstuhl
T: 0049 - 76 68 - 90 36 - 0
F: 0049 - 76 68 - 55 56
www.IhringerWein.com
Winzergenossenschaft-
Ihringen@t-online.de
Baden

**Winzergenossenschaft
Königschaffhausen**
Kiechlinsberger Straße 2
79346 Königschaffhausen
T: 0049 - 76 42 - 9 08 46
F: 0049 - 76 42 - 25 35
Kellermeister: Helmut Staiblin
Baden

Weingut Hans Wirsching
Ludwigstraße 16
97346 Iphofen
T: 0049 - 93 23 - 8 73 30
F: 0049 - 93 23 - 87 33 90
www.wirsching.de
wirsching@t-online.de
Inhaber: Dr. Heinrich Wirsching
Kellermeister: Werner Probst
Franken

Weingut Wöhrwag
Grunbacher Straße 5
70327 Untertürkheim
T: 0049 - 7 11 - 33 16 62
F: 0049 - 7 11 - 33 24 31
www.weingut-woehrwag.de
(im Aufbau)
hans-peter.woehrwag@t-online.de

Inhaber: Hans-Peter Wöhrwag
Württemberg

Weingut Zehnthof
Kettengasse 3–5
97320 Sulzfeld
T: 0049 - 93 21 - 2 37 78
F: 0049 - 93 21 - 50 77
www.weingut-zehnthof.de
Luckert@weingut-zehnthof.de
Inhaber: Familie Luckert
Kellermeister: Ulrich Luckert
Franken

Weingut Klaus Zimmerling
Bergweg 27
01326 Dresden-Pillnitz
T: 0049 - 3 51 - 2 61 87 52
Inhaber: Klaus Zimmerling
Sachsen

Frankreich

Paul Jaboulet Aîné S.A.
RN 7 - BP 46
La-Roche-de-Glun
26600 Tain L'Hermitage
T: 0033 - 4 75 84 68 93
F: 0033 - 4 75 84 56 14
www.jaboulet.com
info@jaboulet.com
Rhône

Château Arnauld
33460 Arcins
T: 0033 - 5 57 88 50 34
F: 0033 - 5 57 88 50 35
Inhaber: François Theil
Haut-Medoc, Bordeaux

Domaine Arretxea
64220 Irouléguy
T: 0033 - 5 59 37 33 67
Inhaber:
Domaine & Michel Riouspeyrous
Südwestfrankreich

Château Ausone
33330 Saint-Emilion
T: 0033 - 57 24 70 - 94/- 26
F: 0033 - 57 24 67 - 11
Saint-Emilion, Bordeaux

Barancourt
Place Andre Tritant
Bouzy
Tours-sur-Marne
51150 Marne
T: 0033 - 3 26 57 00 67
Champagne

Château de Beaucastel
Jacques Perrin
84350 Courthezon
T: 0033 - 90 70 41 00
F: 0033 - 90 70 41 19
Inhaber: François und Jean-Pierre
Perrin
Rhône

Inhaber: Hans-Peter Wöhrwag
Württemberg

Léon Beyer
2, rue de la 1ère Armée
BP 1
68 420 Eguisheim
T: 0033 - 3 89 21 62 30
F: 0033 - 3 89 23 93 63
www.leonbeyer.fr
mb@leonbeyer.fr
Elsass

Domaine Paul Blanck & Fils
32, Grand-rue
68240 Kientzeim
T: 0033 - 3 89 78 23 56
F: 0033 - 3 89 47 16 45
www.blanck-alsace.com
info@blanck-alsace.com
Elsass

Château Beau-Séjour Bécot
33330 Saint-Emilion
T: 0033 - 5 57 74 46 87
F: 0033 - 5 57 24 66 68
www.beausejour-becot.com
Inhaber:
Gérard & Dominique Bécot
St. Emilion, Bordeaux

Château Belair
33330 Saint-Emilion
T: 0033 - 5 57 24 70 94
F: 0033 - 5 57 24 67 11
plalla@dial.oleane.com
Inhaber:
Mme Dubois-Challon
Önologe: Pascal Dalbeck
Saint-Emilion, Bordeaux

Billecart-Salmon
40, rue Carnot
51160 Mareuil-sur-Ay
T: 0033 - 3 26 52 60 22
F: 0033 - 3 26 52 64 88
Inhaber:
Familie Billecart-Salmon
Önologe: François Domi
Champagne

Bollinger
16, rue Jules-Lobet
51160 Ay
T: 0033 - 3 26 53 33 66
F: 0033 - 3 26 54 85 59
Inhaber: La Société Jacques
Bollinger
Önologe: Gérard Liot
Champagne

Château Brane-Cantenac
33460 Cantenac
T: 0033 - 5 57 88 83 33
F: 0033 - 5 57 88 72 51

Domaine les Cailloux
6, chemin du Bois de la Ville
84230 Châteauneuf-du-Pape
T: 0033 - 4 90 83 72 62
F: 0033 - 4 90 83 51 07
Inhaber: André Brunel
Rhône

**Château Canon-
La-Gaffelière**
SCEV des Comtes de Neipperg
33330 Saint-Emilion
T: 0033 - 57 24 71 33
F: 0033 - 5 57 24 67 95
Saint-Emilion, Bordeaux

Domaine Carillon
Puligny-Montrachet
21190 Meursault
T: 0033 - 80 21 30 34/- 75
F: 0033 - 80 21 90 02
Burgund

Domaine Cazes
4, rue Francisco Ferrer
66600 Rivesaltes
T: 0033 - 68 64 08 26
F 0033 - 68 64 69 79
Languedoc-Roussillon

Château de La Chaize
69460 Odénas
T: 0033 - 4 74 03 41 05
F: 0033 - 4 74 03 52 73
www.chateaudelachaize.com
info@chateaudelachaize.com
Beaujolais

Château Chasse-Spleen
33480 Moulis-en-Medoc
T: 0033 - 5 56 58 02 37
F: 0033 - 5 57 88 84 40
www.chasse-spleen.com
Moulis-en-Médoc, Bordeaux

**Domaine
Jean-Louis Chave**
37, avenue du Saint-Joseph
07300 Mauves
T: 0033 - 4 75 08 24 63
F: 0033 - 4 75 07 14 21
Inhaber/Önologen:
Gérard & Jean-Louis Chave
Rhône

Les Chemins de Bassac
34480 Pumisson

Château Cheval Blanc
33330 Saint-Emilion
T: 0033 - 57 55 55 55
F: 0033 - 57 55 55 50
Saint-Emilion, Bordeaux

Château Cissac
Domaines Vialard
33250 Cissac Medoc
T: 0033 - 5 56 59 58 13
F: 0033 - 5 56 59 55 67
www.chateau-cissac.com
marie.vialard@chateau-cissac.com
Haut-Médoc, Bordeaux

Domaine Auguste Clape
146, Route Nationale 86
07130 Cornas
T: 0033 - 4 75 40 33 64
F: 0033 - 4 75 81 01 98

Inhaber: Familia Clape
Önologen:
Auguste & Pierre-Marie Clape
Rhône

Château Climens
33720 Barsac
T: 0033 - 5 56 27 15 33
F: 0033 - 5 56 27 21 04
lucienlurton@atinternet.com
Inhaber: Familie Lurton
Önologe: Christian Broustaut
Barsac, Bordeaux

Château Clinet
33500 Pomerol
T: 0033 - 5 56 68 55 88
F: 0033 - 5 56 30 11 45
audy@wineplanet.com
Inhaber: G.A.M. Audy
Pomerol, Bordeaux

Clos Floridène
Quartier Vidéau
33210 Pujols-sur-Cirons
T: 0033 - 5 - 56 62 96 51
F: 0033 - 5 - 56 62 14 89
Graves, Bordeaux

Clos de L´Oratoire
33330 Saint-Emilion
info@neipperg.com
Domaine Jean-Luc Colombo
Pied La Vigne / 07130 Cornas
T: 0033 - 4 75 40 36 09
F: 0033 - 4 75 40 16 49
Rhône

**Domaine
des Comtes Lafon**
5, rue Pierre Joigneaux
21190 Meursault
T: 0033 - 80 21 22 17
F 0033 - 80 21 61 64
Burgund

Domaine Cotat Frères
Chavignol
18300 Sancerre
T: 0033 - 2 48 54 04 22
F: 0033 - 2 48 78 01 41
Loire

Lucien Crochet
Place de l'Eglise
18300 Bué-Sancerre
T: 0033 - 48 54 08 10
F 0033 - 48 54 27 66
Loire

Domaine de Coyeux
B P 7
Beaumes-de-Venise 84190
T: 0033 - 90 62 97 96
F 0033 - 90 65 01 87
Rhône

Yves Cuilleron
Les Prairies
42410 Chavanay

T : 0033 - 74 87 02 37
F: 0033 - 74 87 05 62
Rhône

Domaine Vincent Dauvissat
8, rue Emile Zola
89800 Chablis
T: 0033 - 86 42 11 58
F: 0033 - 86 42 85 32
Burgund

Marcel Deiss
15, Route du Vin
68750 Bergheim
T: 0033 - 3 89 73 63 37
F: 0033 - 3 89 73 32 67
Elsass

Jean Marc Després
Domaine de La Madone
La Madone
69820 Fleurie
T: 0033 - 4 74 69 81 51
F: 0033 - 4 74 69 81 93
www.beaujolais-wines.com/
despres
despres@vins-du-beaujolais.com
Beaujolais

Jean-Pierre Dirler
13, rue d'Issenheim
68500 Bergholtz
T: 0033 - 89 76 91 00
F: 0033 - 89 76 85 97
Elsass

Château Doisy-Daëne
M. Pierre Dubourdieu
33720 Barsac
T: 0033 - 5 56 27 15 84
F: 0033 - 5 56 27 18 99
Bordeaux

**Cave des Vignerons
Dom Brial**
14, avenue Maréchal Joffre
66600 Baixas
T: 0033 - 68 64 22 37
F: 0033 - 68 64 26 70
Languedoc-Roussillon

Domaine Jean-Paul Droin
14, rue Jean-Jaurès
89800 Chablis
T: 0033 - 86 42 16 78
F 0033 - 86 42 42 09
Burgund

Les Vins Georges Duboeuf
71570 Romanèche-Thorins
T: 0033 - 3 85 35 34 20
F: 0033 - 3 85 35 34 25
www.duboeuf.com
Beaujolais

Château Ducluzeau
33480 Listrac
T: 0033 - 56 59 05 20
F: 0033 - 56 59 27 37
Bordeaux

Claude Dugat
place de l'Eglise
21220 Gevrey-Chambertin
T: 0033 - 3 80 34 36 18
F: 0033 - 3 80 58 50 64
Burgund

Domaine Dujac
7, rue de la Bussière
21220 Morey-Saint-Denis
T : 0033 - 80 34 32 58
rodet@rodet.com
Önologe: Jacques Seysses
Burgund

Château des Estanilles
Hameau de Lenthéric
34480 Cabrerolles
T: 0033 - 67 90 29 25
F: 0033 - 67 90 10 99
earl.louison@worldonline.fr
Inhaber: Michel & Sophie Louison
Faugères

Domaine J. A. Ferret
Fuissé
71960 Peirreclos
T: 0033 - 3 85 35 61 56
Inhaberin: Colette Ferret
Burgund

Château Ferrière
33460 Margaux
T: 0033 - 5 56 58 02 37
F: 0033 - 5 57 88 37 87
www.ferriere.com
info@ferriere.com
Margaux, Bordeaux

Château La Fleur de Gay
33500 Pomerol
T: 0033 - 5 57 51 19 05
F: 0033 - 5 57 72 15 62
Pomerol, Bordeaux

Château Lafleur
33240 Mouillac
T: 0033 - 5 57 84 44 03
F: 0033 - 5 57 84 83 31
Inhaber: Familie Robin,
Familie Guinaudeau
Önologe: Christian Moueix
Pomerol, Bordeaux

Château Fontenil
15, cours des Girondins
33126 Fronsac
T: 0033 - 57 51 10 94
F 0033 - 57 25 05 54
Fronsac, Bordeaux

Yves Gangloff
2, rue Garenne
69420 Condrieu
T: 0033 - 4 74 59 57 04
Rhône

Domaine Rolly-Gassmann
2, rue de L'Eglise
Rorschwihr 68590

T: 0033 - 89 73 63 28
F: 0033 - 89 73 33 06
Elsass

Château Gilette
33210 Preignac
T: 0033 - 56 76 28 44
F 0033 - 56 76 28 43
Bordeaux

Paul Gobillard
65, avenue de Champagne
51200 Epernay
T: 0033 - 3 26 57 77 24
F: 0033 - 3 26 52 75 54
Champagne

La Gomerie
Beau-Séjour Bécot
3333 Saint-Emilion
T : 0033 - 5 57 - 74 46 87
F : 0033 - 5 57 - 24 66 88
www.chateau-lagomerie.com
E-mail@beausejour-becot.com
Inhaber:
Gérard & Dominique Bécot
Saint-Emilion, Bordeaux

Gosset
69, rue Jules-Blondeau
51160 Ay
T: 0033 - 3 26 56 99 56
F: 0033 - 3 26 51 55 88
champagne.gosset@
wannado.fr
Inhaber:
Familie Renaud Cointreau
Önologe: Jean-Pierre Mareigner
Champagne

Alain Graillot
Les Chênes Verts
26600 Pont de L'Isere
T : 0033 - 4 75 84 67 52
F : 0033 - 4 75 84 79 33
Rhône

Domaine Jean Gros
3, rue des communes
21700 Vosné-Romanée
T: 0033 - 3 80 61 04 69
Inhaber: Michael Gros
Burgund

Domaine Ètienne Guigal
Château d'Ampuis
69420 Ampuis
T: 0033 - 4 74 56 10 22
F: 0033 - 4 74 56 18 76
www.guigal.com
contact@guigal.com
Inhaber: Familie Guigal
Önologe: Marcel Guigal
Rhône

Château Haut-Bailly
Route de Cadaujac
33850 Léognan
T: 0033 - 5 56 64 75 11
F: 0033 - 5 56 64 53 60

www.chateau-haut-bailly.com
mail@chateu-haut-bailly.com
Graves, Bordeaux

Château Haut-Marbuzet
33250 Saint Estèphe
T: 0033 - 5 56 59 30 54
F: 0033 - 5 56 59 70 87
Inhaber:
Société H. Duboscq et fils
Saint-Estèphe, Bordeaux

Heywang
17, rue Principale
67140 Heiligenstein
T: 0033 - 88 08 95 53
Elsass

**Château Hortevie/
Château Terrey-Gros-Cailloux**
33250 Saint-Julien-Beychevelle
T: 0033 - 5 56 59 06 27
F: 0033 - 5 56 59 29 32
Inhaber:
Henri Pradère, Annie Fort
Saint-Julien, Bordeaux

Hugel & Fils
3, rue de la première armée
68340 Riquewihr
T: 0033 - 3 89 47 92 15
F: 0033 - 3 89 49 00 10
www.hugel.com
info@hugel.com
Elsass

Maison Louis Jadot
5, rue Samuel Legay
21200 Beaune
T: 0033 - 80 22 10 57
F: 0033 - 80 22 56 03
Burgund

Château de Jau
66600 Cases-de-Pène
T: 0033 - 68 38 90 10
F: 0033 - 68 38 91 33
Languedoc-Roussillon

**Henri Jayer/
Emmanuel Rouget**
Flagey-Echézeaux
21700 Vosné-Romanée
T: 0033 - 3 80 62 83 38
F: 0033 - 3 80 62 86 61
Inhaber/Önologe: Emmanuel
Rouget
Burgund

Jayer-Gilles
21700 Magny-les-Villers
T: 0033 - 3 80 62 91 79
F: 0033 - 3 80 62 99 77
Inhaber/Önologe: Gilles Jayer
Burgund

Domaine Klipfel
6, avenue de la Gare
67140 Barr
T: 0033 - 88 08 94 85

F: 0033 - 88 08 53 18
Elsass

Krug
Vins Fins De Champagne
5, Rue Coquebert
B.P. 22
51100 Reims Cedex
T: 0033 - 3 26 84 44 20
F: 0033 - 3 26 84 44 49
Champagne

Maison Kuentz-Bas
14, route du Vin
68420 Husseren-les-Châteaux
T: 0033 - 89 49 30 24
F: 0033 - 89 49 23 39
Elsass

Patrick De Ladoucette
Château du Nozet
58150 Puoilly-sur-Loire
T: 0033 - 86 39 10 16
F 0033 - 86 39 04 67
Loire

Château Lagrange
33500 Pomerol
T: 0033 - 5 57 51 78 96
F: 0033 - 5 57 51 79 79
Pomerol, Bordeaux

Château Larrivet-Haut-Brion
33850 Léognan
T: 0033 - 5 56 64 75 51
F: 0033 - 55 6 64 53 47
Graves, Bordeaux

**Château Latour/
Château Les Forts de Latour**
Saint-Lambert
33250 Pauillac (Gironde)
T: 0033 - 5 56 73 19 80
F: 0033 - 5 56 73 19 81
www.chateau-latour.com
Inhaber: François Pinault
Önologe:
Frédéric Engerer
Pauillac, Bordeaux

Domaine Leflaive
Place des Marronières
21190 Puligny-Montrachet
T: 0033 - 80 21 30 13
F 0033 - 80 21 39 57
Burgund

Legras et Haas
9, qrande rue
51530 Chouilly
T: 0033 - 3 26 54 92 90
Champagne

Château Léoville-Barton
33250 Saint-Julien-Beychevelle
T: 0033 - 5 56 59 06 05
F: 0033 - 5 56 59 14 29
Inhaber:
Anthony Barton
Saint-Julien, Bordeaux

Château Leoville-Las Cases
33250 Saint-Julien-Beychevelle
T: 0033-5 56 73 25 26
F: 0033-5 56 59 18 33
Inhaber: Jean Hubert Delon
Saint-Julien, Bordeaux

Domaine Leroy
Rue de Pont-Boillot
Auxey-Duresses
21190 Meursault
T: 0033 - 80 21 21 10
F: 0033 - 80 21 63 81
www.domaineleroy.com
Inhaber/Önologe: Lalou Bize-Leroy
Burgund

Domaine de Limbardié
Coteaux de Murriel
34460 Cesseron
Lucie St. Emilion
6, rue Guadet
33330 Saint-Emilion
T: 0033 - 5 57 55 09 13
F: 0033 - 5 57 55 09 12
www.thunevin.com
info@thunevin.com
Saint-Emilion, Bordeaux

Château Lynch-Bages
33250 Pauillac
T: 0033 - 5 56 73 24 00
F: 0033 - 5 56 59 26 42
www.lynchbages.com
infochato@lynchbages.com
Pauillac, Bordeaux

Domaine Albert Mann
13, rue du Manns
68920 Wettolsheim
T: 0033 - 89 80 62 00
F 0033 - 89 80 34 23
Elsass

Château Margaux
33460 Margaux
T: 0033 - 5 57 88 83 83
F: 0033 - 5 57 88 31 32
www.chateau-margaux.com
chateau-margaux@
chateau-margaux.com
Margaux, Bordeaux

Verwaltungssitz:
19, avenue Montaigne
75008 Paris
T: 0033 - 1 44 43 43 20
F: 0033 - 1 47 23 35 25

**Domaine Marquis
d'Angerville**
Clos des Ducs
Volnay / 21190 Meursault
T: 0033 - 3 80 21 61 75
F: 0033 - 3 80 21 65 07
Burgund

Mas Amiel
66460 Maury
T: 0033 - 68 29 01 02

F: 0033 - 68 29 17 82
Languedoc-Roussillon

Domaine Méo-Camuzet
11, rue des Grands Crus
21700 Vosné-Romanée
T/F: 0033 - 3 80 61 11 05
www.meo-camuzet.com
contact@meo-camuzet.com
Inhaber: Familie Méo
Önologe: Jean-Nicolas Méo
Burgund

Jos. Meyer & Fils S.A.
76, rue Clémenceau
68920 Wintzenheim
T: 0033 - 3 89 27 91 90
F : 0033 - 3 89 27 91 99
www.josmeyer.com
Elsass

Château Meyney
53, rue du Dehez
33290 Blanquefort
T: 0033 - 5 56 95 53 00
F: 0033 - 5 56 95 53 01
Verwaltung:
Domaines Cordier
160, cours du Médoc
33300 Bordeaux
T: 0033 - 5 57 19 57 76
F: 0033 - 5 57 19 57 87
Saint-Estèphe, Bordeaux

**Chateau La Mission
Haut-Brion**
Domaine Clarence Dillon S.A.
33608 Pessac Cedex
T : 0033 - 5 56 00 29 30
F: 0033 - 5 56 98 75 14
www.haut-brion.com
visit@haut-brion.com
Graves, Bordeaux

Moët et Chandon
20, av.de Champagne
B.P. 140
51333 Epernay
T: 0033 - 26 54 71 11
www.moet.com
Champagne

Château la Mondotte
Château Cannon La Gaffeliere
33330 Saint-Emilion
T: 0033 - 5 57 24 71 33
F: 0033 - 5 57 24 67 95
www.lamondotte.com
info@neipperg.com
Saint-Emilion, Bordeaux

Château Montrose
33180 Saint-Estèphe
T: 0033 - 56 59 30 12
F: 0033 - 56 59 38 48
Saint-Estèphe, Bordeaux

Domaine Denis Mortet
22, rue de l'Eglise
21220 Gevrey-Chambertin

T: 0033 - 80 34 10 05
F: 0033 - 80 58 51 32
Burgund

Domaine Guy Moulinier
34360 Saint Chinian
T: 0033 - 4 67 38 23 18
F: 0033 - 4 67 38 25 97
Besitzer: Guy Moulinier
Languedoc-Roussillon

Domaine la Moussière
18300 Sancerre
T: 0033 - 2 48 54 07 41
F: 0033 - 2 48 54 07 02
Inhaber:
Alphonse Mellot
Loire

Château Mouton-Rothschild
33250 Pauillac
T: 0033 - 56 59 22 22
F: 0033 - 56 73 20 44
Pauillac, Bordeaux

René Muré
Route du vin
68250 Rouffach
T: 0033 - 3 89 78 58 00
F: 0033 - 3 89 78 58 01
www.mure.com
Elsass

Château Pape Clément
33600 Pessac
T: 0033 - 5 57 26 38 38
F: 0033 - 5 57 26 38 39
www.pape.clement.com
chateau@pape.clement.com
Graves, Bordeaux

Domaine de la Rectorie
66650 Banyuls
T: 0033 - 4 68 88 13 45
Inhaber:
Thierry et Marc Parcé
Banyuls

André Perret
Verlieu
42410 Chavanay
T: 0033 - 74 87 24 74
F 0033 - 74 87 05 26
Rhône

Perrier-Jouët
28, avenue de Champagne
51200 Epernay
T: 0033 - 3 26 53 38 00
F: 0033 - 3 26 54 54 55
www.perrier-jouet.com
Champagne

Pétrus
33500 Pomerol
T: 0033 - 5 57 51 17 96
F: 0033 - 5 57 51 04 29
Inhaber:
Lily Lacoste-Loubat und
Familie Jean-Pierre Moueix

Önologe:
Jean-Claude Berrouet
Pomerol, Bordeaux

Domaine Peyre Rosé
34230 Saint-Pargoire
T: 0033 - 4 67 98 75 50
F: 0033 - 4 67 98 71 88
Inhaberin: Marlène Soria
Önologin: Marlène Soria
Languedoc-Roussillon

Château de Pibarnon
83740 La Cadière-d'Azur
T: 0033 - 9 4901273
F 0033 - 9 4901298
Provence

**Château
Pichon-Longueville (Baron)**
Saint-Lambert
33250 Pauillac
T: 0033 - 5 56 73 17 17
F: 0033 - 5 56 73 17 28
www.pichonlongueville.com
accueil@pichonlongueville.com
Pauillac, Bordeaux

Château Le Pin
33500 Pomerol
T: 0033 - 57 51 33 99
Önologen: Jacques Thienpout,
Dany Rolland
Pomerol, Bordeaux

Étienne Pochon
Château Curson
26600 Chanos Curson
T: 0033 - 75 07 34 60
F: 0033 - 75 07 30 27
Rhône

Château Poujeaux
33480 Moulis-en-Medoc
T: 0033 - 5 56 58 02 96
F: 0033 - 5 56 58 01 25
www.chateau-poujeaux.com
Inhaber:
Jean Theil S.A.
Moulis-en-Medoc, Bordeaux

Henny Preiss
3, rue Bouxhof
68630 Mittelwihr
T: 0033 - 3 89 47 90 21
Elsass

Château Puech-Haut
2250 Route de Teyran
34160 Saint Drezery
T: 0033 - 4 67 91 96 30
F: 0033 - 4 67 91 96 39
Inhaber: Gérard Bru
Languedoc

Domaine Ramonet
11, rue du Grand Puits
21190 Chassagne-Montrachet
T: 0033 - 80 21 91 11
Burgund

Château Rayas
Route de Couthézon
84230 Châteauneuf-du-Pape
T: 0033 - 4 90 83 73 09
F: 0033 - 4 90 83 51 17
Inhaber: Familie Reynaud
Önologe: Emmanuel Reynaud
Rhône

Château Rieussec
33210 Fargues-de-Langon
T: 0033 - 56 62 20 71
F 0033 - 56 76 27 82
www.lafite.com/fr/rieussec.html
Inhaber: Domaines Barons de
Rothschild (Lafite)
Sauternes

Louis Roederer
21, boulevard Lundy
51100 Reims
T: 0033 - 3 26 40 42 11
F: 0033 - 3 26 47 66 51
Inhaber: Familie Rouzaud
Direktor: Jean-Claude Rouzaud
Önologe: Michael Pansu
Champagne

Pol Roger
1, rue Henri-Lelarge
51206 Epernay Cedex
T: 0033 - 3 26 59 58 00
F: 0033 - 3 26 55 25 70
Inhaber: Familie Pol Roger
Önologe: James Coffinet
Champagne

Domaine de la Romanée-Conti
1, rue Derrière-le-Four
21700 Vosné-Romanée
T: 0033 - 3 80 62 48 80
F: 0033 - 3 80 61 05 72
Inhaber: Aubert de Villaine,
Pauline Roch, Lalou Bize-Leroy
Burgund

Ruinart
4, rue des Crayères
51053 Reims
T: 0033 - 3 26 77 51 51
F: 0033 - 3 26 82 88 43
Inhaber:
Louis Vuitton Moët Hennessy
Önologe: Jean-François Barot
Champagne

Domaine Santa Duc
Les Hautes Garrigues
84190 Gigondas
T: 0033 - 4 90 65 84 49
F: 0033 - 4 90 65 81 63
Inhaber:
Yves Gras
Rhône

Domaine Schoffit
27, rue des Aubépines
68000 Colmar
T: 0033 - 89 24 41 14

F : 0033 - 89 41 40 52
Elsass

Jacques Selosse
22, rue Ernest-Vallé
51190 Avize
T: 0033 - 32 6 57 53 56
F: 0033 - 3 26 57 78 22
Inhaber:
Corinne & Anselme Selosse
Champagne

Château la Serre
33420 Moulon
T: 0033 - 5 57 84 51 47
Saint-Emilion, Bordeaux

Château Smith Haut Lafitte
33650 Bordeaux-Martillac
Tél. 0033 - 5 57 83 11 22
F 0033 - 5 57 83 11 21
www.smith-haut-lafitte.com
smith-haut-lafitte@
smith-haut-lafitte.com
Graves, Bordeaux

Château Sociando-Mallet
33180 Saint-Seurin-de-Cadourne
T: 0033 - 5 56 73 38 80
F: 0033 - 5 56 73 38 88
Haut-Médoc, Bordeaux

Domaine la Soumade
84110 Rasteau
T: 0033 - 4 90 46 11 26
F: 0033 - 4 90 46 11 69
Inhaber:
André Romero
Rhône

Château de St. Cosme
84190 Gigondas
T: 0033 - 490 - 65 80 80
F: 0033 - 490 - 65 81 05
Rhône

Château Suduiraut
33210 Preignac
T: 0033 - 56 63 27 29
F: 0033 - 56 63 07 00
Sauternes, Bordeaux

Taittinger
9, place Saint-Nicaise
51100 Reims
T: 0033 - 3 26 85 45 35
F: 0033 - 3 26 85 17 46
Inhaber:
Familie Tattinger
Önologen:
Loïc Dupont, Maurice Morlot
Champagne

Château le Tertre Roteboeuf
3330 Saint Laurent des Combes
T: 0033 - 5 57 24 70 57
F: 0033 - 5 57 74 42 11
Inhaber:
François & Emilie Mitjavile
Saint-Emilion, Bordeaux

Château Tour de Gendres
Les Gendres
24240 Ribagnac
T: 0033 - 52 57 12 43
F: 0033 - 53 58 27 96
Inhaber: Familie De Conti
Bergerac

Château des Tours
Les Tours
84260 Sarrians
T: 0033 - 4 90 65 41 75
F: 0033 - 4 90 65 38 46
Inhaber: Emmanuel Raynaud
Rhône

Maison Trimbach
15, route de Bergheim
88150 Ribeauvillé
T: 0033 - 89 73 60 30
F: 0033 - 89 73 89 04
Elsass

Château Troplong-Mondot
33330 Saint-Emilion
T: 0033 - 5 57 55 32 05
F: 0033 - 5 57 55 32 07
labegorce-zede@wanadoo.fr
Inhaber: Familie Valette
Önologe: Jean Pierre Taleyson
Saint-Emilion, Bordeaux

Château Rol Valentin
Sté. Prissette
Proprietaire-Recoltant
33330 Saint-Emilion
T: 0033 - 5 57 74 43 51
F: 0033 - 5 57 74 45 13
www.rol-valentin.com
Saint-Emilion, Bordeaux

Verget
71960 Sologny
T: 0033 - 85 37 70 77
F: 0033 - 85 37 71 91
Burgund

François Villard
Monjout
42410 St.-Michel-sur-Rhône
T: 0033 - 4 74 53 11 25
F: 0033 - 4 74 53 38 32
Condrieu

Domaine Weinbach
25, route du Vin
68240 Kaysersberg
T: 0033 - 89 47 13 21
F: 0033 - 89 47 38 18
Elsass

Château d´Yquem
33210 Sauternes
T: 0033 - 5 57 98 07 07
F: 0033 - 5 57 98 07 08
www.chateau-yquem.fr
info@chateau-yquem.fr
Inhaber:
Louis Vuitton-Moët Hennessy
Direktor:

Alexandre de Lur-Saluces
Sauternes, Bordeaux

Domaine Zind-Humbrecht
Rte. de Colmar
68230 Turckheim
T: 0033 - 3 89 27 02 05
F: 0033 - 3 89 27 22 58
Elsass

Italien

Abbazia Sant'Anastasia
C. da Santa Anastasia
90013 Castelbuono (Pa)
T: 0039 - 09 21 - 67 19 59
((Zeilenabstand weniger als 1 LZ))
Verwaltung:
L.E.N.A. S.r.l.
Via Mario Vaccaro, 4
90145 Palermo
T: 0039 - 0 91 - 20 15 93
F: 0039 - 0 91 - 22 01 99
www.abbaziasantanastasia.it
info@abbaziasantanastasia.it
Sizilien

Elio Altare
Borgata Pozzo, 51
Frazione Annunziata
12064 La Morra (Cn)
T/F: 0039 - 01 73 - 50 83 5
Piemont

Castello di Ama
Località Lecchi in Chianti
53013 Gaiole in Chianti (Si)
T: 0039 - 05 77 - 74 60 31
F: 0039 - 05 77 - 74 61 17
Toskana

Marchesi L. e P. Antinori
Piazza degli Antinori, 3
50123 Firenze
T: 0039 - 0 55 - 2 35 95
F: 0039 - 0 55 - 2 35 98 84
www.antinori.it
Önologe: Maurizio Angeletti
Toskana

Antonio Argiolas
Via Roma 56/58
09040 Serdiana
T: 0039 - 0 70 - 74 06 06
Sardinien

Marco de Bartoli
Vecchio Samperi
Via Samperi, 292
91025 Marsala (Tp)
T: 0039 - 09 23 - 96 20 93
F: 0039 - 09 23 - 96 29 10
debartoli@lilybeo.com
Sizilien

Bellavista S.p.A.
Via Bellavista, 5
25030 Erbusco, Brescia
T: 0039 - 0 30 - 7 76 02 76

F: 0039 - 0 30 - 7 76 03 86
bellavista@terramoretti.it
Inhaber: Vittorio Moretti
Önologe: Mattia Vezzola
Lombardei

Enzo Boglietti
Via Roma, 37
12064 La Morra (Cn)
T: 0039 - 01 73 - 5 03 30
Piemont

Az. Agr. Rosa Bosco
Via Abate Colonna 20
Loc. Oleis
33044 Manzano
Friaul

Braida di Bologna Giacomo SRL
Via Roma, 94
14030 Rocchetta Tanaro (At)
T: 0039 - 01 41 - 64 41 13
F: 0039 - 01 41 - 64 45 84
www.braida.it / info@braida.it
Piemont

Brancaia
Localita Brancaia
53011 Castellina in Chianti
T: 0039 - 05 77 - 74 30 84/74 04 76
F: 0039 - 05 77 - 74 10 70
Inhaber: Bruno & Brigitte Widmer
Toskana

Michele Calò & Figli
Via Masseria Vecchia, 1
73058 Tuglie (Le)
T: 0039 - 08 33 - 5 96 22 42
Apulien

Podere Il Carnasciale
52020 Mercatale Valdarno
T: 0039 - 0 55 - 9 91 11 42
F: 0039 - 0 55 - 9 92 95 7
Inhaberin: Bettina Rogosky
Önologe: Philip Rogosky
Toskana

Carobbio
Via San Martino in Cecione, 26
Panzano
50020 Greve in Chianti (Fi)
T: 0039 - 0 55 - 85 21 36
F: 0039 - 0 55 - 93 33 92
Toskana

Az. Agr. Casale-Falchini
Via di Casale, 40
Loc. Casale
53037 San Gimignano (Si)
T: 0039 - 05 77 - 94 13 05
F: 0039 - 05 77 - 94 08 19
casale_falchini@tin.it
Toskana

La Castellada
Località Oslavia, 1
34170 Gorizia
T/F: 0039 - 04 81 - 3 36 70
Friaul

217

Giovanni Cherchi
Via Ossi', 22
07049 Usini (Ss)
T/F: 0039 - 0 79 - 38 02 73
Sardinien

Domenico Clerico
Località Manzoni Cucchi, 163
12065 Monforte d'Alba (Cn)
T/F: 0039 - 01 73 - 7 81 71
Piemont

Poderi Aldo Conterno
Località Bussia 48
12065 Monforte d'Alba (Cn)
T: 0039 - 01 73 - 7 81 50
F: 0039 - 01 73 - 78 72 40
www.poderialdoconterno.com
Piemont

Giacomo Conterno
Località Ornati, 2
12065 Monforte d'Alba (Cn)
T: 0039 - 01 73 - 7 82 21
F: 0039 - 01 73 - 78 71 90
Piemont

Az. Agr. Cottanera
Contrada Iannazzo
Strada Provinciale 89
95012 Castiglione di Sicilia -
Catania
T: 0039 - 09 42 - 96 36 01
F: 0039 - 09 42 - 96 37 06
Sizilien

Tenuta di Donnafugata
Via Sebastiano Lipari, 18
91025 Marsala
www.donnafugata.it/Azienda/
indexg.htm
donnafug@tin.it
Inhaber:
Giacomo & Gabriella Anca Rallo
Sizilien

Le Fonti
Via Le Fonti
50020 Panzano/Chianti
T/F: 0039 - 0 55 - 85 21 94
Toskana

Gaja
Via Torino, 36/a
12050 Barbaresco (Cn)
T: 0039 - 01 73 - 63 51 58
F: 0039 - 01 73 - 63 52 56
gaja@tin.it
Inhaber: Angelo Gaja
Piemont

Az. Agr. Galardi
Strada Provinciale Sessa Mignano
81037 Sessa Aurunca (Caserta)
T: 0039 - 08 23 - 70 80 34
F: 0039 - 08 23 - 5 75 32 70
Inhaber: Francesco & Dora Catello,
Maria Luisa Murena
Önologe: Riccardo Cotarella
Kampanien

Bruno Giacosa
Via XX settembre, 52
12057 Neive (Cn)
T: 0039 - 01 73 - 6 70 27
F: 0039 - 01 73 - 67 74 77
www.brunogiacosa.it
brunogiacosa@
brunogiacosa.it
Piemont

Fattoria Isole e Olena
Via Olena, 15
50021 Barberino Val d'Elsa (Fi)
T: 0039 - 0 55 - 8 07 27 63
F: 0039 - 0 55 - 8 07 22 36
Toskana

Vinaioli Jermann
Via Monte Fortino, 17
Lo. Villanova
34070 Farra d'Isonzo (Go)
T: 0039 - 04 81 - 88 80 80
Friaul

Edi Kante
Località Prepotto, 3
Frazione San Pelagio
34011 Duino-Aurisina (Ts)
T/F: 0039 - 40 20 - 07 61
Friaul

Renato Keber
loc. Zegla, 15
34071 Cormons (Go)
T/F: 0039 - 04 81 - 6 11 96
Friaul

Alois Lageder
Ansitz Löwengang
39040 Magrè/Magreid
T: 0039 - 04 71 - 80 95 00
F: 0039 - 04 71 - 80 95 50
www.lageder.com
info@lageder.com
Inhaber: Alois Lageder
Önologe: Luis von Dellemann
Südtirol

Vigna del Lauro
loc. Monte, 38
34071 Cormons (Go)
T: 0039 - 04 81 - 6 01 55
Friaul

Le Macchiole
Via Bolgherese
57020 Bolgheri
T: 0039 - 05 65 - 76 32 40
Toskana

Franco Martinetti
Via San Francesco da Paola, 18
10123 Torino/Turin
T: 0039 - 0 11 - 8 39 59 37
F: 0039 - 0 11 - 8 10 65 98
Inhaber: Franco Marinetti
Piemont

Masciarelli
Via Gamberale, 1

66010 San Martino sulla
Marrucina (Ch)
T: 0039 - 08 71 - 8 52 41
F: 0039 - 08 71 - 8 53 30
Abruzzen

Mastrojanni
Loc. Castelnuovo Dell'Abate
Poderi Loretto e San Pio
53020 Montalcino (Si)
T: 0039 - 05 77 - 83 56 81
Toskana

Antonino Melia
Via Enea, 18
91011 Alcamo (Tp)
T: 0039 - 09 24 - 50 78 60
Sizilien

Monteveterano
Via Monteveterano
84099 S. Cipriano Picentino (Sa)
T: 0039 - 0 89 - 88 22 85
Kampanien

Morgassi Superiore
loc. Case Sparse Sermoria, 7
15070 Gavi (Alessandria)
T: 0039 - 01 43 - 64 20 07
Inhaber:
Mario & Cecilia Piacitelli
Piemont

Ignatz Niedrist
Via Ronco, 3
39050 Cornaiano (Bz)
T: 0039 - 04 71 - 66 44 94
Südtirol

Tenuta dell'Ornellaia
Via Bolgherese, 191
Località Ornellaia
Castagneto Carducci
57020 Bolgheri (Li)
T: 0039 - 05 65 - 76 21 40
F: 0039 - 05 65 - 76 21 44
www.ornellaia.it
ornellaia@bolgheridoc.com
Inhaber:
Marchese Lodovico Antinori
Önologe: Tibor Gal
Toskana

Siro Pacenti
Località Pelagrilli, 1
53024 Montalcino (Si)
T: 0039 - 05 77 - 84 86 62
F: 0039 - 05 77 - 84 69 35
Toskana

Fratelli Pecchenino
Borgata Valdibà, 41
12063 Dogliani (Cn)
T: 0039 - 01 73 - 7 06 86
F: 0039 - 01 73 - 72 74 81
Piemont

Masseria Pepe
Loc. Castigno
74020 Maruggio (Ta)

T: 0039 - 0 99 - 9 71 16 60
Apulien

Pojer & Sandri
Località Molini
38010 Faedo (Tn)
T: 0039 - 04 61 - 65 03 42
F: 0039 - 04 61 - 65 11 00
Südtirol

Regaleali
Contrada Regaleali
90020 Sclafani Bagni (Pa)
T: 0039 - 0 91 - 6 37 12 66
F: 0039 - 0 91 - 36 31 98
Sizilien

Renato Ratti
Antiche Cantine dell'Abbazia
dell'Annunziata
Frazione Annunziata, 7
12064 La Morra (Cn)
T/F: 0039 - 01 73 - 50 93 73
Piemont

Bruno Rocca
Via Rabajà, 29
12050 Barbaresco (Cn)
T/F: 0039 - 01 73 - 63 51 12
Piemont

Romano dal Forno
Via Lodoletta, 4
Frazione Cellore
37030 Illasi (Vr)
T/F: 0039 - 0 45 - 7 83 49 23
Veneto

Villa Russiz
Località Villa Russiz Inferiore, 5
34070 Capriva del Friuli (Go)
T: 0039 - 04 81 - 8 00 47
F: 0039 - 04 81 - 80 96 57
Friaul

Schloss Sallegg-Kuenburg Graf
Eberhard & Co. KG
Vicolo di Sotto, 15
39052 Kaltern-Mitterdorf/Caldaro
(Bz)
T/F: 0039 - 04 71 - 96 31 32
Südtirol

Luciano Sandrone
Via Alba, 57
12060 Barolo (Cn)
T/F: 0039 - 01 73 - 5 62 39
Piemont

Cantina Sociale di Santadi
Via Su Pranu, 12
09010 Santadi (Ca)
T: 0039 - 07 81 - 95 00 12
F: 0039 - 07 81 - 95 01 27
Sardinien

Podere Poggio Scalette
Loc. Ruffoli
50022 Greve/Chianti (Fi)
T: 0039 - 0 55 - 8 54 90 17

Inhaber/Kellermeister: Vittorio Fiore
Toskana

Paolo Scavino
Via Alba-Barolo 33
12060 Castiglione Falletto (Cn)
T/F: 0039 - 017 3 - 6 28 50
Piemont

Mario Schiopetto
Via Palazzo Arcivescovile, 1
34070 Capriva del Friuli (Go)
T: 0039 - 04 81 - 8 03 32
F: 0039 - 04 81 - 80 80 73
www.schiopetto.com/it
azienda@schiopetto.it
Friaul

Cantina Produttori Colterenzio
Schreckbichl
Strada del Vino, 8
Cornaiano-Girlan
39050 Eppan an der Weinstrasse (Bz)
T: 0039 - 04 71 - 66 42 46
F: 0039 - 04 71 - 66 06 33
Südtirol

Castell Schwanburg
R. Carli Eredi S.n.c.
Via Schwanburg, 16
39010 Nalles (Bz)
T: 0039 - 04 71 - 67 86 22
F. 0039 - 04 71 - 67 84 30
Südtirol

Fattoria Selvapiana
Località Selvapiana
50065 Pontassieve (Fi)
T: 0039 - 0 55 - 8 36 98 48
Toskana

Sinfarosa
S.S. 174, km 3
74020 Avetrana (Ta)
T: 0039 - 0 99 - 9 71 16 60
Apulien

Poggio al Sole S.r.l.
Badia a Passignano
50020 Tavernelle Val di Peas (Fi)
T/F: 0039 - 0 55 - 8 07 15 04
Toskana

Az. Agr. La Spinetta
Giuseppe Rivetti & Figli
Via Annunziata, 33
14054 Castagnole Lanze (At)
T/F: 0039 - 01 41 - 87 73 96
Piemont

Vecchie Terre di Montefili
Via San Cresci, 45
50022 Greve in Chianti (Fi)
T: 0039 - 0 55 - 85 37 39
F: 0039 - 0 55 - 8 54 46 84
Toskana

Vigneto delle Terre Rosse
Via Predosa, 83
40069 Zola Predosa (Bo)

218

T/: 0039 - 0 51 - 75 58 45
Emilia Romagna

Tiefenbrunner
Schloßweg 4
39040 Kurtatsch (Bz)
T: 0039 - 04 71 - 88 01 22
F: 0039 - 04 71 - 88 04 33
Südtirol

Cantina Sociale di Trapani
Contrada Ospedaletto -
Fontanelle
91100 Trapani
T: 0039 - 09 23 - 53 93 49
F: 0039 - 09 23 - 53 10 07
fortiterre@virgilio.it
Sizilien

Tua Rita
Loc. Notri, 81
57028 Suveretto (Li)
T: 0039 - 05 65 - 82 92 37
Toscana

Edoardo Valentini
Via del Baio, 2
65014 Loreto Aprutino (Pe)
T: 0039 - 0 85 - 82 61 38
Marken

**Cantina Sociale Valpolicella
SCARL**
Via Ca' Salgari, 2
T: 0039 - 0 45 - 7 50 00 70
F: 0039 - 0 45 - 7 50 16 99
Venetien

Varramista
Loc. Varramista
Via Ricavo, 31
56020 Montopoli Valdarno (Pi)
T: 0039 - 05 71 - 46 81 21
Toscana

Ercole Velenosi
Via die Biancospini, 11
63100 Ascoli Piceno
T: 0039 - 07 36 - 34 12 18
Marken

Vie di Romans
Località Vie di Romans, 1
34070 Mariano del Friuli (Go)
T/F: 0039 - 4 81 - 6 96 00
Friaul

Vietti
Piazza Vittorio Veneto, 5
12060 Castiglione Falletto
T: 0039 - 01 73 - 6 28 25
F: 0039 - 01 73 - 6 29 41
www.vietti.com
vietti@il-vino.com
Inhaber:
Cordero & Luca Currado
Piemont

La Zerba
Strada per Francavilla,1

15060 Tassarolo (Al)
T: 0039 - 01 43 - 34 22 59
F: 0039 - 01 43 - 7 60 85
Piemont

Libanon

Château Musar
Baroudy Street
Sopenco Building
PO Box 281
Achrafieh
Beirut
T: 00961 - 1 - 20 18 28
F: 00961 - 1 - 20 18 27
info@chateaumusar.com.lb
www.chateaumusar.com

Neuseeland

Babich Wines Limited
Babich Road
Henderson - Auckland 1008
T: 0064 - 9 - 8 33 78 59
F: 0064 - 9 - 8 33 9929
www.babichwines.co.nz
info@babichwines.co.nz

Cloudy Bay
PO Box 376
Blenheim - Marlborough
T: 0064 - 3 - 5 20 91 40
F: 0064 - 3 - 5 20 90 40
www.cloudybay.co.nz
info@cloudybay.co.nz

Coopers Creek
State Highway 16
Huapai - Auckland
T: 0064 - 9 - 4 12 85 60
F: 0064 - 9 - 4 12 83 75

Giesen Wine Estate
PO Box 11-066
Burnham - Christchurch
T: 0064 - 3 - 3 47 67 29
F: 0064 - 3 - 3 47 64 50
www.giesen.co.nz
info@giesen.co.nz
Inhaber:
Theo, Alex and Marcel Giesen
Önologe: Andrew Blake

Hunter's Wines (NZ) Ltd
P.O. Box 839
Blenheim
T: 0064 - 3 - 5 72 - 84 89
F: 0064 - 3 - 5 72 - 84 57
www.hunters.co.nz
hunters@voyager.co.nz

Nautilus Estate
PO Box 107/12 Rapaura Road
Renwick - Marlborough
T: 0064 - 3 - 5 72 93 64
F: 0064 - 3 - 5 72 93 74
Direktor: Clive Weston
Önologe: Clive Jones

www.nautilusestate.com
sales@nautilusestate.com

Providence Vineyard
Matakana
Northland/Warkworth
j.vuletic@xtra.co.nz
Inhaber/Önologe: James Vuletic

**Quarz Reef
Bendigo Estate Partnership
(NZ) Ltd**
PO Box 63
McNulty Road
Lake Dunstan Estate
Cromwell - Central Otago
T: 0064 - 3 - 4 45 30 84
F: 0064 - 3 - 4 45 30 86
www.quartzreef.co.nz
info@quartzreef.co.nz
Önologe: Rudi Bauer

Selaks
Highway 16
Old North Road
Kumeu - Auckland
T: 0064 - 9 - 4 12 86 09
F: 0064 - 9 - 4 12 75 24

Stonyridge
Onetangi Road
Waiheke Island - Auckland
T/F: 0064 - 9 - 3 72 88 22
enquiries@stonyridge.co.nz

Te Mata Estate
Te Mata Road
PO Box 8335
Havelock North
T: 0800 83 6282 oder 0064 - 6 - 8
77 43 99
F: 0064 - 6 - 8 77 43 97
wine@temata.hb.co.nz

Wither Hills
114, New Renwick Road
RD 2
Blenheim
T: 0064 - 3 - 5 78 94 97
F: 0064 - 3 - 5 78 15 00
vineyard@witherhills.co.nz
Önologen:
Brent Marris, Ben Glover

Österreich

Weingut Leo Alzinger
Unterloiben 11
3601 Dürnstein
T: 0043 - 27 32 - 7 79 00
F: 0043 - 27 32 - 7 79 00 50
www.alzinger.at
weingut@alzinger.at

Weingut Wilhelm Bründlmayer
Zwettler Strasse 23
3550 Langenlois
T: 0043 - 27 34 - 2 17 20
F: 0043 - 27 34 - 37 48

www.bruendlmayer.at
weingut@bruendlmayer.at

Weingut Peter Dolle
Herrengasse 2
3491 Strass im Strassertal
T: 0043 - 27 35 - 23 26
F: 0043 - 27 35 - 28 57
www.dolle.at
weingut@dolle.at

Weingut Ludwig Ehn
Bahnstrasse 3
3550 Langenlois
T: 0043 - 27 34 - 22 36
F: 0043 - 27 34 - 2 23 64
www.ehnwein.at
weingut.ehn@ehnwein.at

Freie Weingärtner Wachau
Dürnstein 107
3601 Dürnstein
T: 0043 - 27 11 - 3 71
F: 0043 - 27 11 - 3 71 13
www.fww.at
office@fww.at

Weingut Gesellmann
Langegasse 65
7301 Deutschkreutz
T: 0043 - 26 13 - 8 03 60
F: 0043 - 26 13 - 8 03 60 15
www.gesellmann.at
gesellmann@utanet.at

Weingut Gross
Ratsch 10
8461 Ratsch an der Weinstrasse
T: 0043 - 34 53 - 25 27
F: 0043 - 34 53 - 27 28
www.gross.at
weingut@gross.at
Inhaber:
Alois & Ulrike Gross

**Weingut Heike und Gernot
Heinrich**
Baumgarten 60
7122 Gols
T: 0043 - 21 73 - 3 17 60
F: 0043 - 21 73 - 3 17 64
weingut@heinrich.co.at

Weingut Franz Hirtzberger
Kremser Strasse 8
3620 Spitz/Donau
T: 0043 - 27 13 - 22 09
F: 0043 - 27 13 - 24 05

Weingut Josef Igler
Hauptstrasse 59-61
7301 Deutschkreutz
T: 0043 - 26 13 - 8 02 13
F: 0043 - 26 13 - 8 92 25

Weingut Manfred Jäger
Weissenkirchen 1
3610 Weissenkirchen
T: 0043 - 27 15 - 25 35
F: 0043 - 27 15 - 27 15

Weingut Juris
Marktgasse 12-18
7122 Gols
T: 0043 - 21 73 - 27 48
F: 0043 - 21 73 - 33 23
www.juris.at
juris.winery@aon.at

Weingut Emmerich Knoll
Unterloiben 10
3601 Dürnstein
T: 0043 - 27 32 - 7 93 55
F: 0043 - 27 32 - 79 35 55

Weingut Anton Kollwentz
Römerhof (Großhöflein)
Hauptstrasse 120
7051 Grosshöflein
T: 0043 - 26 82 - 65 15 80
F: 0043 - 26 82 - 6 51 58 13
www.kollwentz.at
kollwentz@kollwentz.at

Weingut Weinlaubenhof
Alois Kracher
Apetlonerstraße 37
7142 Illmitz
T: 0043 - 21 75 - 33 77
F: 0043 - 21 75 - 33 74
www.kracher.net
Inhaber: Alois Kracher

Weingut Josef Leberl
Hauptstrasse 91
7051 Grosshöflein
T/F: 0043 - 26 82 - 6 78 00
WeingutLeberl@icb.co.at

Weingut Fred Loimer
Haindorfer Vöglerweg 23
3550 Langenlois
T: 0043 - 27 34 - 22 39
F: 0043 - 27 34 - 2 23 94
www.loimer.at
weingut@loimer.at

Weingut Gerald Malat
Palt 27
3511 Furth bei Göttweig
T: 0043 - 27 32 - 8 29 34
F: 0043 - 27 32 - 8 29 34 13
www.malat.at
weingut.malat@magnet.at

Weingut Gerhard Markowitsch
Pfarrgasse 6 und 8
2464 Göttlesbrunn
T/F: 0043 - 21 62 - 82 22
www.markowitsch.at
weingut@markowitsch.at

Weingut Mayer am Pfarrplatz
Pfarrplatz 2 / 1190 Wien
T: 0043 - 1 - 3 70 12 87
F: 0043 - 1 - 3 70 47 14
www.mayer.pfarrplatz.at
mayer@pfarrplatz.at

Weingut Sepp Moser
Untere Wiener Strasse 1

3495 Rohrendorf/Krems
T: 0043 - 27 32 - 7 05 31
F: 0043 - 27 32 - 7 05 31 10
www.sepp-moser.at
sepp.moser@wvnet.at

Weingut Ludwig Neumayer
Inzersdorf 22
3130 Inzersdorf ob der Traisen
T/F: 0043 - 27 83 - 8 29 85

Weingut Neumeister
8345 Straden/Südoststeiermark
T: 0043 - 34 73 - 83 08
F: 0043 - 34 73 - 8 30 84
www.neumeister.cc
info@neumeister.cc
Inhaber:
Albert & Anna Neumeister

Martin Nigl
Priel 8
3541 Senftenberg
T: 0043 - 27 19 - 26 09
F.: 0043 - 27 19 - 2 60 94
www.weingutnigl.at
weingut@nigl@wvnet.at

Weingut Nikolaihof
Nikolaigasse 77
3512 Mautern
T: 0043 - 27 32 - 8 29 01
F: 0043 - 27 32 - 7 64 40
www.nikolaihof.at
wein@nikolaihof.at

Weingut Matthias und Nelly Nittnaus
Obere Hauptstrasse 32
7122 Gols
T/F: 0043 - 21 73 - 26 22
nittnaus.mn@aon.at

Bernhard Ott
Neufang 36
3483 Feuersbrunn
T: 0043 - 27 38 - 22 57
F: 0043 - 27 38 - 22 22
www.ott.at
bernhard@ott.at

Weingut F. X. Pichler
Oberloiben 27
3601 Dürnstein
T: 0043 - 27 32 - 8 53 75
F: 0043 - 27 32 - 8 53 75

Weingut Erich und Walter Polz
Grassnitzberg 54a
8471 Spielfeld
T: 0043 - 34 53 - 2 30 10
F: 0043 - 34 53 - 2 30 16
www.polz.co.at
wpg@polz.co.at

Weingut Prager
Wachaustrasse 48
3610 Weissenkirchen
T: 0043 - 27 15 - 22 48

F: 0043 - 27 15 - 25 32
prager@weissenkirchen.at

Josef Schmidt
Hauptstraße 15
Münichsthal
2120 Wolkersdorf i. Weinviertel
T: 0043 - 22 45 - 24 65

Weingut Rosi Schuster
Prangergasse 2
7062 St. Margarethen
T/F: 0043 - 26 80 - 26 24
rosi.schuster@direk.at

Weingut Stadlmann
Wienerstrasse 41
2514 Traiskirchen
T: 0043 - 22 52 - 5 23 43
F: 0043 - 22 52 - 5 63 32
weingut-stadlmann@netway.at

Weingut Manfred Tement
Zieregg 13
8461 Berghausen
T: 0043 - 34 53 - 4 10 10
F: 0043 - 34 53 - 41 01 30
www.tement.at
weingut@tement.at

Weingut Ernst Triebaumer
Raiffeisenstraße 9
7071 Rust
T: 0043 - 26 85 - 5 28/- 67 95
F: 0043 - 26 85 - 6 07 38
Inhaber:
Ernst & Margarethe Triebaumer

Weingut Josef Umathum
St. Andräerstrasse 7
7132 Frauenkirchen
T: 0043 - 21 72 - 2 44 00
F: 0043 - 21 72 - 2 17 34
www.umathum.at
office@umathum.at

Weingut Velich
Seeufergasse 12
7143 Apetlon
T: 0043 - 21 75 - 31 87
F: 0043 - 21 75 - 3 18 74

Weingut Weninger
Florianigasse 11
7312 Horitschon
T/F: 0043 - 26 10 - 4 21 65
www.weninger.com
weingut@weninger.com

Weingut Robert Wenzel
Hauptstrasse 29
7071 Rust
T: 0043 - 26 85 - 2 87
F: 0043 - 26 85 - 2874
weinbau.wenzel@utanet.at

Weingut Wieninger
Stammersdorferstrasse 80
1210 Wien
T: 0043 - 1 - 2 90 10 12

F: 0043 - 1 - 29 01 01 23
www.wieninger.at
weingut@wieninger.at

Portugal

Maria Doroteia Serôdio Borges
Fermentões
5060 Sabrosa
T: 0035 - 2 59 - 93 11 70
F: 0035 - 2 59 - 93 11 71
Douro

Quinta do Castro Gouvinhas
5060-063 Sabrosa
T: 0035 - 2 - 54 92 00 20
F: 0035 - 2 - 54 92 07 88
crasto@mail.telepac.pt
Douro

Quinta do Cotto
Montez Champalimaud, Lda.
Caldas do Moledo
5040 Cidadelhe MSF
T: 0035 - 1 - 2 54 89 92 69
F: 0035 - 1 - 2 54 89 98 87
vc.cotto@mail.telepac.pt
Douro

Quinta da Covela
Rua S. Tomé de Covelas
4640 Covelas Baião
T: 0035 - 2 54 88 24 12
F: 0035 - 2 54 88 52 25
Douro

Sociedade Agricola da Quinto do Crasto
Rua Sra. da Luz, 75
1.º Drt
4150-696 Porto
T/F: 0035 - 1 - 2 26 10 54 93
Inhaber:
Familie Roquette
Douro

Ramos Pinto
Av. Ramos Pinto, 380
4400 Vila Nova de Gaia
T: 0035 - 1 - 22 30 07 16
F: 0035 - 1 - 3 79 31 21
Douro

Heredade do Esporão
Rua Duarte Pacheco Pereira 8
1400 - 140 Lissabon
T: 0035 - 1 - 2 13 03 15 40
F: 0035 - 1 - 2 13 01 99 68
www.esporao.com
esporao@esporao.com
Inhaber:
Finagra S.A.
Önologen:
David Baverstock, Luis Duarte
Alentejo

Quinta da Gaivosa
Domingos G. Alvares de Sousa
5030 Santa Marta de Penaguiao

T: 0035 - 2 54 - 82 16 02
F: 0035 - 2 54 - 37 24 40
Douro

Dirk van der Niepoort
Rua Infante D Henrique 39-2
4000 Porto
T: 0035 - 2 - 2 00 10 28
F: 0035 - 2 - 3 32 02 09
Inhaber: Familie Niepoort
Önologe:
Dirk van Niepoort
Douro

Luis Pato
Óis do Bairro
3780-502 Anadia
T: 0035 - 231 - 59 64 32/52 81 56
F: 0035 - 231 - 52 84 26
Lpatowines@mail.telepac.pt
Bairrada

Quinta da Pellada
Álvaro Castro
Pinhanços-6270 Seia
T: 0035 - 1 - 2 38 48 61 33
F: 0035 - 1 - 48 11 62
Dão

Quinta do Portal
Rua Guilhermina Suggia, 220-9
4401-801 Vila Nova de Gaia
T: 0035 - 1 - 2 25 51 20 00
F: 0035 - 1 - 2 25 51 20 99
www.quintadoportal.com
quintaportal@mail.telepac.pt
Douro

João Portugal Ramos
Vinhos SA
Monte do Serrado Pinheiro
7100 Estremoz
T: 0035 - 1 - 2 68 33 99 10
F: 0035 - 1 - 33 99 18
jportugalramos@
mail.telepac.pt
Alentejo

Real Companhia Velha
Rua Azevedo Magalhães, 314
Apartado 22
4430 Vila Nova de Gaia
T: 0035 - 3 - 5 12 23 77 51 00
F: 0035 - 3 - 5 12 23 77 51 90
Inhaber: Casa do Duoro,
Familie Silva Reis
www.realcompnahiavelha.pt
rchelva@
realcompnahiavelha.pt
Douro

Quinta da Romaneira
Cotas, Alijo
Verwaltungssitz:
R. campo alegre, 298
5 ESQ
4100 Porto
T: 0035 - 1 - 2 32 16 75
F: 0035 - 1 - 22 00 57 79
Porto

Quinta dos Roques
Rua Direita, 12
3530 Cunha Baixa
T: 0035 - 2 - 19 24 93 71
Önologe:
Virgilio Loureiro
Dão

Roquevale, Lda.
Av. Francisco Sá Cameiro 153
Apartado 210
7000 Évora
T: 0035 - 2 66 - 73 27 72
F: 0035 - 2 66 - 73 42 92
Alentejo

Quinta de Roriz
João Van Zeller
Ervedosa do Douro
5130 S. João de Pesqueira
T: 0035 - 1 - 2 54 42 31 07
F: 0035 - 1 - 3 83 17 84
jvanzeller@telepac.pt
Douro

Quinta do Vale de Raposa
Pousada da Cumieira
Apartado 15
Santa Marta de Penaguião 5.030
T: 0035 - 2 - 54 82 21 11
F: 0035 - 2 - 54 82 21 13
Inhaber:
Domingos Alves de Sousa
Douro

Schweiz

Daniel Huber
Ronco di Persico
6998 Monteggio
T: 0041 - 91 - 73 17 54

Eric Klausener
6989 Purasca
T: 0041 - 91 - 6 06 35 22

Simon Maye & Fils
Collombey 3
1956 St-Pierre-de-Clages
T: 0041 - 27 - 3 06 41 81
F: 0041 - 27 - 3 06 80 02
simon.maye@swissonline.ch
Inhaber: Axel Maye

Werner Stucky
Casa del Portico
6802 Rivera-Capidogno
T: 0041 - 91 - 06 12 82

Tamborini Carlo eredi S.A.
Via Strada Cantonale
6814 Lamone
T: 0041 - 91 - 9 35 75 45
F: 0041 - 91 - 9 35 75 49
www.tamborini-vini.ch

Christian Zündel
6981 Beride
T: 0041 - 91 - 73 24 40

Spanien

Cosecheros Alaveses
Carretera de Logroño
01300 Laguardia (Alava)
T: 0034 - 9 41 - 10 01 19
F: 0034 - 9 41 - 10 08 50
Önologe: Benjamín Romeo
Cuenca del Ebro

Bodegas y Viñedos Alion S. A.
Ctra. Nacional 122, km 312,4
47300 Peñafiel
T: 0034 - 9 83 - 88 12 36
F: 0034 - 9 83 - 88 12 46
Ribera del Duero

Artadi
Ctra. Logroño / 01300 Laguardia
T: 0034 - 9 41 - 60 01 19
F: 0034 - 9 41 - 60 08 50
Rioja

Blecua
Ctra. Barbastro-Naval, km 3,0
Barbastro (Huesca)
T: 0034 - 9 74 - 30 22 16
F: 0034 - 9 74 - 30 20 98
Önologe: Pedro Aibar
Somontano

Braña Vieja/
Bodega Príncipe de Viana
Mayor, 191
31521 Murchante
T: 0034 - 9 48 - 83 86 40
F: 0034 - 9 48 - 81 85 74
www.principedeviana.com
info@principedeviana.com
Navarra

Can Ràfols dels Caus
Avinyonet del Penedès
08793 Barcelona
T: 0034 - 9 38 - 97 00 13
F: 0034 - 9 38 - 97 03 74
canrafols@sekes.es
Inhaber: Carles Esteva
Önologe: Carles Esteva
Penedés

Cellers de Capçanes
Liaberia s/n
43776 Capçanes (Tarragona)
T/F: 0034 - 9 77 - 17 81 53
Tarragona

Bodegas Julián Chivite
Ribera, 34
Cintruénigo
31592 Navarra
T: 0034 - 9 48 - 8110 00
F: 0034 - 9 48 - 81 14 07
www.filewine.es/
chivite/default.htm
bodegas@chivite.com
Inhaber: Familia Chivite
Önologe:
Fernando Chivite López
Navarra

Cims de Porrera SL
Ctra. Torroja, s/n.
Porrera
43739 Tarragona
T: 0034 - 9 77 - 82 81 87
F: 0034 - 9 77 - 82 81 87
cims@arrakis.es
Önologen: Sara Pérez Ovejero,
José Luis Pérez
Cataluña (Priorat)

A.V. Costers del Siurana
C. Manyetes
s/n Gratallops
43737 Tarragona
T: 0034 - 9 97 - 83 92 76
F: 0034 - 9 77 - 83 93 71
costers@tinet.fut.es
Önologen: Joan Jarque, Isidre
Sanahujes
Priorat

Enate
Viñedos y Crianzas del Alto
Aragón
Ctra. de Barbastro a Naval, km 9,2
22314 Salas Bajas (Huesca)
T: 0034 - 9 74 - 30 25 80
F: 0034 - 9 74 - 30 00 46
www.enate.es
bodega@enate.es
Önologe: Jesús Artajona Serrano
Somontano

Bodegas Fariña
Crta de Moraleja, s/n
49151 Casaseca de la Chanas
T: 0034 - 9 80 - 57 76 73
F: 0034 - 9 80 - 57 77 20
www.bodegasfarina.com
Inhaber: Manuel Fariña
Önologe: Manuel Fariña López
Toro

Gran Caus
Can Ráfols dels Caus s/n
08739 Avinyonet (Barcelona)
T: 0034 - 93 - 8 97 00 13
F: 0034 - 93 - 8 97 03 70
Penedés

Emilio Lustau
Plaza del Cubo, 4
11403 Jerez de la Frontera
(Cadice)
T: 0034 - 9 56 - 34 89 46
F: 0034 - 9 56 - 34 77 89
www.emilio-lusteau.com
Andalusien

Bodegas Magaña
San Miguel, 3
31523 Barillas
T: 0034 - 9 48 - 85 00 34
F: 0034 - 9 48 - 85 15 36
Navarra

Marques de Griñon
Montes de Toledo
c/Alfonso XI n°12

28014 Madrid
www.marquesdegrinon.com
renel@arcobu.com
Toledo

Bodegas Marqués de Murrieta
Ctra. Zaragoza, km 5
Logroño
26006 La Rioja
T: 0034 - 9 41 - 27 13 70
F: 0034 - 9 41 - 25 16 06
ygay@mx3.redestb.es
Inhaber: Familia Creixell
Önologe: Francisco Mª Moreno
Camacho
Rioja

Mas Martinet Viticultors
Ctra. Falset-Gratallops, km 6
Tarragona
43730 Falset
T/F: 0034 - 9 77 - 83 05 77
martinet@arrakis.es
Önologen:
José Luis Pérez & Sara Pérez
Cataluña (Priorat)

Bodegas Mauro
c/Cervantes, 12
47320 Tudela de Duero (Valldolid)
T: 0034 - 9 83 - 52 19 72
F: 0034 - 9 83 - 52 19 73
Castilla y León

Bodegas Emilio Moro S.L.
Cantarranas n°7
Ctra. Valoria
Pesquera de Duero
47315 Valladolid
T: 0034 - 9 83 - 47 28 52
F: 0034 - 9 83 - 45 75 98
www.emiliomoro.com
bodega@emiliomoro.com
Önologe: José Moro Espinosa
Ribera del Duero

Vinícola Navarra
Carretera Pamplona-Saragozza
31397 Campanas
T: 0034 - 9 48 - 36 01 31
F: 0034 - 9 48 - 36 02 75
Navarra

Alvaro Palacios
Finca El Colomé
c/Piro, 1
43737 Gratallops
T: 0034 - 9 77 - 83 91 95
F: 0034 - 9 77 - 83 91 97
www.hola-iberica.de/ARDAU03/
alvaropa.hat
Priorat

Bodegas Hnos. Pérez Pascuas
Crta de Roa, s/n
Pedrosa de Duero
09314 Burgos
T: 0034 - 9 47 - 53 01 00
F: 0034 - 9 47 - 53 00 02
www.mmteam.interbook.net/

perezpascuas
vinapedrosa@jet.es
Önologe:
José Manuel Pérez Ovejas
Ribera del Duero

Dominio de Pingus
Hospital s/n
Quintanilla de Onésimo
47350 Valladolid
T: 0034 - 9 83 - 68 01 89
F: 0034 - 9 83 - 48 40 20
Inhaber/Önologe:
Peter Sisseck
Castilla y León (Ribera del Duero)

Raimat
Afueras
25111 Raimat (Gerona)
T: 0034 - 9 73 - 72 40 00
F: 0034 - 9 73 - 72 40 61
Katalonien

Bodegas Teófilo Reyes
Ctra. Valladolid
Peñafiel
47300 Valladolid
T: 0034 - 9 83 - 87 30 15
F: 0034 - 9 83 - 87 30 17
Önologe: Teófilo Reyes
Castilla y León (Ribera del Duero)

Bodegas y Viñedos
Fernández Rivera
Real, 2
47315 Pesquera del Duero
T: 0034 - 9 83 - 87 00 37
F: 0034 - 9 83 - 87 00 88
pesquera@prodistele.ceresnet.com
Inhaber: Familie Fernández
Önologin:
Eva Mº Fernánez Rivera
Direktor: Alejandro Fernández
Ribera del Duero

Roda
Avenida Vizcaya, 5
Barrio de la Estación
26200 Haro
T: 0034 - 9 41 - 30 30 01
F: 0034 - 9 41 - 31 27 03
www.roda.es
rodarioja@roda.es
Rioja

Cooperativa del
Campo San Gregorio
Ctra. de Villalengua s/n.
50312 Cervera de la Cañada
(Zaragoza)
T: 0034 - 9 76 - 89 92 06
F: 0034 - 9 76 - 89 62 40
Katalonien

Miguel Torres
Carrer Commercio, 22
08720 Villafranca del Penedès
T: 0034 - 9 38 - 17 74 00
F: 0034 - 9 38 - 17 74 67
www.torreswines.com

export@torres.es
Penedés

Celler Vall Llach
c/del Pont, 9
Porrera
43739 Tarragona
T/F: 0034 - 9 77 - 82 82 44
celler@vallllach.com
Inhaber: Lluis Llach
Önologin: Sara Pérez
Priorat

Viñas del Vero
Ctra. Barbastro-Naval, km 3,7
22300 Barbastro (Huesca)
T: 0034 - 9 74 - 30 22 16
www.vinasdelvero.es
info@vinasdelvero.es
Somontano

Südafrika

Boekenhoutskloof
Excelsior Road
Franschhoek 7690
T: 0027 - 21 - 8 76 33 20
F: 0027 - 21 - 8 76 37 93
Boeken@mweb.co.za

Neil Ellis
PO Box 917
Stellenbosch 7599
T: 0027 - 21 - 8 87 06 49
F: 0027 - 21 - 8 87 06 47
email:admin@neilellis.com

Bouchard Finlayson Winery
PO Box 303
Hermanus 7200
info@bouchardfinlayson.co.za
T: 0027 - 28 - 3 12 35 15
F: 0027 - 28 - 3 12 23 17

Hamilton Russell Vineyards
PO Box 158
Hermanus 7200
T: 0027 - 2 - 83 12 35 95
F: 0027 - 2 - 83 12 17 97

Kanonkop
PO Box 19
Elsenburg 7607
T: 0027 - 21 - 8 84 46 56/- 57/- 58
F: 0027 - 21 - 8 84 47 19
kwe@cis.co.za

Klein Constantia Estate
Klein Constantia Road
Constantia 7848
T: 0027 - 21 - 7 94 51 88
F: 0027 - 21 - 7 94 24 64
kleincon@global.co.za
www.kleinconstantia.com

Laibach Vineyards
Klapmuts Road (R44)
Stellenbosch 7599
T: 0027 - 21 - 8 84 45 11

F: 0027 - 21 - 8 84 48 48
info@laibach.co.za
www.laibach.co.za

Mont Du Toit
PO Box 704
Wellington 7654
T: 0027 - 21 - 8 73 32 22
F: 0027 - 21 - 8 37 32 22

Mulderbosch
PO Box 548
Stellenbosch 7599
T: 0027 - 21 - 8 82 24 88
F: 0027 - 21 - 8 82 23 51
info@mulderbosch.co.za
www.mulderbosch.co.za

**Neethlingshof Estate
(Pty) Ltd**
PO Box 104
7599 Stellenbosch
T: 0027 - 21 - 8 83 89 88
F: 0027 - 21 - 8 83 89 41
nee@mweb.co.za
neethlingshof.co.za

Von Ortloff
Dassenberg Estate
Franschhoek 7690
T: 0027 - 21 - 8 76 34 32
F: 0027 - 21 - 8 76 43 13
vortloff@mweb.co.za

Rustenberg
PO Box 33
Stellenbosch 7600
T: 0027 - 21 - 8 87 31 53
F: 0027 - 21 - 8 87 84 66

Saxenburg Wine Farm
Poukadraue Road
Kuils River 7579
T: 0027 - 21 - 9 03 61 13
F: 0027 - 21 - 9 03 31 29
saxfarm@iafrica.com
www.saxenburg.co.za

Stellenzicht Vineyards
Stellenrust Road
Stellenbosch 7599
T: 0027 - 21 - 8 80 11 03
F: 0027 - 21 - 8 80 11 07
nee@mweb.co.za
www.stellenzicht.co.za

Thelema Mountain Vineyards
PO Box 2234
Stellenbosch 7601
T: 0027 - 21 - 8 85 19 24
F: 0027 - 21 - 8 85 18 00
thelema@adept.co.za

Vergelegen
PO Box 17/Lourensford Road
Somerset West 7129
T: 0027 - 21 - 8 47 13 34
F: 0027 - 21 - 8 47 16 08
events@vergelegen.co.za
www.vergelegen.co.za

Veenwouden Private Cellar
Wellington Road
Paarl 7623
T: 0027 - 21 - 8 72 68 06
F: 0027 - 21 - 8 72 13 84
veenwouden@interkom.co.za

Warwick Wine Estate
Muldersvlei
Klapmuts Road
Stellenbosch 7607
T: 0027 - 21 - 8 84 44 10
F: 0027 - 21 - 8 84 40 25
cellarinfo@warwickwine.co.za
www.warwickwine.co.za

De Wetshof Estate
PO Box 31
Robertson 6705
T: 0027 - 23 - 6 15 18 53
F: 0027 - 23 - 6 15 19 15
info@dewetshof.co.za
www.dewetshof.co. za

USA

Alban Vineyards
8575 Orcutt Road
Arroyo Grande, CA 93420
T: 001 - 8 05 - 5 46 - 03 05
F: 001 - 8 05 - 5 46 98 79

Araujo Estate Wines
2155 Pickett Road
Calistoga, CA 94515
T: 001 - 7 07 - 9 42 60 61
F: 001 - 7 07 - 9 42 64 71
www.araujoestatewines.com
wine@auraujoestatewines.com
Inhaber: Bart & Daphne Araujo
Önologin: Françoise Peschon

Au Bon Climat
Route 1
Santa Maria Mesa Road
Santa Maria, CA 93454
T: 001 - 8 05 - 9 37 98 01
F: 001 - 8 05 - 9 37 25 39
und
PO Box 113
Bien Nacido Ranch
Los Olivos, CA 93441
T: 001 - 805 - 934 - 79 89
F: 001 - 805 - 686 - 10 16
www.aubonclimat.com
info@aubonclimat.com
Inhaber: Jim Clendenen

Beaux Fréres
15155 NE North Valley Rd.
Newberg, OR 97132
T: 001 - 5 03 - 5 37 11 37
F: 001 - 5 03 - 5 37 26 13
Inhaber:
Michael Etzel, Robert Parker Jr,
Robert Roy
Önologe: Michael Etzel
www.beauxfreres.com
info@beauxfreres.com

Beringer Vineyards
2000 Main Street
St. Helena, CA 94574
T: 001 - 7 07 - 9 63 71 15
F: 001 - 7 07 - 9 63 48 12
Inhaber: Beringer Wine Estates
Önologe: Edward Sbragia

Davis Bynum Winery
8075 Westside Rd.
Healdsburg, CA 95448
T: 001 - 8 00 - 4 99 19 43 11
F: 001 - 7 07 - 4 33 43 09
Inhaber: Hampton Bynum
www.davisbynum.com
hampton@davisbynum.com

Calera Wine Company
11300 Cienega Road
Hollister, CA 93950
T/F: 001 - 8 31 - 6 37 91 70

Canoe Ridge Vineyard
1102 West Cherry Street
Walla Walla, Washington 99362
T: 001 - 5 09 - 5 27 08 85
F: 001 - 5 09 - 5 27 08 86
www.canoeridgevineyard.com
info@canoeridgevineyard.com

Caymus
8700 Conn Creek Road
PO Box 268
Rutherford, CA 94573
T: 001 - 7 07 - 9 67 30 10/
- 9 63 42 04
F: 001 - 7 07 - 9 63 59 58
www.caymus.com
Inhaber:
Familie Charles J. Wagner
Önologe: Jon Bolta

Dalla Valle Vineyards
7776 Silverado Trail
Oakville, CA 94562
T: 001 - 7 07 - 9 44 26 76
F: 001 - 7 07 - 9 44 84 11

Dehlinger Winery
6300 Guerneville Road
Sebastopol, CA 95472
T: 001 - 7 07 - 8 23 23 78
F: 001 - 7 07 - 8 23 09 18

Dominus Estate
2570 Napanook Road
Yountville, CA 94599
T: 001 - 7 07 - 9 44 89 54
F: 001 - 7 07 - 9 44 05 47
dominus@napanet.net
Inhaber: Christian Moueix
Önologe:
Jean-Claude Berronet

Bonny Doon Vineyards
10 Pine Flat Road
Santa Cruz, CA 95060
T: 001 - 4 08 - 4 25 36 25
F: 001 - 4 08 - 4 25 38 56
www.bonnydoonvineyards.com

Duckhom
1000 Lodi Lane
St. Helena, CA 94574
T: 001 - 7 07 - 9 63 71 08
F: 001 - 7 07 - 9 63 75 95
Welcome@duckhorn.com

Dunn Vineyards
805 White Cottage Road
Angwin, CA 94508
T: 001 - 7 07 - 9 65 36 42
F: 001 - 707 - 9 65 38 05

Duxoup Wine Works
9611 West Dry Creek Road
Healdsburg, CA 95448
T: 001 - 7 07 - 4 33 51 95
F: 001 - 7 07 - 4 33 47 50

Ernesto & Julio Gallo Winery
3387 Dry Creek Road
Healdsburg, CA 95448
www.gallo.com

Hanzell Vineyards
18596 Lomita Avenue
Sonoma, CA 95476
T: 001 - 7 07 - 9 96 38 60
F: 001 - 7 07 - 9 96 38 62
www.hanzell.com
info@hanzell.com

Harlan Estate
PO Box 352
Oakville, CA 94562
T: 001 - 7 07 - 9 44 14 41
F: 001 - 7 07 - 9 44 14 44
Inhaber: H. William Harlan
Önologe: Bob Levy

Havens Wine Cellars
2055 Hoffman Lane
Napa, CA 94558
T: 001 - 7 07 - 9 45 09 21
F: 001 - 7 07 - 9 45 09 31
havenswine@earthllink.net
Inhaber: Michael Havens, Kathryn
Havens, Jon Scott, Russell Lane
Önologe: Michael Havens

Heitz Cellars
436 St. Helena Highway
St. Helena, CA 94574
T: 001 - 7 07 - 9 63 35 42
F: 001 - 7 07 - 9 63 74 54
www.heitzcellars.com
kathleen@heitzcellars.com
Inhaber: Joe & Alice Heitz
Önologe: David Heitz

Kistler
4707 Vine Hill Road
Sebastopol, CA 95472
T: 001 - 7 07 - 8 23 56 03
F: 001 - 7 07 - 8 23 67 09

Laurel Glen Vineyard
PO Box 548
Glen Ellen, CA 95442
T: 001 - 7 07 - 5 26 39 14

F: 001 - 7 07 - 5 26 98 01
Inhaber/Önologe:
Patrick Campbell
www.laurelglen.com
patrick@laurelglen.com

Matanzas Creek Winery
6097 Bennett Valley Road
Santa Rosa, CA 95404
T: 001 - 8 00 - 5 90 64 64
F: 001 - 7 07 - 5 71 01 56
www.matanzascreek.com
info@matanzascreek.com

McDowell Valley Vineyards
3811 Hwy. 175
Hopland, CA 95449
T: 001 - 7 07 - 7 44 10 53
F: 001 - 7 07 - 7 44 18 26
www.mcdowellsyrah.com
mcdowell@
mcdowellsyrah.com

Mer Soleil
PO Box 35
Rutherford, CA 94573
T: 001 - 7 07 - 9 67 30 14
F: 001 - 7 07 - 9 63 59 58

Merryvale
1000 Main Street
St. Helena, CA 94574
T: 001 - 7 07 - 9 63 77 77
F: 001 - 7 07 - 9 63 44 41
www.merryvale.com

Peter Michael Winery
12400 Ida Clayton Road
Calistoga, CA 94515
T: 001 - 7 07 - 9 42 44 59
F: 001 - 7 07 - 9 42 02 09
www.petermichaelwinery.com
ddaniels@
petermichaelwinery.com
Inhaber:
Sir Peter Michael
Önologe:
Mark Aubert

Robert Mondavi Winery
PO Box 106/Highway 29
Oakville, CA 94562
T: 001 - 7 07 - 2 26 13 95
www.robertmondaviwinery.com
info@robertmondaviwinery.com

Mount Eden Vineyards
22020 Mt. Eden Road
Saratoga, CA 95070
T: 001 - 4 08 - 8 67 58 32
F: 001 - 4 08 - 8 67 43 29
www.mounteden.com
wine@mounteden.com

Andrew Murray
2901 Grand Ave., Suite A
Los Olivos, CA 93441-0718
T: 001 - 8 05 - 6 93 96 44
F: 001 - 8 05 - 6 86 97 04
amvsyrah@silcom.com

Nalle Winery
2383 Dry Creek Road
Healdsburg, CA 95448
T: 001 - 7 07 - 4 33 10 40
F: 001 - 7 07 - 4 33 60 62

Newton Vineyard
2555 Madrona Ave.
St. Helena, CA 94574
T: 001 - 7 07 - 9 63 90 00
F: 001 - 7 07 - 9 63 54 08

The Ojai Vineyard
PO Box 952
Oak View, CA 93022
T: 001 - 8 05 - 6 49 16 74
F: 001 - 8 05 - 6 49 46 51
www.ojaivineyard.
comnasdelvero.es
info@ojaivineyard.com
Inhaber: Adam & Helen Tolmach

Pahlmeyer Winery
PO Box 2410
Napa, CA 94558
T: 001 - 7 07 - 2 55 23 21
F: 001 - 7 07 - 2 55 67 86
www.pahlmeyer.com

Joseph Phelps Vineyards
200 Tamplin Road
St. Helena, CA 94559
T: 001 - 7 07 - 9 63 27 45
F: 001 - 7 07 - 9 63 48 31

Qupé Wine Cellars
PO Box 440/2531 Grand Avenue
Los Olivos, CA 93441
T: 001 - 8 05 - 9 37 98 01
F: 001 - 8 05 - 9 37 25 39
Inhaber/Önologe: Bob Lindquist

Ravenswood
Gehricke Road 18701
Sonoma, CA 95476
T: 001 - 7 07 - 9 3819 60
F: 001 - 7 07 - 9 38 94 59
www.ravenswood-wine.com

Ridge Vineyards
PO Box 1810
Cupertino, CA 95015

Weingut:
17100 Monte Bello Road
Cupertino, CA 95014
T: 001 - 4 08 - 8 67 32 33
F: 001 - 4 08 - 8 67 29 86
www.ridgewine.com
retail@ridgewine.com
Inhaber:
Akihiko Otsuka
Önologe:
Paul Draper

Joe Rochioli
6192 Westside Road
Healdsburg, CA 95448
T: 001 - 7 07 - 4 33 23 05
F: 001 - 7 07 - 4 33 23 58

Rosenblum Cellars
2900 Main Street
Alameda, CA 94501
T: 001 - 5 10 - 8 65 70 07
F: 001 - 5 10 - 8 65 92 25
www.rosenblumcellars.com

Saintsbury
1500 Los Carneros Ave.
Napa, CA 94559
T: 001 - 7 07 - 2 52 05 92
F: 001 - 7 07 - 2 52 05 95
www.saintsbury.com
Wavery@saintsbury.com

Santa Barbara Winery
202 Anacapa Street
Santa Barbara, CA 93101
T: 001 - 8 05 - 9 63 36 33
www.sbwinery.com
wine@sbwinery.com

Shafer Vineyards
6154 Silverado Trail
Napa, CA 94558
T: 001 - 7 07 - 9 44 28 77
F: 001 - 7 07 - 9 44 94 54
www.shafervineyards.com
Inhaber: John und Dough Shafer
Önologe: Eliaz Fernandez

Silver Oak Cellars
PO Box 414
Oakville, CA 94562
T: 001 - 8 00 - 2 73 88 09
F: 001 - 7 07 - 9 44 28 17
www.silveroak.com
info@silveroak.com

Stags Leap Cellars
6150 Silverado Trail
Napa, CA 94558
T: 001 - 7 07 - 9 44 13 03
F: 001 - 7 07 - 9 44 94 33
www.stagsleapwinery.com

Thackery Sean & Co
PO Box 58
Bollinas, CA 94924
T/F: 001 - 4 15 - 8 68 17 81

Philip Togni Vineyard
3780 Spring Mountain Road
St. Helena, CA
T: 001 - 7 07 - 9 63 37 31
F: 001 - 7 07 - 9 63 91 86

Turley Wine Cellars
3358 St. Helena Highway North
St. Helena, CA 94574
T: 001 - 7 07 - 9 63 09 40
F: 001 - 7 07 - 9 63 86 83

Viader Vineyards & Winery
1120 Deer Park Road
Deer Park, CA 94576
T: 001 - 7 07 - 9 63 38 16
F: 001 - 7 07 - 9 63 38 17
Inhaber:
Delia Viader

Önologe:
Delia Viader, Charles Hendricks,
Mia Klein

Andrew Will Cellars
12526 S.W. Bank Rd.
Vashon, WA 98070
T: 001 - 2 06 - 4 63 92 27
F: 001 - 2 06 - 4 63 35 24
Awines@ email.msn.com

Château Woltner
154 Main Street
St. Helena, CA 94574
T: 001 - 7 07 - 9 6317 44
F: 001 - 7 07 - 9 63 81 35

Zaca Mesa Winery
PO Box 899
6905 Foxen Canyon Road
Los Olivos, CA 93441
T: 001 - 8 00 - 35 07 97 20
F: 001 - 8 05 - 6 88 87 96
www.zacamesa.com
zmail@zacamesa.com

Herstellernachweis

Screwpull/Leverpull
Xavier Hauger
Le Creuset S.A
F- 02230 Fresony le Grand
T: 0033 - 32 30 - 6 22 22
F: 0033 - 23 09 - 19 53
www.lecreuset.com
Vertrieb über:
Ruoss K.-E.
Zeppelinstrasse 9
72274 Notzingen
T: 0049 - 70 21 - 9 74 90
F: 0049 - 70 21 - 48 02 14

Kellnerbesteck
Château Laguiole
Forge de Laguiole
Route de L´Aubrac BP 9
Laguiole 12210
T: 0033 - 5 65 - 48 43 34
F: 0033 - 5 65 - 44 37 66
export@forge-de-laguiole.com
www.laguiole.com
Vertrieb Deutschland:
Wolfgang Lantemele
Mauerstr.9
64289 Darmstadt
T: 0049 - 61 51 - 2 13 41
F: 0049 - 61 51 - 29 12 99
Info@lanteleme-distribution.de

Wein-Vacuum-System Vinojet
Hypro AG
CH-6023 Rothenburg
T: 0041 - 41 - 2 80 81 33
F: 0041 - 41 - 2 80 26 89
www.hypro.ch/vinojet

Riedel Glas GmbH
A-6330 Kufstein
T: 0043 - 53 72 - 6 48 96

F: 0043 - 53 72 - 6 32 25
www.riedelcrystal.co.at
Vertrieb für Deutschland:
Riedel Glas Design GmbH
Ulrike Reinstädtler
Gartenstr. 20
D-65824 Schwalbach
T: 0049 - 61 96 - 53 30 03
F: 0049 - 61 96 - 53 30 04

Kristallglasfabrik Spiegelau GmbH
Hauptstr. 2 - 4
D-94518 Spiegelau
T: 0049 - 85 53 - 24 00
F: 0049 - 85 53 - 29 10
www.spiegelau.com
mail@spiegelau.com

Schott Zwiesel AG
Dr.-Schott-Str. 35
D-94227 Zwiesel
T: 0049 - 99 22 - 9 80
F: 0049 - 99 22 - 9 83 00
www.schott.de
CC@GZ.Schott.de

Klimaschränke
Liebherr Hausgeräte
Modell WKR 4176 Grand Cru
Postfach 1161
D-88411 Ochsenhausen
T: 0049 - 7352 - 9280
F: 0049 - 7352 - 92 84 08
www.liebherr.com

Chambrair
Modell CLS 120
Ahrenburgerstr. 150
D-22045 Hamburg
T: 0049 - 40 - 6 69 55 00
F: 0049 - 40 - 6 68 36 67

Duftkasten
Le Nez du Vin
Editions Jean Lenoir
39, Avenue Gay Lussac
Zone Industrielle
F-13470 Carnoux en Provence
T: 0033 9 42 72 61 55

Chocolatier Valrhona
ZA des Lots
F-26 601 Tain l'Hermitage Cedex
T: 0033 - 4 75 07 90 90
F: 0033 - 4 75 07 10 49
www.valrhona.com
info@valrhona.fr
Laden und Fabrik:
14, avenue du Président Roosevelt
B.P. 40
F-26601 Tain l'Hermitage Cedex
Ecole du Grand Chocolat:
Quai Général de Gaulle
F-26 600 Tain l'Hermitage

Restaurants

Tantris – Restaurant
Johann-Fichte-Straße 7
D-80805 München
T: 0049 - 89 - 3 61 95 90
F: 0049 - 89 - 3 61 84 69
www.tantris.de

Enoteca di Giorgio Pinchiorri & C. s.n.c.
Via Ghibellina, 87
I-50122 Florenz
T: 0039 - 0 55 - 24 27 57/- 77
F: 0039 - 0 55 - 24 49 83
www.pinchiorri.it
enotecapinchiorri@pronet.it

El Bulli Restaurant
Cala Montjoi
Ap. 3D
Girona
E-17480 Roses
www.elbulli.com
bulli@elbulli.com

Le Pyramide Restaurant
14, bd Fernand Point
F-38200 Vienne
T: 0033 - 4 - 74 53 01 96
F: 0033 - 4 - 85 69 73
pyramide.f.point@wanadoo.fr

Wein
(Fachgeschäfte, die ich empfehlen kann)

Bauer Carola
Herrenstr. 20
D-86911 Dießen
T: 0049 - 88 07 - 9 17 88
F: 0049 - 88 07 - 9 17 89

Brantl Enoteca
Frauenplatz 10
D-80331 München
T: 0049 - 89 - 22 38 79
F: 0049 - 89 - 22 16 08

Dallmayr Feinkost
Dienerstr. 14-15
D-80331 München
T: 0049 - 89 - 2 13 50
F: 0049 - 89 - 2 13 51 67

Extraprima
R7 - 39
D-68161 Mannheim
T: 0049 - 6 21 - 2 86 52
F: 0049 - 6 21 - 2 49 57

Feinkost Käfer GmbH
Prinzregentenstr. 72
D-81675 München
T: 0049 - 89 - 4 16 82 21
F: 0049 - 89 - 4 16 86 22
www.feinkost-kaefer.de
info@feinkost-kaefer.de

FUB
Heumarkt
D-50667 Köln
T: 0049 - 2 21 - 2 58 15 30
F: 0049 - 2 21 - 2 58 24 18

Garibaldi
Froschammerstr. 14
D-80807 München
T: 0049 - 89 - 35 63 61 16
F: 0049 - 89 - 3 59 29 29

Georg Hack
Haus der guten Weine
Schützenstr. 1
D-88701 Meersburg
T: 0049 - 75 32 - 90 97
F: 0049 - 75 32 - 90 99
www.Georg-Hack.de
Georg-Hack@t-online.de

Haselhofer Weinhof
Kamperrege 32
D-25489 Haseldorf
T: 0049 - 41 29 - 95 95 95

Jacques' Weindepot
Weineinzelhandel GmbH
www.jacques-weindepot.de
(im Aufbau)
webmaster@jacques-weindepot.de

KadeWe –
Kaufhaus des Westens
Tauentzienstrasse 21-24
D-10789 Berlin
T: 0049 - 30 - 2 12 10
F: 0049 - 30 - 21 21 26 20
www.kadewe.de
info@kadewe.com

L'Intedant
2, Allées de Tourny
F-33000 Bordeaux
T: 0033 - 5 - 6 48 01 29
F: 0033 - 5 - 6 81 18 87

Vinho de Portugal
Carlos Quintas
Alte Stadt 6-8
D-40213 Düsseldorf
T: 0049 - 2 11 - 3 85 83 35
F: 0049 - 2 11 - 3 85 83 36

Vinopolis
Curt-Frenzel-Str. 10A
D-86167 Augsburg
T: 0049 - 8 21 - 70 02 90
F: 0049 - 8 21 - 7 00 29 29

Vinoteca Weidmann
Grabenstr. 35
D-73033 Göppingen
T: 0049 - 71 61 - 68 47 98

Vintage
Pfeilstr. 31
D-50672 Köln
T: 0049 - 2 21 - 2 58 29 18
F: 0049 - 2 21 - 2 58 28 37

Vinthek Boller
Settener Str. 1
D-79801 Hohentengen
T: 0049 - 77 42 - 57 07

Walter & Benjamin
Rumfordstr. 1
D-80469 München
T: 0049 - 89- 26 02 41 74
F: 0049 - 89- 26 02 41 73

Wein-Bastion
Schillerstr.1
D-89077 Ulm
T: 0049 - 7 31 - 6 69 93
F: 0049 - 7 31 - 6 91 96

Wein & Glas Compagnie
Prinzregentenstraße 2
D-10717 Berlin
T: 0049 - 30 - 2 35 15 20
F: 0049 - 30 - 23 51 52 22
www.weinundglas.com
info@weinundglas.com

Weinmessen

Forum Vini (November)
Orte:
M,O,C,
Lilienthalallee 40
D-80939 München-Freimann
und
Kampnagel Hamburg
Jarrestraße 20
D-22303 Hamburg
Veranstalter:
Albrecht – Gesellschaft für
Fachausstellungen und
Kongresse mbH
Türkenstraße 67
D-80799 München
T: 0049 - 89 - 27 29 48 20
F: 0049 - 89 - 27 29 48 22
www.forum-vini.de
info@forum-vini.de
*Internationale Messe für Fach-
besucher und Einsteiger. Reser-
vierung für Sonderdegustationen,
Seminare u.ä. notwendig*

ProWein (Ende März)
Ort:
Messe Düsseldorf GmbH
Stockumer Kirchstrasse 61
D-40474 Düsseldorf
T: 0049 - 2 11 - 45 60 - 01/- 9 00
F: 0049 - 2 11 - 45 60 - 6 68
www.messe-duesseldorf.de
Veranstalter:
DWI Deutsches Weininstitut GmbH
Gutenbergplatz 3-5
D-55116 Mainz
T: 0049 - 61 31/28 29 - 0
F: 0049 - 61 31/28 29 - 60
*Große Fachmesse, die in den letz-
ten Jahren an Qualität und Größe
gewonnen hat. Ein Muss für
Fachleute*

Salon International Vinisud
(Februar)
Ort:
Parc des expositions
Montpellier
Veranstalter:
Association Vinisud
20, Rue de la République
F-34000 Montpellier
T: +33 (0)4 67 22 80 54
F: +33 (0)4 67 92 30 78
www.vinisud.org
vinisud@adhes.com
*Internationale Fachmesse für
Weine und Spirituosen aus
dem Mittelmeerraum*

Vinexpo (Juni)
Info:
9, cours du Chapeau Rouge
F-33024 Bordeau Cedex
T: 0033 - 5 - 56 00 22
F: 0033 - 5 - 56 00 00
*Weltmesse des Weins und der
Spirituosen*

Vinitaly (Anfang April)
Ort:
Verona Exhibition Centre
Viale del Lavoro, 8
I-37100 Verona
T: 0039 - 0 45 - 8 29 81 11
F: 0039 - 0 45 - 8 29 82 88
www.vinitaly.com
www.veronafiere.it
*Internationale Messe für
Fachbesucher und Privatkunden*

Vinova (April)
Messezentrum Wien
Messestraße
A-1021 Wien
T/F: 0043 - 1 - 72 72 05 12
www.vinova.at
otto.dorda@messe.at
*Internationale Weinmesse für
Fachpublikum und interessierte
Privatpersonen*

Vins & Gastronomie
Foire de Paris
(April/ Mai)
Veranstalter:
Comespo
Paris Boulogne
F-Billancourt Cédex
T: 0033 - 1 - 40 09 60 00
F: 0033 - 1 - 49 09 60 03
www.comexpo-paris.com
info@comexpo-paris.com
*Internationale Messe mit Ausstel-
lung für Tourismus, Tischkultur,
Wein und Gastronomie*

World Wine Market
(Mai/Juni)
Fort Mason Center
USA-San Francisco,
CA 94123-1382
T: 001 - 4 15 - 4 41 34 00

F: 001 - 415 - 4 41 34 05
www.fortmason.org
contact@fortmason.org

International Wine & Spirits
Fair – ExCeL
Canary Wharf
GB-London
www.londonwinefair.com
Veranstalter:
San Francisco Bay Area's World
Wine Market LLC
Gerard Parker, CEO
World Wine Market LLC
775 East Blithedale Avenue, #370
USA-Mill Valley, CA 94941
gparker@world-wine-market.com
T: 001 - 415 - 3 83 12 26
F: 001 - 415 - 3 83 08 58
und Andrew Evans, Director
Brintex Limited
32 Vauxhall Bridge Road
UK-London SW1V 2SS
a.evans@hemming-group.co.uk
T: 0044 - 20 79 73 66 26
F: 0044 - 20 72 33 50 54

Zeitschriften

Wine Spectator
www.winespectator.com
Decanter Magazine Subscriptions
Freepost CY1061
Haywards Heath
GB-West Sussex, RH 16 3ZA
T: 0044 - 16 22 - 77 87 78

Alles über Wein
Wilhelm-Theodor-Römheld-Str. 34
D-55130 Mainz
T: 0049 - 6131 - 98 39 00
F: 0049 - 6131 - 83 98 98
www.winelife.de
winelife@t-online.de
*Erscheint sechsmal jährlich. Zeit-
schrift für Weinkultur, Reisen,
Gastronomie*

Vinaria
Redaktion:
Karl Müllauer
Gutenbergstraße 12
A-3100 St.Pölten
T: 0043 - 27 42 - 8 01 13 56
F: 0043 - 27 42 - 8 01 14 30
www.vinaria.at
k.muellauer@noep.at
*Erscheint sechsmal jährlich
Österreichs Zeitschrift für
Weinkultur*

Weinwisser
Redaktion:
René Gabriel
Postfach 26
CH-8634 Hombrechtikon-Zürich
T: 0041 - 55 - 2 44 52 44
F: 0041 - 55 - 2 44 52 45
www.weinwisser.com

info@weinwisser.com
*Erscheint monatlich.
Für mich sind das »die« Wein-
blätter für alle, die mehr über
Wein wissen wollen.*

The Wine Advocate
von Robert Parker Jr.
PO Box 311
USA-Monkton, MD 21111
www.wineadvocate.com
*Erscheint sechsmal jährlich.
Das Magazin von Robert Parker
für die Weine der Welt*

Wein-Gourmet
Redaktion:
Jahreszeiten Verlag GmbH
Madeleine Jakits
Poßmoorweg 5
D-22301 Hamburg
T: 0049 - 40 - 27 17 37 22
F: 0049 - 40 - 27 17 20 62
www.weingourmet-club.de
redaktion@wein-gourmet.com
*Erscheint viermal jährlich.
Ableger der Zeitschrift Fein-
schmecker zum Thema
»Rund um den Wein«*

Vinum
Redaktion:
Vinum Verlags-GmbH
Postfach 5826
D-65048 Wiesbaden
T: 0049 - 6 11 - 98 66 20
F: 0049 - 6 11 - 9 86 62 22
www.ivinum.com
info@ivinum.de
*Erscheint zehnmal jährlich.
Das internationale Wein-Magazin
mit interessanten Beiträgen und
vielen Tipps zum Weingenuss*

Literatur

Stephen Brook, Das Jahrhundert des Weins - Die Weine des Jahrhunderts,
2000, Hallwag, 192 Seiten
Ein Standardwerk zur 100-jährigen Geschichte des Weines. Brillant geschrieben von hervorragenden Weinkennern, -publizisten, -kolumnisten, -journalisten und Weinbuchautoren. Sollte man gelesen haben, vielleicht sogar auch zwei Mal.

Roald Dahl, ... und noch ein Küsschen. Weitere ungewöhnliche Geschichten,
Rowohlt
Lassen Sie sich Dahls herrliche Geschichte zum Thema »Blindproben« auf der Zunge zergehen!

**Hugh Johnson,
Der große Johnson,**
2001, 2000, Hallwag, 696 Seiten
Ein Klassiker mit britischem Humor, der in keiner Bibliothek fehlen darf

**Hugh Johnson,
Der kleine Johnson für Weinkenner**
2001, 2000, Hallwag, 400 Seiten
Ein aktueller, kleiner Führer, praktisch für die Handtasche. Damit sind Sie immer auf dem neusten Stand

**Jens Priewe,
Wein – Die neue große Schule,**
2000, Zabert Sandmann,
256 Seiten
Großformatiger Bildband mit unglaublich vielen Informationen rund um den An- und Ausbau sowie das Verkosten des Weines. Für Weingenießer, die alles ganz genau wissen wollen.

Robert M. Parker Jr., Parker's Wine Guide,
2000, Heyne Verlag, 2006 Seiten
Leider vergriffen. Neuauflage folgt.

Patrick Süskind, Das Parfum – Die Geschichte eines Mörders,
1985, Diogenes, 320 Seiten
Eine packende Geschichte und zugleich ein Kompendium der widerlichen Düfte.

Eckhard Supp, Die 100 besten Tips für den richtigen Umgang mit Wein,
1999, Eno-Verlag, 48 Seiten
Kleines Bändchen mit 100 knapp erklärten Tipps. Einige davon sind

umstritten, die meisten aber kann ich unterschreiben.

Frank Kämmerer, Aldidente Vino,
2000, Eichborn, 150 Seiten
Der Weinführer durch den Kult-Discounter

Stuart Pigott, Die führenden Winzer und Spitzenweine Deutschlands,
1997, Econ Verlag, 608 Seiten
Es gibt viel mehr Spitzen-Winzer und -Weine aus Deutschland, als Sie wissen. Stuart Pigott kennt sie alle und porträtiert sie mit kritischem Blick, Wissen und Erfahrung. Sein britischer Humor lockert den ernsten, furchtlosen Ton der deutschen Winzerelite auf. Für ernsthafte Weintrinker unverzichtbar.

WWWein

www.agriline.it

www.altavista.com
Für Sommeliers, die mit der englischen und französischen Sprache Probleme haben: übersetzt Websites ins Deutsche

www.culthouse.com
Das virtuelle Weinkaufhaus – muss man gesehen haben

www.deutscheweine.de
Homepage des Deutschen Weininstituts

www.ecovin.de
Früher als Fantasten belächelt, heute weithin respektiert: Öko-winzer. Die Site ihres Bundesverbandes verlinkt die Homepages vieler Mitglieder und liefert außerdem Informationen über ihre Arbeit

www.leopold-vienna.com
Accessoires rund um den Wein

www.rare-wine.com
Die Börse für alte Weine, mit Abbildung der Flaschen – sehr wichtig

www.rouge-blanc.de
Weltweiter Versandhandel für Wein und Champagner mit 24-Stunden-Service. Weitere Infos unter T: 0049 - 2 11 - 53 88 32 70

www.vinum.de

www.wein-plus.de
Umfassendes Wein-Portal mit sehr guten Suchfunktionen

www.winegate.de
Website der Hawesko-Gruppe mit Shop für Weine, Delikatessen und Accessoires

www.wineonline.com
Kulinarisches und Profi-Tipps zu edlen Tropfen

www.wine-pages.de
Geniale Tipps zum Weinkaufen von Jancis Robinson, Tim Atkin und anderen Weinspezialisten, Wein und Gourmet-Tipps, Bücher ect.

www.wine-partners.at
Einfach mal reinschauen

www.winetoday.com
Hintergrundinformationen und Neuigkeiten aus der Welt des Weins von der New York Times

Weitere anspruchsvolle Weinhandel-Websites

www.apell.de
www.georg-hack.de
www.germanwine.de
www.hola-iberica.de
www.koelner-weinkeller.de
www.la-petite-france.de
www.lavineria.de
www.pinard-de-picard.de
www.riegel.de
www.rioja-weinspezialist.de
www.vinespa.de
www.vini-diretti.de
www.vinoliv.de
www.weinhaus-lichterfelde.de
www.weinlust.de
www.winegate.de
www.winemore.de
www.winery-direct.de

Weinseminare

Fischers Weingenuss & Tafelfreuden
Hohenstaufenring 53
D-50674 Köln
T: 0049 - 2 21 - 3 10 84 70
F: 0049 - 2 21 - 31 08 47 89
fischers.wein@t-online.de
Inh.: Christina Fischer

Vintage Vignola Gastronomie Betriebs GmbH
Pfeilstraße 31-35
D-50672 Köln
T: 0049 - 2 21 - 92 07 10
F: 0049 - 2 21 - 92 07 119
www.vintage-wine.de
order@vintage-wine.de
Inh.: Claudia und Michael Stern

Sommelier-Kurse / Diploma

Sommelier-Union Deutschland e.V.
Herr Bernd Glauben
Romantik-Hotel Goldene Traube
Am Viktoriabrunnen 2
D-96450 Coburg
www.sommelier-union-deutschland.de
Bernd.Glauben@t-online.de

Deutsche Wein- und Sommelierschule
c/o Gastronomisches Bildungszentrum Koblenz
Frau Sonja Seekamp
D-56068 Koblenz
T: 0049 - 2 61 - 3 04 89 30
www.weinschule.com

Hotelfachschule Heidelberg
Herr Kurt Wolf
Fritz-Gabler-Schule
D-69126 Heidelberg
T: 0049 - 62 21 - 3 50 10
www.hotelfachschule-heidelberg.de

Weinakademie Österreich
Dr. Josef Schuller
Hauptstr.31
A-7071 Rust
T: 0043 - 26 85 - 68 53
F: 0043 - 26 85 - 64 31
www.weinakademie.at
info@weinakademie.at

Sommelier-Magazin
Meininger Verlag GmbH
Maximilianstr.7-17
D-67433 Neustadt
T: 0049 - 63 21 - 8 90 80
F: 0049 - 63 21 - 89 08 86
www.meininger.de
contact@meininger.de

Sommelier-Treffen

Frau Yvonne Elemans-Heistermann
D-76185 Karlsruhe
T: 0049 - 7 21 - 85 30 13
info@weinberatung.org

Weitere nützliche Adressen

DWI Deutsches Weininstitut GmbH
Gutenbergplatz 3-5
D-55116 Mainz
T: 0049 - 61 31 - 2 82 90
F: 0049 - 61 31 - 28 29 60

Christie's Auktionshaus
1 Langley Lane
Vauxhall
GB - London SW 8 1 TJ
T: 0044 - 20 - 7389 - 9060

Ein Wein verbringt Monate oder Jahre in dunklen Tanks oder Fässern, danach noch einmal Jahre, manchmal sogar Jahrzehnte in stillen Kellern. In dieser ganzen Zeit wird er kaum bewegt, selten berührt, meist sogar ganz in Ruhe gelassen. Man könnte sagen, der Wein verfällt in einen tiefen, schweren Winterschlaf. Und dann, plötzlich, kommt der Tag, an dem er getrunken werden soll. Frühlingserwachen ...

Glossar

🦎 Hinweis

Aufmerksamen Lesern dürften Teile dieses Kapitels von meiner »Auslese« her bekannt vorkommen, deren Glossar ich für dieses Buch grundlegend überarbeitet und erweitert habe. In GROSSBUCHSTABEN gesetzte Begriffe verweisen auf weitere (verwandte) Stichworte.

A

ABGANG
Empfinden nach dem Schlucken. Von unterschiedlicher Länge und Intensität. Wird auch in Sekunden (CAUDALIES) gemessen. Je länger der Geschmack anhält, desto besser wird die Qualität des Weines beurteilt. Einen langen Abgang haben alkohol- und körperreiche Weine.

ABGEBAUT
Ein Wein, der seine Frucht, Frische und Kohlensäure durch zu lange oder unsachgemäße Lagerung verloren hat, schmeckt platt, langweilig und OXIDATIV.

ABZUG
(= »Mise en bouteille en château« oder »Schlossabzug«). Heute die allgemein übliche Form der Abfüllung. Früher haben einzelne Händler ihre Ware im Fass gekauft und selbst abgefüllt. Diese Abzüge waren teilweise besser als jene der Weingüter, boten jedoch eine weitere Gelegenheit zum Panschen.

AC
Appellation Contrôlée: Vom französischen Staat offiziell vorgeschriebene Bezeichnung für staatlich kontrollierte Gewächse. Sie garantiert ein bestimmtes Anbaugebiet, Herstellungsmethode, verwendete Traubensorten und Ertragsmengen.

ADSTRINGIEREND
Hohe, junge und unreife Säuren führen zu einer im Mund austrocknenden Wirkung. TANNINE und GERBSÄUREN aus Traubenschalen und den Holzfässern vermitteln die gleiche Geschmacksempfindung. Die Gleitfähigkeit des Speichelflusses wird gebremst oder ganz aufgehoben. Nachdurst stellt sich ein. Besonders bei jungen Rotweinen zu beobachten.

AGGRESSIVITÄT
Empfindung von unangenehmer HÄRTE im Geschmack und teils auch im Geruch. Wird auf hohe Säure, mangelnde Reife oder grüne TANNINE zurückgeführt.

ALKOHOLREICH
Beschreibung für Weine, die einen hohen Alkoholgehalt besitzen und sowohl BRANDIG als auch SCHWER wirken können. Alkohol entsteht bei der Gärung durch die Umwandlung von Zucker. Hohe Alkoholwerte entstehen in sonnenreichen Jahrgängen.

ALT
Positive wie negative Bezeichnung für Weine, die gereift (OXIDIERT) wirken.

APFELSÄURE
Unreife, harte Säure, die einen eckigen, kantigen Geschmack verursacht. In kalten, regenreichen Jahren Ursache für diese Empfindung.

ARM
Der Wein ist kurz im ABGANG, hat wenig Säure und Alkohol.

AROMA
Duftkomponenten, die von der Traube herrühren. Verbleibende Düfte während der Reife. Aroma wird in der Fachsprache als die Geruchsempfindung bezeichnet, die sich im Gaumen wahrnehmen lässt. Allgemein ist darunter der Duft eines Weines zu verstehen. (zu primären, sekundären und tertiären Aromen siehe Seite 154f.)

AROMATISCH
Weine von duftreichen, ausdrucksstarken Rebsorten wie RIESLING, SCHEUREBE, SAUVIGNON, LEMBERGER, MERLOT oder SYRAH.

ASSEMBLAGE
Verschiedene Grundweine werden miteinander vermischt. Eine Assemblage kann aus verschiedenen Rebsorten hergestellt sein, stammt aber immer aus derselben Region.

AUSBAU
Mit Ausbau bezeichnet man die Gesamtheit aller Arbeitsgänge während der Reifung des Weines. Beginnt nach der Vergärung des Mostes und endet nach der Flaschenabfüllung. Kann in verschiedenen Behältern – z.B. aus Edelstahl, Zement oder Holz geschehen.

AUSDRUCKSLOS
Ist ein Wein ohne große Entfaltung von AROMA und Geschmack.

AUSGETROCKNET
Weine, deren Frucht, EXTRAKT und Süße verlorengegangen sind. Alkohol und Säure stehen im Vordergrund. Die Weine bauen nur noch ab.

AUSGEWOGEN
Darunter fallen die Begriffe BALANCE und HARMONIE. Die Weine befinden sich in einem Gleichgewicht von Duft, Frucht, Säuren, Extrakt und Alkohol.

AUSLESE
Bezeichnung für deutsche Weine mit natürlicher Restsüße aus überreifen und/oder BOTRYTISbefallenen Trauben, die selektiert werden. Im deutschen Weingesetz von 1971 als Prädikatsstufe definiert, die einen Mindestzuckergehalt festlegt.

B

BALANCE
Hat ein Wein, wenn er AUSGEWOGEN und HARMONISCH ist.

BALTHASAR
Flaschenformat für 12 Liter Inhalt, entspricht 16 Flaschen.

BANYULS
Ein roter Vin doux naturel / DESSERTWEIN aus der Region Pyrénées-Orientales, südlich Perpignans an der französisch-spanischen Grenze. Zugelassen aus vier Gemeinden: Collioure, Banyuls-sur-Mer, Port Vendres, Cerbère. Wird überwiegend aus GRENACHE hergestellt.

BARRIQUE

Kleines, neues Eichenfass mit 225 Liter Inhalt, wie es in Frankreich seit langem für den AUSBAU von Weiß- und Rotweinen üblich ist. Die Herkunft des Holzes ist dabei von großer Bedeutung. Französisches Eichenholz aus Alliér und Nevers ist feinporiger und härter als amerikanische Eichen. Durch die Poren atmet der Wein, reift kontrolliert mehr oder weniger schnell. Barrique-Weine riechen und schmecken nach Vanille, Mandeln, Toastbrot, Kaffee und gerösteten Nüssen. Zuviel davon kann penetrant und aufdringlich sein, besonders wenn der Grundwein, der damit verfeinert werden sollte, von seiner Substanz her zu schwach war.

BESCHAFFENHEIT

Beschreibt die physikalische Zusammensetzung eines Weines: Alkohol, Säuren, GLYCERIN, EXTRAKTE, Flüssigkeit, FRUCHT und TANNINE.

BIOLOGISCHER SÄUREABBAU

Ein natürlicher chemischer Vorgang, durch den die APFELSÄURE während oder nach der ersten Gärung durch Enzyme in die harmonischere Milchsäure und Kohlendioxid aufgespalten wird. Bei fast allen Rotweinen erwünscht. Bei Weißweinen, die im BARRIQUE ausgebaut werden, ebenso. Ansonsten sehr schwierig; oft dominiert im BOUQUET der Milchsäureton, der an Joghurt oder Sauerkraut erinnert.

BISS

Hat ein Wein mit fester Struktur und Säure.

BITTER

Schmecken junge Weine mit unreifen, hohen Tanninen. Im frühen Entwicklungsstadium normal, in anderen Fällen eine fehlerhafte Entwicklung.

BLANC DE BLANCS

Weißwein, der nur aus weißen Trauben gekeltert wird.

BLANC DE NOIRS

Weißwein mit zart-goldenem, ins Mahagoni gehendem Farbton. Wird durch WEISSKELTERN blauer Trauben gewonnen.

BLANK

Wein, der durch und durch klar erscheint. Auch blitzblank genannt.

BLEND

Verschnitt von verschiedenen Rebsorten oder Weinen (z.B. in Bordeaux, Kalifornien, Australien).

BLIND

Trüber Wein, z.B. durch aufgerütteltes DEPOT. Oder fehlerhafte Entwicklung in der Flasche.

BLUME

Positive Duftempfindung. Sinnverwandte Bezeichnung für Duft und BOUQUET.

BLUMIG

Duft und AROMA, das an frische Blumen erinnert. Kommt sowohl im Geruch als auch im Geschmack vor. Blumige Rebsorten sind u.a. RIESLING, WEISSBURGUNDER, SCHEUREBE.

BODEGA

Eine Weinkellerei oder Weinhandlung in Spanien.

BODENSATZ

Siehe DEPOT.

BOTRYTIS CINERA

Ein Pilz, der die Trauben befällt und sich negativ oder positiv auswirken kann. Bei unreifen Trauben bewirkt er Graufäule, bei reifen Trauben jedoch die erwünschte EDELFÄULE. Die Beerenhäute werden porös, das Wasser im Traubensaft verdunstet teilweise, so dass alle Inhaltsstoffe konzentriert werden.

BOUQUET

Gesamteindruck in der Nase von allen aus dem Glas strömenden, flüchtigen Inhaltsstoffen. Intensität und Ausprägung sind von der Rebsorte abhängig. Sie entstehen während der Vinifizierung, der Reife im Fass oder in der Flasche.

BRANDIG

Wirken Weine mit zuviel Alkohol und wenig Extrakt.

BREIT

Mächtiger Wein ohne Rasse.

BRUT

Trockener Schaumwein, der keine oder nur eine geringfügige DOSAGE erhalten hat. Der Definition nach hat Schaumwein, der als brut bezeichnet wird, weniger als 15 Gramm Restzucker pro Liter.

BUTTRIG

Riechen und schmecken Weine, die an geschmolzene Butter erinnern. Kommt häufig bei CHARDONNAYS vor, die im BARRIQUE ausgebaut wurden.

C

CABERNET FRANC

Rote Traubensorte. Wird in vielen CUVÉES der Weine z.B. aus Bordeaux im geringeren Mengenverhältnis als der CABERNET SAUVIGNON verwendet. Findet auch Verwendung für viele Weine der Loire, wo sie sogar als Monocépage gekeltert wird.

CABERNET SAUVIGNON

Die edlere der beiden Cabernetsorten. Wird weltweit angepflanzt und bringt langlebige, körperreiche, tieffarbige feine Rotweine.

CARIGNAN

Dunkle Traubensorte, die in mediterranen Weinen Verwendung findet. Ergibt sehr kräftige, alkoholreiche, rustikale Weine.

CAUDALIE

Maßeinheit in der Sensorik für den aromatischen NACHHALL von Wein, wenn er geschluckt ist. Wird in Sekunden gemessen und entspricht der Dauer des Nachgeschmacks. Einfache Qualitäten liegen unter 10, ganz Große bei 60 und mehr Caudalien.

CAVA

Spanischer Schaumwein aus dem Penedés.

CÉPAGE

Französische Bezeichnung für Rebsorte.

CHAMPAGNER

Schaumwein, der nur in der Region Champagne erzeugt wird. Häufig wird immer noch nach der traditionellen Methode, auch „Méthode champenoise" genannt, produziert. Zu Champagner werden die drei Rebsorten CHARDONNAY, PINOT NOIR und PINOT MEUNIER verarbeitet.

CHAPTALISIEREN
Anreicherung des Mostes durch Zugabe von Kristall-zucker vor der Vergärung, um den Alkoholgehalt zu erhöhen. In Deutschland nur bei Tafelwein und Qualitätswein ohne Prädikat erlaubt, während in Frankreich diese Methode zur Harmonisierung der Weine zur gängigen Praxis zählt.

CHARAKTER
Hat ein Wein, der alle Eigenschaften seiner Art besitzt. Wird ORGANOLEPTISCH festgestellt und führt zu einer objektiven oder subjektiven Beschreibung. Kann positiv wie negativ ausfallen.

CHARDONNAY
Weiße Traubensorte aus Burgund, die inzwischen auf der ganzen Welt angebaut wird. Sie kann erstklassige Weine liefern, oft werden jedoch langweilige, nichtssagende Weine aus ihr gekeltert.

CHASSELAS
Weiße Traubensorte aus der Schweiz und dem Elsass. Im deutschen Markgräflerland als GUTEDEL bekannt. Ergibt säurearme, leichte, sanfte Zechweine.

CHÂTEAU
Besonders häufig verwendeter Begriff in Bordeaux für ein Weingut. Tatsächlich verbirgt sich oft ein Schloss dahinter.

CHENIN
Weiße Traubensorte mit häufigem Vorkommen an der Loire. Wird wegen ihres hohen Säureanteils vor allem in der Weinbrandherstellung verwendet.

CINSAULT
Rote Traubensorte, die häufig im Rhône-Delta und Mittelmeerraum vorkommt. Ergibt fruchtige, erdige, gerbstoffgeprägte Weine.

CLAIRET
Französische Bezeichnung für helle Rotweine bzw. Rosés.

CLARET
Englische und amerikanische Bezeichnung für Rotweine aus Bordeaux.

CLASSICO
Ein eng umgrenztes DOC-Gebiet in Italien, welches mit einem weiteren DOC-Gebiet verbunden ist: Soave Classico, Chianti Classico usw.

COLHEITA
Bezeichnung für einen Jahrgangsport, der aus einer guten Ernte kommt. Er muss sieben Jahre im Fass gelagert sein, auf dem Etikett müssen Angaben zu Ernte und Abfülljahr gemacht werden.

COUPAGE
Französischer Begriff für Mischung (Verschnitt) verschiedener Rebsorten.

CRÉMANT
Schaumwein mit leichtem, cremigem, weichem MOUSSEUX und weniger Kohlensäure als Champagner. Feste Herkunftsbezeichnung wie D´Alsace, de Bourgogne, de Loire.

CRIANZA
Begriff für die Lagerzeit spanischer Weine. Er besagt, dass nach der Kontrolle durch die Behörde die Weine mindestens zwei Jahre lang gelagert werden müssen. Rotwein mindestens ein Jahr davon im Fass, Weißwein und Rosé sechs Monate.

CRU
Verschiedene Bedeutungen. Im Bordelais: Rebfläche bzw. Weingut und dort erzeugter Wein. In Burgund unterscheidet man zwischen Premier- und Grand-Cru-Qualitäten, in Beaujolais einer der zehn Qualitätsweinorte. Sonst: Hinweis auf besondere Qualität des Weines.

CUVÉE
Verschnitt aus unterschiedlichen Trauben, Sorten, Lagen, Jahrgängen aber auch Behältern. Um die gleich-bleibende Geschmacksrichtung einer Standardmarke zu erreichen. Bei der Schaumweinherstellung nach der Méthode Champenoise steht der Begriff für den zuerst ablaufenden Most.

D

DEGORGIEREN
Entfernen des Hefesatzes, der sich während der zweiten Gärung bei der Schaumweinherstellung in der Flasche gebildet hat. Mittels Rütteln auf den Racks wird das DEPOT am Flaschenhals gesammelt, dieser anschließend vereist. Danach wird die Flasche geöffnet, durch den Druck schießt der gefrorene Hefesatz aus der Flasche und der Wein ist klar.

DEKANTIEREN
Umfüllen von Rotwein oder Weißwein aus der Flasche in eine Karaffe. Entweder zum Entfernen von festen Rückständen, d. h. von Depot, oder zur Belüftung, d. h. um den Wein mit Sauerstoff in Verbindung zu bringen, damit durch den Vorgang der Oxidation die jungen TANNINE und GERBSTOFFE sich abrunden und Aromastoffe freigesetzt werden können.

DEMI-SEC
Süßlich

DEPOT
Ablagerungen von festen Teilchen, die grobkörnig bis staubfein sein können. Bildet sich durch die Reifung bzw. lange Lagerung hauptsächlich bei Rotweinen. Wird durch DEKANTIEREN entfernt.

DESSERTWEIN
Werden alle süßen Weine genannt. Eigentlich nicht ganz korrekt, denn süße Weine können/dürfen auch zu anderen Speisen oder ohne getrunken werden.

DICHT
Feingewebte Struktur, auch mit engmaschigem Gewebe zu vergleichen. Kompakter, fester Körper.

DICK
Mit viel Alkohol, EXTRAKT, GLYZERIN und GESCHMACK.

DO
(Denominación de Origen) Spanische Bezeichnung für kontrollierte Herkunft.

DOC/DOCG
(Denominazione di origine controllata/ e garantita) Italienische Bezeichnung für kontrollierte Herkunft.

DOMINA
na, na! Aber halt! Hinter diesem Begriff verbirgt sich eine rote, nicht sehr geschätzte Rebsorte (eine Kreuzung aus Portugieser und Spätburgunder, in Deutschland angebaut). Schade, denn die Ergebnisse sind teils ordentlich.

DOPPELMAGNUM
Im Bordelais gebräuchliches Flaschenformat für drei Liter (entspricht vier Flaschen), in der Champagne und im Burgund heißt eine solche Flasche JEROBOAM.

DOSAGE
Bei Schaumweinen und Champagner traditionelles Verfahren durch Zusatz aus einem Gemisch von Zuckersirup und Wein. Dabei gibt es eine Unterscheidung von Fülldosage und Versanddosage.

DOUX
Süß

DÜNN
Mager im Körper, arm an EXTRAKT, wenig Alkohol und Geschmacksstoffe. Schwacher Ausdruck.

DUFTIG
Wohlriechender Gesamteindruck, der FLORALEN oder VEGETALEN Ursprungs sein kann. Auch als angenehmes BOUQUET erkennbar, besonders bei Rebsorten wie TRAMINER, Muskateller.

DURCHDRINGEND
Hochkonzentrierter Duft, der keineswegs aufdringlich sein muss, sondern als Qualitätsmerkmal zu sehen ist.

E

EDELFÄULE
Bezeichnung für die Wirkung des Pilzes BOTRYTIS CINERA. Gewünschte Fäule, die hochreifen Trauben Flüssigkeit entzieht und somit zu einer höheren Konzentration von Zucker und den übrigen Stoffen in der Traube führt. Bei unreifen Trauben unerwünscht, führt zu Graufäule.

EDELSÜSS
Nennt man Weine, die während ihrer Reife von einem edlen Schimmelpilz (BOTRYTIS CINERA) befallen wurden. Dabei trocknen die Beeren auf natürliche Weise ein und werden im rosinenartigen Zustand gekeltert. Da durch den Flüssigkeitsverlust der Zucker konzentriert wird, sind edelsüße Weine letztendlich auch sehr süß. Zu edelsüßen Weinen zählen z.B. Beerenauslesen, Trockenbeerenauslesen und Sauternes.

EDELZWICKER
Im Elsass gebräuchliche Bezeichnung für einen Wein, der aus vielen verschiedenen Rebsorten gekeltert ist.

EINFACH
Dem Wein fehlt es an Inhalt, Vielschichtigkeit und Eleganz.

EHRLICH
Damit ist der Grundcharakter eines reintönigen Weines gemeint, der in der Gesamtheit seiner Inhaltsstoffe (FARBE, GERUCH und GESCHMACK) ohne Fehl und Tadel ist.

EICHENGESCHMACK
ist als VANILLE, ZEDERNHOLZ, aber auch TOASTGERUCH mit RAUCHNOTEN erkennbar, wird auch als Holzgeschmack bezeichnet. Kommt von der Lagerung in neuen BARRIQUE-Fässern. Seit einigen Jahren werden, besonders bei Übersee-Weinen, zur Erzeugung dieses Geschmacks die wesentlich billigeren Eichenspäne verwendet.

EISWEIN
Wird aus gefrorenen Trauben, die bei Frost geerntet wurden, hergestellt.

ELEGANT
Bis auf kleinste Nuancen fein abgestimmte Inhaltsstoffe. Harmonisch.

ENTWICKELT
Fertig ausgebauter Wein, der sich möglichst sortentypisch präsentiert.

ERDIG
Ein von den MINERALIEN des Bodens herrührender GERUCH und GESCHMACK, z. B. Feuerstein, Muschelkalk oder auch lehmreiche Böden.

ERZEUGERABFÜLLUNG
In Deutschland und Österreich gesetzlich zugelassene Bezeichnung für Weine, die ausschließlich aus den Weinbergen des Erzeugerbetriebs stammen. (s.a. ABZUG)

EXTRAKT
Gesamtheit aller Inhaltsstoffe (außer Wasser und Alkohol) im Wein.

EXTRA DRY
halbtrocken

F

FAD
Ist ein magerer Wein mit zu wenig Fruchtsäure und Frische, schwachem Körper und ohne Rückgrat.

FARBE
Zur Beurteilung von Weinen sehr wichtig; für mich in erster Linie zur Bestimmung der Rebsorten, der Herkunft, des Alters bzw. des JAHRGANGS.

FARBLOS
Ohne Farbe, wässrig, klar.

FASRIG
Geschmackliche Beschreibung eines Weines, der wie eine Textilie mehr oder weniger fein in seiner Oberfläche ist. Auch mit Fleisch zu vergleichen. Der Wein wirkt in die Länge gezogen, spröde, eckig und KANTIG.

FASSGERUCH
Kommt von alten Fässern. Äußert sich in modrigem, unangenehmem Geruch.

FASSPROBE
Wird mittels einer Pipette direkt aus dem Fass genommen, entweder sofort probiert oder auf Flasche gefüllt, die aber in Kürze probiert werden muss!

FEDERSPIEL
Bezeichnung für Wachauer Qualitätsweine mit einem Mostgewicht ab 83° OECHSLE, entspricht 17°KMW, und einem maximalen Alkoholgehalt von 11,9 %. Die Weine sind alle trocken. Der Name kommt aus dem Bereich der Falkenjagd.

FEIN
Ausdruck für ausgewogene, delikate Weine höchster Qualität.

FEST
Junge Weine mit Spannkraft und Biss, die noch Zeit zum Ausbau benötigen.

FETT
DICKflüssig, geschmeidig wirkend, von allem etwas zuviel.

FEURIG
Tiefe, alkoholreiche Rotweine mit harmonischem Körper. Vermitteln Wärme und Wohlgeschmack.

FINESSE
Haben Weine, die in ihrer ganzen Zusammensetzung optimal sind und sowohl im Geruch als auch im Geschmacksbild hervorstechen.

FIRN
Altersduft, OXIDATIONSbouquet. Entwickelt sich mit der Reife des Weines. Kann als Fehler auch früher auftreten.

FLACH
Mangel an Säure, Duft und NACHGESCHMACK.

FLEISCHIG
Stoff- und körperreicher Wein mit viel GLYZERIN und hoher DICHTE.

FLORAL
Duft, der an Blumen, Blüten erinnert.

FRAPPIEREN
Fachbegriff für schnelles Herunterkühlen eines Getränks (s.a. Seite 176).

FRISCH
Lebendiger, säurebetonter, jugendlicher Duft und Geschmack.

FRIZZANTE
Italienischer Begriff für leicht schäumenden Perlwein wie Prosecco oder Lambrusco, im Unterschied zu Spumante, der stark schäumt.

FRUCHTIG
Begriff, der für die Charakterisierung von Duft wie für Geschmack verwendet wird. Bedeutet immer viel Fruchtcharakter aller möglichen Früchte, sofern sie nicht klar definiert sind.

G

GAUMEN
»Am Gaumen« bedeutet soviel wie »im Mund«

GEFÄLLIG
Leichter Wein bis zur KABINETTstufe, der keinen großen Anspruch erhebt.

GEHALTVOLL
Reich an EXTRAKT, Alkohol, MINERALIEN und Farbe, auch GLYZERIN und GERBSTOFF.

GERBSÄURE
Eine Säure im Wein, die aus der Traubenschale während der Gärung gewonnen wird oder durch den Ausbau im neuen EICHENfass entsteht. Wirkt wie das TANNIN mundaustrocknend und hat einen herben Geschmack. Er ist das Rückgrat eines jeden Rotweines und bestimmt im Wesentlichen die Haltbarkeit des Weines.

GERUCH
Ist die Summe flüchtiger Stoffe des Weines, die durch die Nase wahrgenommen werden. Dabei unterscheidet man z.B. fruchtige, blumige, pflanzliche, tierische, balsamische, hölzerne, würzige und brandige Gerüche. Diese Wahrnehmungen lassen Rückschlüsse auf Herkunft, Rebsorte, Jahrgang zu.

GESCHMACK
Der Eindruck, den ein Wein im Mund hinterlässt. Nur vier Varianten: süß, sauer, salzig und bitter können schmeckbar erfasst werden. Die Komponente ADSTRINGIEREND kann noch dazu gezählt werden.

GESCHMEIDIG
Rund und anschmiegsam. Vermittelt das Gefühl von Fülle und leichter Viskosität im Mund.

GLATT
Mangel an Säure und FINESSE.

GLYZERIN
Ein Alkohol, der während der Gärung entsteht und zu einer süßen Empfindung im Mund führt, die aber nicht wirklich süß ist.

GRAN RESERVA
Um diese Bezeichnung tragen zu dürfen, müssen Rotweine mindestens 24 Monate im Eichenfass und 36 Monate in der Flasche gereift sein. (s.a. RESERVA)

GRAND CRU
Bezeichnung für große Qualitätsweine aus Burgund und Bordeaux, die aber unterschiedlich verwendet wird. In Burgund höchste Stufe, in Bordeaux bedeutet sie lediglich großes Gewächs und kann für höchste, aber auch kleinere Qualitäten verwendet werden. Siehe CRU.

GRAND VIN
Sagt alles und nichts. Französische Bezeichnung ohne gesetzlichen Hintergrund.

GRASIG
Ein pflanzlicher Geruch, der an grünes Gras erinnert. Unreifer Geschmack, der von zu früh geernteten Trauben oder von zu starker Pressung kommt.

GRAUBURGUNDER
Früher war diese weiße Rebsorte als RULÄNDER bekannt und wenig beliebt. Erst als PINOT GRIGIO eroberte sie die feinen Tafeln. Heute wird der kräftige Charakter des Grauburgunders zum Essen geschätzt. Vielseitige Aromen von Akazien bis Rosen über Butter und Rauchnoten, ja sogar Rettich, Holunder, Quitten, und und und …

GRENACHE
Weiße, graue oder rote Rebsorte, hauptsächlich aus dem Mittelmeerraum und Spanien. Die Weine sind bouquet- und alkoholreich.

GRÜN
Wirkt ein Wein, der unreif (GRASIG) ist.

GUTEDEL
Weiße Rebsorte, die im badischen Markgräflerland einfache, sanfte Weine ergibt. Im Elsass und in der Schweiz als CHASSELAS bekannt. Bodennoten, Mandeln und geröstete Nüsse.

H

HALBTROCKEN
Deutsche Weine mit einem Restzuckergehalt zwischen 9 und 18 Gramm je Liter, jedoch nicht mehr als Gesamtsäuregehalt +10. Beim Champagner bis zu 20 Gramm Restzucker pro Liter.

HARMONISCH
Ein harmonischer Wein besitzt alle Inhaltsstoffe in einem ausgewogenen Verhältnis. In Geruch wie Geschmack stellen sie eine Einheit dar.

HART
Feste Strukturen aufgrund der jungen TANNINE oder hervorstechender Säuren. Junge Weine, die milder werden müssen.

HEFIG
Ist der natürliche Geruch von noch aktiven Hefen; bei Weinen festzustellen, die auf der Hefe gereift sind (»sur lie« beispielsweise bei MUSCADET). Jungweine schmecken ab und zu hefig.

HERB

Ausdruck für knochentrockene und gerbstoffreiche Weine. In Nase und Mund teils stechend.

HOCHFARBIG

Goldgelb bis strohfarbig. Bei jungen Weinen fehlerhaft, bei reifen normal.

HOHL

Wenig Charakter und Ausdruck. Kurz im Abgang.

I

IMPÉRIALE

Im Bordelais gebräuchliches Flaschenformat für sechs Liter Inhalt (entspricht acht Flaschen), im Burgund und in der Champagne als METHUSALEM bezeichnet.

J

JAHRGANG

Wird in der Regel auf dem Etikett angegeben und bedeutet, dass die Weinlese im bezeichneten Jahr stattgefunden hat. Es ist unbedingt darauf zu achten, dass es große Qualitätsunterschiede in den unterschiedlichen Jahrgängen, aber auch von Weingut zu Weingut gibt. Blindes Vertrauen in vermeintlich »große Jahrgänge« schadet nur.

JEROBOAM

Flaschenformat des Bordelais für fünf Liter Inhalt, bzw. sechs Flaschen. Im Burgund und in der Champagne bezeichnet Jeroboam Flaschen mit drei Litern Inhalt (vier Flaschen).

JUNG

Noch nicht entwickelter Wein. Jedoch relativ, da es auch alte, noch jung schmeckende Weine gibt.

K

KABINETT

Bezeichnung für die unterste Stufe in der Prädikatshierarchie des deutschen Qualitätsweins. Die Weine dürfen nicht angereichert werden und haben, ihrem Anbaugebiet entsprechend, festgelegte Mindestmostgewichte. Die Weine sind im allgemeinen leicht und als Apéritif oder zu Vorspeisen geeignet.

KALKSTEIN

Dieses Gestein besteht aus Calcit und ist sehr viel härter als Kreide. Manche Weinberge haben auch durch Eisenoxid rot gefärbte, mit Lehm gemischte Kalkböden, die Terra rossa. Weine von diesen Böden sind häufig stark ausgeprägt in ihrem mineralischen Geschmack.

KANTIG

Eckig, unharmonisch, mit viel Säuren und TANNINEN. Hinterlässt ein RAUES Gefühl am Gaumen.

KAPSELSCHNEIDER

Ein völlig ungeeignetes Hilfsmittel zum Abschneiden der Kapsel an einer Weinflasche. Mit jedem Messer kann die Kapsel korrekt unterhalb des breiten Wulstes am Flaschenhals abgeschnitten werden. So fließt beim Einschenken niemals Wein über Metall.

KARAMELL

Duft und Geschmack nach karamellisiertem Zucker; hat oft einen leicht verbrannten Charakter oder BUTTERSCOTCHgeschmack. Tritt bei oxidierenden Weinen auf.

KERNIG

Trockener Wein mit herzhaften Säuren. Auch mit »knackig« in Verbindung zu bringen. Erinnert an saftiges Kernobst wie Apfel oder Birne.

KLEIN

Anspruchslos, mit wenig EXTRAKT.

KMW

KLOSTERNEUBURGER MOSTWAAGE, Senkwaage und Maßeinheit zur Bestimmung des Zuckergehalts im Most. 5 KMW entsprechen etwa 1° OECHSLE.

KOHLENDIOXID (CO_2)

Produkt aus der Vergärung. Oft noch beim Einschenken als Perlen sichtbar. Kommt auch in reduktiv gefüllten Weinen vor. Solange es nicht auf der Zunge pickt und scharf wirkt, ist sein Vorhandensein kein Fehler.

KORKGESCHMACK

Kommt immer häufiger durch schlechte Qualitäten und chemische Behandlung der Korken vor. Der unangenehme Geruch sowie Geschmack macht den Wein ungenießbar. Verursacht wird er durch Chloranisol und Trichloranisol. Geruch wie Geschmack sind muffig, schimmelähnlich, dumpf, holzig.

KÖRPER

Gesamtheit aller Stoffe im Wein, die ihm Gewicht und Geschmack vermitteln. Man unterscheidet beispielsweise gehaltvolle, mächtige, kräftige oder magere Körper.

KRAFTVOLL

Alkohol- und körperreiche Weine mit viel Stoff und Wärme.

KRISTALLE

Ablagerungen auf der Unterseite des Korkens oder am Boden der Weinflasche. Dabei handelt es sich um geschmacksneutralen WEINSTEIN.

KURZ

Nach dem Trinken sofort weg, ohne bleibenden Eindruck.

KWV

Ko-operatieve Wijnbouwers Vereniging van Zuid-Afrika. Der südafrikanische Winzergenossenschaftsverband.

L

LAGE

Begrenzter Weinberg, dessen Größe genau festgelegt ist. Die Angabe einer Lagenbezeichnung ist an ganz bestimmte Voraussetzungen gebunden. Die Bezeichnungen sind in der Weinbergsrolle eingetragen.

LAGREIN

Weitverbreitete Rotweintraube in Südtirol. Wird leider oft für zu hohe Erträge genutzt. Ergibt feinduftige, leichte bis mittelgewichtige Tischweine. Einige erstaunliche Ausnahmen, die tiefdunkel und sehr konzentriert sind.

LANDWEIN

Die Bezeichnung wurde 1982 in Deutschland quasi als höhere Stufe des Tafelweins neu eingeführt. Wird mit Mindestalkoholgehalt von 9 % und trocken oder halbtrocken ausgebaut. Der Zusatz »Landwein« muss stets nach dem Gebiet (Ahrtaler, Pfälzer, Schwäbischer, Fränkischer etc.) genannt werden.

LANG

Im Nachklang, Abgang ist der Wein, wenn er einen nachhaltigen, angenehmen Eindruck hinterlässt.

LEBENDIG
Schwungvolle Weine mit rassigen Säuren und Biss.

LEER
Reiz- und geschmackslos.

LEICHT
Im Alkohol und in seiner Viskosität leichter Wein. Frühzeitiger Genuss wird empfohlen. Auch MAGERER Körper.

LEMBERGER
Auch Limberger oder Blauer Lemberger genannt. In Österreich als Blaufränkisch bekannt. In Deutschland hauptsächlich in Württemberg angebaut. Eine spätreifende Sorte mit markantem FRUCHTcharakter.

LIEBLICH
Restsüßer Wein, der mit einer frischen Weinsäure durchaus erfrischend und süffig sein kann, ohne pappig süß zu wirken.

LÜFTUNG
Wein wird mit Sauerstoff in Verbindung gebracht, wodurch er oxidiert, was die gewünschten Reaktionen hervorruft, aber auch zu negativen Auswirkungen führen kann (Bildung von Essigsäure). Siehe auch DEKANTIEREN.

M

MADERISIERT
Durch OXIDATION hervorgerufener Reifeprozess. Zeigt sich in dunkleren FARBEN (Bernstein) und überreifen Duftnoten. Madeira-, sherry- oder maggiähnlicher Geruch.

MÄNNLICH
Kraftvolle, wuchtige und würzige Weine.

MAGER
Siehe DÜNN, LEER, HOHL.

MAGNUM
Flasche mit doppeltem Inhalt einer Normalflasche, also 1,5 Liter.

MALOLAKTISCHE GÄRUNG
Siehe BIOLOGISCHER SÄUREABBAU.

MARIE-JEANNE
Flasche mit dreifachem Inhalt, also 2,25 Litern.

MARKANT
Nicht uniformer Wein mit bleibendem Gesamteindruck.

MARSALA
Stadt und Weinregion zugleich, im westlichen Sizilien gelegen. Vom Aussterben bedrohter Wein, da Konsum und Produktion rückläufig sind. Im Geschmack häufig dem Portwein ähnlich.

MERLOT
Rote Traubensorte, die in Pomerol und Saint-Emilion dominiert. Erfolgreich auch in Kalifornien und Australien. Wenige gute Merlots aus Italien. Ergibt tief strukturierte, beerige Weine mit sanftem Stoff und schöner Fülle.

MILD
Säurearm und dezent. Nicht unbedingt mit Restsüße.

MINERALISCH
Wirken Weine, die auf Kalk-, Granit-, Lehm-, Vulkan- oder Schieferböden gewachsen sind. Ein Touch kühler Noten ist das Geheimnis.

MOLLIG
Vollmundig und körperreich. Weicher und harmonischer Rotwein.

MONOCÉPAGE
Einzelrebe; Begriff für die Herstellung von Wein aus einer Rebsorte.

MOSCHUS
Schwerer, wuchtiger Duft, der an Tierhaut erinnert.

MOST
Unvergorener Traubensaft.

MOURVÈDRE
Rotweinsorte, die in Südfrankreich und Spanien oft angepflanzt wird. In der Neuen Welt haben die kleinen, süßen und dickschaligen Beeren eine gute Zukunft. Die Weine sind in der Jugend schwer, ALKOHOLREICH und TANNINlastig. Sehr gute Beispiele in der Provence.

MOUSSEUX
Französischer Begriff für Schaum, auch Schaumwein (Vin de mousseux). Die Konsistenz kann cremig, fein- oder grobperlig sein, z. B. bei Crémant.

MÜDE
Glanzlos, schwach, matt. Schlaffe Struktur.

MÜLLER-THURGAU
Weiße Rebsorte, die eher leichte Weine ergibt. Wird leider oft als Massenträger benützt. Blumige Aromen, mit Muskat, Hefe und Nüssen unterlegt.

MUSCADET
Weiße Rebsorte aus dem Pays Nantais an der Loire-Mündung. Gibt leichte, häufig hefige Weine (»sur lie«), die ausnahmslos trocken sind.

MUFF
Korkähnlicher, dumpfer Geruch – Fehlton.

MUSKATELLER
Es gibt Roten und Gelben Muskateller. Eine der ältesten Rebsorten der Welt. An ihrem Standort stellt sie hohe Ansprüche. In der Blüte ist sie empfindlich und kommt spät zur Reife. Trocken ausgebaut ist sie ein delikater Apéritif mit feinem Blütenduft und milden, anregenden Säuren. Als Süßwein ist ihr elegantes Bouquet umwerfend.

N

NACHGESCHMACK/NACHHALL
Auch als Nachhaltigkeit bekannt. Wahrnehmung von geschmacklichen Eigenschaften, die sich erst äußern, wenn man den Wein geschluckt hat. Wird nach seiner Dauer gemessen: je mehr, desto positiver.

NASE
Meint den Duft eines Weines.

NEBUKADNEZAR
Flasche mit 15 Liter Inhalt, entspricht 20 Flaschen.

NERVIG
Mit guter Säure und Kraft. Lebhaft und ausgewogen zugleich.

NEKTAR
Ein vollkommener Wein.

NEUTRAL
Ohne besondere Charakterzüge. Eher negativ zu verstehen, denn Wein ohne Geruch und Geschmack hat keine positive Ausstrahlung.

NUSSIG
In CHARDONNAY zu finden, der im BARRIQUE vergoren wurde und gereift ist. Erinnert auch an frisch aufgeschäumte BUTTER oder Butterkuchen.

O

OECHSLE
Maßeinheit für die im Zuckergehalt abhängige Dichte des Traubensaftes. Am Oechsle-Grad ist der Reifegrad der Traube abzulesen.

ÖLIG
Im Geruch auch mit Petrol zu vergleichen. Soll positiv sein, stört aber viele empfindliche Weinliebhaber, da dieses Empfinden sättigt. Von der Konsistenz her betrachtet: dickflüssig, GLYCERINreich.

ÖNOLOGIE
Wissenschaft vom Wein und Weinbaukunde. Ein Önologe ist für die Herstellung des Weines zuständig.

ORGANOLEPTISCH
Ist eine Bezeichnung für die Sinneseindrücke zur Wahrnehmung bei der Weinprobe, wie z.B. FARBE, Geruch und Geschmack. Dabei werden Inhaltsstoffe des Weines auf ihre Wechselwirkung geprüft.

OXIDATION
Nennt man die Lufteinwirkung auf Wein. Dabei kommt es zu Farb-, Geruchs- und Geschmacksveränderungen. Wird auch durch langes Flaschenlager erreicht. Wird bei jungen Rotweinen durch DEKANTIEREN, Lüften erreicht. Bei alten Rotweinen ist Vorsicht geboten. Junge Weine, die schon im Fass oder auf der Flasche oxidierten, sind als fehlerhaft zurückzugeben.

P

PARFÜM
Aromatischer Duft des Weines.

PETIT VERDOT
Rote Rebsorte, die hauptsächlich im Médoc/ Bordeaux Verwendung findet. Dient zum Verschnitt in der klassischen Cuvée der Bordelaiser Gewächse.

PERLWEIN
Leicht moussierender Wein mit weniger Kohlensäure als andere Schaumweine.

PFLANZENGERUCH
Auch vegetabile Aromen genannt. Kommt häufig bei jungen, säurereichen Weinen (SAUVIGNON, RIESLING) vor. Duftkomponenten auch von Kräutern.

PIKANT
Ein feinsäuerlicher, frischer, leichter Wein mit Resten von CO_2. Mittlere Qualität, appetitanregend.

PINOT MEUNIER
Rote Rebsorte, die hauptsächlich in der Produktion von Champagner verwendet wird. Dabei wird sie nur in Cuvées verarbeitet. Zeichnet sich durch besondere Frucht und Lebhaftigkeit aus.

PRÄDIKATSWEIN
In Deutschland und Österreich gebräuchliche Bezeichnung für höherwertige Qualitätsweine (Kabinett, Spätlese, Auslese, Beerenauslese, Traubenbeerenauslese, Eiswein). In Österreich werden edelsüße Weine grundsätzlich als Prädikatsweine bezeichnet.

PROSECCO
In der Region Venetien beheimatete weiße Traubensorte, aus der stille, leicht moussierende Weine erzeugt werden. Bestes Gebiet: Valdobbiadene mit der kleinsten Zone Cartizze.

Q

QUALITÄTSWEIN
(QbA = Qualitätswein bestimmter Anbaugebiete) gibt es ohne oder mit Prädikat. 13 Anbaugebiete in Deutschland (müssen auf dem Etikett genannt werden). Werden nähere Angaben zu Rebsorten oder Jahrgang gemacht, muss der Wein zu 85 % aus der Sorte oder dem Jahrgang bestehen. Geschmacksangaben wie trocken, halbtrocken sind zulässig aber nicht erforderlich. Die Weine dürfen angereichert, d.h. mit Traubenmost versetzt werden, um einen höheren Alkoholgehalt zu erreichen (s.a. CHAPTALISIERUNG). Mindestalkoholgehalt 9 %.

QUALITÄTSWEINKONTROLLEN
Werden von staatlichen Instanzen durchgeführt und sind an den Signets DOC (Italien), AOC (Frankreich) oder Amtlichen Prüfnummern (Deutschland) auf dem Etikett erkennbar. Garantieren vor allem die tatsächliche Herkunft aus dem angegebenen Ursprungsgebiet und die Fehlerfreiheit des Weines. Darüber hinaus sind Wert und Verlässlichkeit solcher Kontrollen schwer zu beurteilen.

R

RASSIG
Mit straffer Säure und frischem Charakter.

RAUCHIG
Häufige Duftkomponente in Weinen mit SAUVIGNON BLANC. Aus dem Anbaugebiet der Loire zu finden. Auch bei Weinen, die in stark getoasteten Eichenfässern (BARRIQUE) ausgebaut wurden.

RAU
Auch ADSTRINGIEREND genannt. Kratziger Eindruck im Mund, der durch austrocknende Wirkung verstärkt wird. Erscheinung bei meist jungen Weinen.

RECIOTO
Süßer, roter Wein aus dem Veneto/ Norditalien. Quasi die süße Variante des Amarone della Valpolicella. Wird aus halbgetrockneten Trauben hergestellt.

RESERVA
Bezeichnung für Weine mit einer gesetzlichen Mindestlagerung im Fass und in der Flasche. In Spanien muss ein Reserva-Rotwein mindestens 36 Monate im Fass und in der Flasche gelagert haben, darunter 12 Monate im Eichenfass. In Italien darf die Bezeichnung Riserva nur für DOC- und DOCG-Weine verwendet werden. Ihre Mindestlagerung ist regional unterschiedlich geregelt. (s. a. GRAN RESERVA)

RESTSÜSS
Sind Weine, die eine deutlich schmeckbare Restsüße aufweisen. Beim Riesling verschiebt der hohe Säuregehalt die Grenzen leicht nach oben, generell ist bei Weinen mit mehr als 5 bis 6 Gramm Restzucker pro Liter die Süße bereits deutlich schmeckbar. Dennoch erlaubt der Gesetzgeber, Weine mit höheren Säurewerten und bis zu 15 Gramm Restzucker pro Liter immer noch als trocken zu bezeichnen.

REIF
Vollkommene Entwicklung eines Weines – auf seinem Höhepunkt angelangt.

REINTÖNIG
Klar und sauber im Gesamtbild. Ohne Nebentöne. Wird auch bei der farblichen Beurteilung verwendet (TRANSPARENT).

RIESLING
Weiße Rebsorte, besonders berühmt für langreifende, trockene und edelsüße Weine. Zählt zu den edelsten Rebsorten der Welt. Beste Ergebnisse in Deutschland und in der Wachau. Duftet nach unterschiedlichsten Früchten und Blüten. Säurereich, rassig und erfrischend im Geschmack.

RISERVA
siehe RESERVA.

RULÄNDER
siehe GRAUBURGUNDER.

RUND
Geschmacksbild eines harmonischen, ausgeglichenen Weines.

RUSTIKAL
Ist ein Wein, der nicht sehr fein oder anmutig schmeckt. Trotzdem ist damit ein einfacher, ehrlicher Wein gemeint, der immer noch angenehm schmeckt.

S

SAFTIG
Eindruck im Mund, der den Speichelfluss anregt, fruchtig und vollmundig wirkt. Dezente Säure und Restsüße.

SAMTIG
Geschätzte Eigenschaft bei Rotweinen. Kommt von fortgeschrittener Reife, höheren EXTRAKTEN und mehr GLYCERIN.

SAMTROT
Rote Traubensorte, die dunkelrote Weine samtiger Struktur ergibt. Württemberg ist das Zentrum dieser Sorte. Lorbeer, Pfeffer und Pflaumennoten gelten als typisch.

SANGIOVESE
Rote Traubensorte, hauptsächlich in der Toskana angebaut. Mittelkräftige Weine mit Sauerkirschnoten und Mandeltönen sind das Ergebnis.

SÄURE
Organische Säuren im Wein sind u.a. Weinsäure, Zitronensäure, Apfelsäure, Bernsteinsäure, Milchsäure aber auch flüchtige Säuren wie Essigsäure. Sie bestimmen im Wesentlichen den Charakter des Weines. Machen ihn lebendig, eckig oder wenn sie fehlen langweilig, schal. Siehe GERBSÄURE und TANNIN.

SAUBER
Fehlerfreie, klare Weine.

SAUVIGNON BLANC
Weiße Traubensorte mit unverkennbarem Sortencharakter. Duft von frischen Kräutern, Holunderblüten, Brennesseln, Basilikum, Stachelbeere, Spargel aber auch grüne und grasige Noten, die durch zu frühe Ernte oder zu große Mengen auftreten. Besonders häufig in Frankreich angebaut, z. B. an der Loire.

SCHAL
Abgebaute Qualität, überlagert, nichtssagend.

SCHAUMWEIN
Sammelbezeichnung für Champagner, CRÉMANT, Sekt, Cava, Spumante und andere kohlensäurehaltige Weine. (mehr dazu im Kapitel »Überschäumend«)

SCHEUREBE
Weiße Traubensorte, die besonders feine Weine in Franken und in der Rheinpfalz bringen kann. Erinnert oft an leichte SAUVIGNONS. Johannisbeere, Holunder, Passionsfrüchte. Feines Säurespiel.

SCHMALZIG
FETT, meist DICK und ALKOHOLREICH.

SCHWARZRIESLING
Auch Müllerrebe (Pinot meunier) genannt. Zum größten Teil in Württemberg erhalten. Ihre Heimat ist nachweislich Burgund. Als Mutation des SPÄTBURGUNDERS angesehen, findet sie häufig in der Champagne Verwendung. Schwarzkirsch, Minze, kalter Rauch, Cassis und Rumtopf.

SCHWER
Körper- und ALKOHOLREICH.

SILVANER
Weiße Traubensorte mit den besten Ergebnissen in Franken. Reift etwas früher als Riesling und zeigt nicht ganz soviel Rasse. Trotzdem säurebetont, feinfruchtig. Farn und Basilikum, Holunder, Nüsse.

SMARAGD
Geschütze Bezeichnung für weiße Qualitätsweine aus der Wachau. Von den Smaragdeidechsen abgeleitet, die sich in der Weinbergterasse tummeln. Mindestmostgewicht 90° OECHSLE (18,2 KMV).

SPÄTBURGUNDER
Im Ausland als Pinot noir bekannt. Beste Region dieser Rebe ist sicher Burgund, wo sie ausschließlich für Rotweine verwendet wird. Auch gute Ergebnisse in Oregon (USA). Ist sehr empfindlich und stellt hohe Ansprüche an die Kellertechnik. An ihr haben sich schon viele große Kellermeister versucht. Gilt als transparent, sinnlich eher mit süßlichem Touch, weniger TANNINE als CABERNET, körperreich, Himbeer, Erdbeer, Feigen; leichte Rauch- und Pfeffernoten durch den üblichen Ausbau im BARRIQUE.

SPÄTLESE
Qualitätsstufe im deutschen und österreichischen Weingesetz. Liegt eine Stufe höher als die Kabinettweine. Je nach Rebsorte und Anbaugebiet müssen die Weine bestimmte Mostgewichte vorweisen. Die Weine dürfen wie alle anderen Qualitätsweine mit Prädikat nicht mit Zucker angereichert werden.

SPIEL
Nuancenreiche Weiß- und Rotweine aus sehr gutem Jahren besitzen diese Eigenschaft. Alle erfassbaren Stoffe sind aufeinander fein abgestimmt, tanzen auf der Zunge.

SPRITZIG
Nennt man Weine mit Resten von CO_2, anregenden Säuren und geringerem Alkohol.

STAHLIG
Knochentrocken mit viel MINERALIEN und hohen Säuren – ausgewogenes Gesamtbild.

STEINFEDER
Geschützter Name für Weine aus der Wachau. »Stipa pennata« bedeutet federleichtes Gras. Alle Qualitätsweine (weiß) mit einem Mostgewicht von 73° bis 83° OECHSLE, durchgegoren, mit einem maximalen Alkoholgehalt von 10,7 %.

STILLWEIN
Bezeichnung in der Champagne für einen nicht sprudelnden, fast kohlensäurefreien Wein.

SÜFFIG
Allgemein kleinere Qualitäten mit allen positiven, aber wenig ausgeprägten Eigenschaften.

SYRAH
Rote Traubensorte, die im Rhône-Tal und im Languedoc sehr verbreitet ist. Die neue Welt nennt sie Shiraz und ist mit ihr sehr erfolgreich. Würzige Aromen wie Zimt, Nelken, Wacholder, Lorbeer und Lebkuchen. Auch rote Früchte. Warmer, reicher Geschmack mit angenehmen TANNINEN.

SEC
Missverständlich: nicht trocken, sondern leicht süßlich.

SENSORIK
Summe aller wahrnehmbarer Eindrücke eines Weines durch die Sinnesorgane.

SOMMELIER
Französische Bezeichnung für Weinkellner, die auch in Deutschland gebräuchlich ist. Der Sommelier oder die Sommelière hat im Restaurant die Aufgabe der Weinberatung. Dazu kommen nicht nur alle Aufgaben des Servierens, sondern auch die Gestaltung der Weinkarte, Einkauf, Lagerhaltung, Organisation von Weinproben sowie Besuche bei den Produzenten.

T

TAFELWEIN
Die unterste Qualitätsstufe in der Güteklassenhierarchie. Tafelweine gibt es in Deutschland ebenso wie in Österreich, Italien, Frankreich oder Spanien. Deutsche Tafelweine tragen die Bezeichnung ihres Weinbaugebietes oder Untergebietes. Main umfasst das Anbaugebiet Franken, Neckar umfasst Württemberg. Tafelweine verfügen über einen Mindestalkoholgehalt von 8,5 % oder 44° OECHSLE.

TANNIN
Wird auch GERBSTOFF genannt. Bestandteil in den Traubenkernen, -stielen und -schalen. Kommt bei roten Trauben viel stärker zum Ausdruck als bei weißen. Wirkt im Mund stark ADSTRINGIEREND, zusammenziehend. Mit der Reife des Weines werden die Tannine abgebaut, und somit wird auch der Wein runder. Diese Substanz verleiht dem Wein Rückgrat und seine Fähigkeit zur Lagerung. Kann durch längeres DEKANTIEREN eines Weines gemildert werden.

TEROLDEGO
Rote Rebsorte, die nur im Trentino angebaut wird.

TERROIR
Heute ein dehnbarer Begriff für die gesamte Umwelt, in der ein Wein heranreift. Ursprünglich: Erde. Die Bodenqualität hat einen entscheidenden Einfluss auf die spezifische Charakteristik des Weines. Die Rebstöcke transportieren auf natürliche Weise den Goût de Terroir in die Trauben. Nach der Kelterung ist er im Wein wiederzufinden.

TIEFE
Haben gehaltvolle und dichte Weine. Sie zeigt sich in unterschiedlichen Schichten und einer langen Entfaltung des Geschmacks.

TIERGERUCH
Animalische Duftnoten sind häufig bei Rotweinen zu riechen. Tierhaut, Fell, MOSCHUS, gegerbtes Leder oder rohes Fleisch.

TOAST
Frischer Toastduft ist in BARRIQUE-gereiften Weinen zu finden, besonders aus CHARDONNAY und SAUVIGNON. Mit dem Geschmack von frischem EICHENholz zu verbinden.

TRAMINER
Roter Traminer und Gewürztraminer sind ampelographisch (rebsortenkundlich) identisch. Gilt aber als weiße Rebsorte. Der Zusatz „Roter" kommt von der rötlich gefärbten Schale. Synonyme: Clevner in der Ortenau, Savagnin in der Schweiz und im Jura. Feinster Wildrosenduft, Akazien, Honig. Voller, milder Geschmack. Zechweine.

TRESTER
Werden die ausgepressten Traubenschalen samt Kernen genannt, aus denen unter anderem Tresterschnaps (Grappa) gewonnen wird.

U

ÜBERSCHWEFELT
Weine, die eine zu hohe Schwefeldosis erhalten haben, sind an ihrem scharfen, stechenden Duft zu erkennen.

UMGESCHLAGEN
Infolge bakterieller Erkrankung oder Ausscheidung chemischer Stoffe trüb gewordener Wein.

UNENTWICKELT
Jungwein, der noch nicht entwickelt ist.

UNGESCHLIFFEN
Sind meist Weine aus schwierigen Jahren. Es fehlt an GERBSÄUREN oder der Alkoholgehalt ist zu hoch für das Gegengewicht Frucht. Der Geschmack wirkt roh.

UNHARMONISCH
Die einzelnen Inhaltsstoffe im Wein sind nicht aufeinander abgestimmt. Das Übermaß oder Fehlen einer Komponente hinterlässt einen unausgewogenen Eindruck. Mangel an Balance.

V

VANILLE
Süßer Duft nach Vanilleschote, der durch den Ausbau im neuen EICHENfass entsteht.

VEGETAL
Aromen von frischem und gekochtem Gemüse, z. B. bei SAUVIGNON.

VERSCHLOSSEN
Auf Duft und Geschmack bezogen. Unentwickelte Weine, die erst in der Flasche reifen. Kann auch von Transport oder kurz zuvor erfolgter Flaschenfüllung herrühren.

VERSCHNEIDEN
Mischung von unterschiedlichen Rebsorten bzw. Weinen unterschiedlicher Herkunft zu einem neuen Wein.

VINIEREN
Nennt man den Arbeitsprozess, wenn ein Weinglas oder eine Karaffe mit einem Schluck Wein ausgeschwenkt wird, um es oder sie von fremden Gerüchen zu befreien.

VINIFIKATION
Weinbereitung.

VIOGNIER
Weiße Rebsorte von der nördlichen Rhône. Ergibt sehr aromatische Weine mit niedrigen Säurewerten.

VOLL
Bezieht sich auf Körper und Geschmack des Weines. Ein voller Wein füllt den Gaumen aus, hat viel Glyzerin und glänzt mit langem NACHGESCHMACK.

V.Q.P.R.D.
Vin de qualité produit dans les régions déterminées, zu deutsch: Qualitätswein bestimmter Anbaugebiete. Die Abkürzung V.Q.P.R.D. findet sich häufig auf den Etiketten von QUALITÄTSWEINEN, die immer an eine bestimmte Region gebunden sind.

W

WACHS
Duftkomponente in reifen Weinen mit Sémillon oder Roussanne. Auch bei Sherry zu finden.

WÄSSRIG
DÜNN, ohne Struktur, verwässert.

WARM
Geschmacklich wahrnehmbarer Eindruck bei Rotweinen, die reich an Alkohol und EXTRAKTEN sind.

WEIBLICH
Ausdruck für eine zarte Linie und Leichtigkeit im Wein. Mit Feinheit und Finesse verbunden. Gegenteil von MÄNNLICHEM Ausdruck.

WEINSÄURE
Natürliche Fruchtsäure, die um so mehr im Wein zu finden ist, je reifer die Trauben sind.

WEINSTEIN
Ablagerung von Kristallen, besonders in Weißweinen. Rückbildung von Säuren. Entstehen durch niedrige Temperaturen. Geschmacksneutral, kleiner Schönheitsfehler.

WEISSBURGUNDER
Weiße Traubensorte, die in Italien und Frankreich als Pinot bianco bzw. Pinot blanc bekannt ist. Dezentes BOUQUET von Aprikosen, Apfelblüten, Birnen, Minze, verschiedenen Nüssen. Gut strukturiert, mit mittelkräftiger Säure.

WILDGERUCH
Häufig in reinsortigen SYRAH-Weinen oder CUVÉES mit dieser Sorte zu finden. Fell, Pelz oder Geruch von rohem Fleisch.

WUCHTIG
Gehaltvoll, schwer, dicht.

WÜRZIG
Nennt man ein ausgeprägtes, charaktervolles AROMA edler Weine. Gewürze sind hervorstechende Komponenten. Gilt als Steigerung von FRUCHTIG.

Z

ZART
Feiner, filigraner Duft, delikater, dezenter Geschmack. Leichte Wein mit feiner Struktur.

ZEDERNHOLZ
In reifen Weinen aus CABERNET SAUVIGNON. Duft, der an Zigarrenkisten erinnert.

ZINFANDEL
Rote Traubensorte, die in Kalifornien beliebt und beheimatet ist. Ergibt tiefe, kräftige Weine, oft von rustikalem, rauem Charakter, aber auch ungemein dicht und warm. Lakritze, Gewürze, Kirschen und noch viel mehr an Früchten sind je nach Reife zu finden. Mit der italienischen Primitivo verwandt.